国家社科基金
GUOJIA SHEKE JIJIN HOUQI ZIZHU XIANGMU
后期资助项目

马克思道德理论与现实

Marxian Moral Theory and Reality

魏传光　著

社会科学文献出版社
SOCIAL SCIENCES ACADEMIC PRESS (CHINA)

国家社科基金后期资助项目
出版说明

  后期资助项目是国家社科基金设立的一类重要项目，旨在鼓励广大社科研究者潜心治学，支持基础研究多出优秀成果。它是经过严格评审，从接近完成的科研成果中遴选立项的。为扩大后期资助项目的影响，更好地推动学术发展，促进成果转化，全国哲学社会科学工作办公室按照"统一设计、统一标识、统一版式、形成系列"的总体要求，组织出版国家社科基金后期资助项目成果。

全国哲学社会科学工作办公室

序
马克思道德理论的"真"与"实"

魏传光教授的新著《马克思道德理论与现实》即将付印，希望我能为这本书写一篇"序言"。我跟传光教授说，"序言"最好还是请前辈来写，你我年岁相仿，作序实不敢当。不过，幸有机会提前阅读传光教授的这部作品，因此不揣冒昧，把自己的读书体会和感想在这里略作汇报，供传光教授及学界同仁批评指正。

近年来，在马克思主义学界和伦理学界的许多前辈的鼓励与支持下，我国的马克思主义伦理学研究得到越来越多的关注，也有越来越多的相关著述面世出版。传光教授如今推出的这部著作，亦属此列。但是，正如每一位投入其中的研究者都会意识到的那样，在严格意义上，马克思并不是一位道德哲学家或伦理学家；在马克思那里，也并没有一种完整的道德哲学或伦理学体系。甚至，马克思在自己成熟时期的历史唯物主义理论中常常会对"道德""伦理"表示出明显的鄙夷或直白的否定。因此，我曾把历史唯物主义视域中的"道德合法性问题"称作"马克思主义伦理学的初始问题"。① 在我看来，这是马克思主义伦理学能否作为一门真正的学问、能否作为一种合法的道德知识类型得以成立而必须首先回答的问题。它是一个"真问题"。

如果不能成功地回应这个"初始问题"，那么，所有的马克思主义伦理学的命题都将是无效的，所有的马克思主义伦理学的叙事都将是虚构的，所有的马克思主义伦理学的教育实践都将是空洞的。正如传光教授在教学过程中真实遇到的情形那样，学生们很自然地感到困惑：如果马克思在著作中对道德施加批判的那些句子就是他的全部含义，那我们为什么还要承认和接受一种马克思主义的道德理论和道德教育呢？不仅如此，在社会建设和发展过程中，这个问题也同样真实而迫切地摆在我

---

① 李义天：《道德之争与语境主义》，《马克思主义与现实》2014 年第 2 期。

们面前。我们当然知道，马克思在论证人类社会历史的进程、动力及其规律的时候，确实把"道德"加以限定甚至搁置在相对边缘的地方。但是，如果因此便宣告马克思道德理论的不成立或不可能，那么，马克思主义者又该如何去应对和处理当前现实中那些真实存在的道德问题呢？尽管在理论上，解构或消解马克思的道德理论似乎并不困难，但在实践中，隔绝或遮蔽真实存在的道德问题却并非易事，取消或剥夺马克思主义对道德问题的讨论资格则更无理由。"真问题"之"真"，不仅在于它构成一个理论上的基础节点，更在于它构成一个实践中无可回避的难题。

回答这样的"真问题"，必须诉诸有效的"真方法"。对马克思道德理论的论证，一要进行反驳与清理，二要进行批判与建构，三要进行梳理与整合。所谓"反驳与清理"，是指我们必须首先直面"初始问题"遭遇的各方挑战，对那些自以为能够使之无法成立的反道德主义、非道德主义、道德相对主义等指控或误解逐一反驳，从而为"初始问题"的解决指明方向，清理出一条明确的道路。所谓"批判与建构"，是指当我们解决了"初始问题"而进入马克思道德理论的内部之后，我们反倒需要更加慎重地考虑，究竟哪些范畴是这种道德理论可以接纳和展开的，又有哪些范畴是这种道德理论必须严格限定甚至拒绝的。通过这种方法，经由历史唯物主义洗礼的道德理论，就既不会轻易接受那些此前曾被认为不证自明的贵重之物，也不会轻易抛弃这些事物。因为，正如传光教授意识到的那样，马克思的道德理论所反对的，只是特定的道德说教、道德形而上学和道德意识形态；而马克思的道德理论所要构造的，也只是建立在实践、利益和生产方式等历史唯物主义基础之上的道德观念和道德知识。至于"梳理与整合"则意味着，仅仅逻辑上的建构（甚至是逻辑上融贯的建构）并不足够，对于马克思这样一位其实从未打算建构融贯道德体系的思想家来说，他的道德理论的真实素材散布在他一生的思考和写作之中。因此，我们的研究必须追根溯源，由论入史，在实际的思想史进程中发现和挖掘马克思的道德理论及其可能存在的基本线索。正如我曾试图表明的那样，如果缺乏对马克思主义伦理思想的历史梳理，那么，我们将很难实现对马克思主义伦理学的深度阐释。①

① 李义天：《筑牢马克思主义伦理思想史基础》，《光明日报》2018 年 10 月 29 日，第 15 版。

在当代中国研究马克思主义伦理学，从来就不是一个简单的理论问题。无论是梳理马克思主义伦理思想史，还是建构马克思主义伦理思想范式，这些工作的最终旨归仍在于社会现实的实践和改造。作为马克思主义学说的一部分，马克思的道德理论同样蕴涵着这种学说所特有的现实性、批判性与实践性。相应的，围绕马克思道德理论的研究，也需要体现出这些特性。因此，在相对集中的理论论证之后，我们确实有必要将这种道德理论中的关键范畴和观念适用于实际工作和实践任务之中。只有通过"务实"的指向，我们才能发现，马克思的道德理论究竟在哪些方面与现实有切合之处，进而我们也才能判定，马克思的道德理论在这些方面究竟具有多大的解释能力与解释空间。在这个意义上，传光教授在作品的后半段引入"现实观照"，将马克思的道德理论同当代中国实际问题相联系，特别是，同当代中国道德教育问题相衔接，就显得格外重要。这不再是仅仅停留于思辨层面上的批判，而是试图走出思辨，落于现实，真正用实践的方式来拓展马克思道德理论的内涵，进而反思这种理论本身的思辨性是否充分或必要。

马克思当然是一位伟大的思想家。即使他没有构建其完备的道德体系，也并不影响他的伟大。但是，如果我们能够论证证他的道德理论是对以往曲解的超越，如果我们能够表明他的道德理论实际上为理解现代社会及其实践带来了一个意义重大的视角，那么，这只会证明他更加伟大。对于中国学人来说，重要的不是冷嘲热讽或冷眼旁观，而是投身其间，有所发现。我相信，无论是发展现代中国的马克思主义理论，还是建构现代中国的伦理思想，都亟待一种有说服力的马克思道德理论以更加积极的姿态参与其中。

李义天

2020 年 6 月 6 日　清华园

前　言

　　马克思道德理论是我最近几年一直关注的学术主题。我长期从事高校思想政治理论课"思想道德修养与法律基础"的教学工作，在一次讲授"道德论"时，一位同学提出他在研读马克思的著作时，发现了不少马克思对道德进行批判的词句。如何解释这一现象？学生的困惑其实是"塔克尔—伍德命题"进一步延伸出来的问题，本书将其称为"伍德—米勒命题"，"分析的马克思主义"称之为"马克思的道德悖论"。此时我开始有意再去阅读原著，梳理文献，思考怎么回答这一问题。在研究中发现"分析的马克思主义"早就关注和研究了这一问题，马克思与道德的关系问题是他们研究的聚焦点之一，如果再向前推，实际上"科学的马克思主义"与"伦理的马克思主义"两派论战时也涉及相关问题。但遗憾的是，马克思主义伦理学教科书并没有直接回答这一前提性问题。对于我国来说，马克思主义在意识形态领域具有指导地位，我国的执政纲领和政治宣言经常包含着强烈而鲜明的道德诉求，最近几年也在努力把马克思主义的道德范畴纳入社会主义核心价值体系之中，在这样的背景之下，如何从理论上应对和理解马克思关于道德的评价，如何回应学生提出的"既然马克思本人都排斥、批判道德，那么以马克思主义为指导的课程为什么还要讲道德理论"的疑问，就构成了一个在中国从事道德教育的理论工作者优先处理的问题。

　　为了更好地回答教学中遇到的理论难题，这几年我阅读了大量书籍，进行了苦苦思考，寻找马克思主义与道德之间符合逻辑的链接，回应马克思与道德的兼容性难题。对这一难题的回答，必须跳出宣传读物、传统教科书和传统学术话语的窠臼，也不能用概括式的语言把马克思道德理论简单定位于"以辩证唯物主义和历史唯物主义为指导，从社会经济基础出发考察社会道德现象，揭示道德的起源、本质、结构、功能和发展变化规律，论证共产主义道德的原则和规范"等，而应勇于直面马克思的经典著作中大量反对道德之有效性、消解道德之稳定性，乃至解构道德之真实性的论述。

尽管"分析的马克思主义"在马克思道德理论上的研究是细致的、深入的，而且还抱有重建马克思道德理论的宏伟目标，但这一目标是没有敬畏感的承诺。"分析的马克思主义"学者对待马克思道德理论的态度或是辩护，或是修正，或是否定，相互对立，相互区别，不仅没有很好地回答马克思与道德的兼容性问题，反而带来了更大的理论混乱。在这样的背景下，对马克思道德理论的研究，首先要回应与批判"分析的马克思主义"所带来的理论误解。由于研究定位于"对错误观点的论辩"，所以本书并不是面面俱到的关于马克思道德理论的综合读本，而是一种具有批判性风格和回应式表述方式的著作，这也与马克思道德理论的理论特性相契合——马克思道德理论就是在对各种各样的道德哲学、伦理学和道德观的批判中建构的。

本书围绕破题—立论—观照的逻辑思路展开。在"破题"部分驳斥了西方学者对马克思道德理论五种常见的误解，在"立论"部分通过文本解读和思想阐释的方式建构了马克思道德理论，在"观照"部分运用马克思道德理论思考新时代中国特色社会主义的重大理论与实践问题。所以，本书以"回应与批判"起始，回应对马克思道德理论五种最为常见的误解：非道德主义、反道德主义、道德相对主义、功利主义、混合道义论。在对这五个误解的驳斥中，实际上也逐步建构了对马克思道德理论的理解，涵盖了认识马克思道德理论的五个基本概念：实践、意识形态、历史唯物主义、利益、生产方式。西方学者之所以对马克思道德理论怀有如此之深的误解，根本在于马克思并没有沿着西方传统道德理论的轨迹阐释道德，而是基于历史唯物主义的框架，把道德归位于依附于经济基础的上层建筑，因而道德观念和道德规范既不是固定的也不是普遍的，而是随着社会历史的发展变化而不断变化的。当然，这并不意味着道德在马克思那里是偶然和意外的，相反，它是受历史规律支配的。

当然，仅仅驳斥是不够的，马克思的文本中确实存在大量对道德的否定性评价，因而本书接着研究马克思的道德批判和正义批判是"在什么样的语境中"展开的，"给予了什么样的批判"，以及"为什么要批判"。经过研究发现，马克思对道德和正义的批判主要是在同形形色色的社会主义思潮的辩驳和论争的语境中进行的，马克思并没有一般性地反对道德和正义，我们不能将马克思对道德说教、道德形而上学和道德意识形态的批判曲解为对所有道德的拒斥，也不能将马克思对应得正义论、权利正义论、市民社会正义论的批判曲解为马克思没有正义理论。马克思之所以对道德有多处批判，根本原因在于他认为革命的发生和发展不依赖于人的道德，利益才是无产阶级觉醒的关键，所以更应关注道德和正义的现实基础，同时要在资产阶级占主导地位的社会里，保持对道德和正义的警觉，因为它往往会被伪装成一种迷惑性的超阶级话语。

其实，马克思对道德的认识存在一个逐渐深入的过程，其道德理论的历史生成并不是一蹴而就的，而是在不断地向现实挑战、向其他错误思想挑战、向自身思想观念挑战中形成的，是在同工人阶级一起参加的艰苦实践中产生的。所以本书接下来以马克思哲学思想史为考察视角，对马克思道德理论的历史发展进程进行概括，遵循初发时期、形成时期和成熟时期的思路，梳理马克思是如何从激进自由主义和革命人本主义的道德理论的过渡，经过道德理论研究范式的变革，最终进入政治经济学深处的道德理论的。在不同时期，马克思道德理论关注的焦点和维度也不同，经历了从自由到自我实现再到共同体的转变。

至此，已经比较清晰地回答了学生的困惑。但是，对于马克思道德理论的研究不能止于理论体系的建构（这恰恰是马克思极力反对的事情），作为唯物史观的重要组成部分，马克思道德理论的思想逻辑对于西方传统道德理论的解蔽与重大变革，为新时代中国特色社会主义的道德建设提供了全新的思维方式，对于我们正确认识和把握新时代中国特色社会主义发展进程中的人类命运共同体建构、美好生活需要、文化自信等问题，都具有重大的理论意义和实践意义。因而还应思考马克思道德理论的现实观照，这也是马克思道德理论作为一种实践性的道德理论的根本旨归和必然诉求。

本书最后落脚于道德教育，用马克思道德理论反思自己从事的教育教学工作。在教育实践中，笔者越发感觉到当前的道德教育充斥着马克思所反对的道德说教和概念思维，把道德教育变成道德知识的输送，严重影响了道德教育效果。以马克思道德理论的基本精神为指导，当前道德教育亟须建构实践思维方式，深化对人、人与道德、人与道德教育等三个层面的实践性理解。

从总体上看，本书提出了以下主要观点。

第一，从总体性思想方法来看，马克思道德理论蕴含在其社会理论之中，批判性是马克思道德理论话语表达的存在方式，隐含性、本质性、根源性和超越性是马克思道德理论的理论特性。

第二，马克思没有以历史必然性牺牲道德走向理性主义的残酷，也没有以道德仲裁历史走向浪漫主义的苍白。马克思理论内部并不存在道德悖论，马克思对无产阶级抱有道德深情，重视道德产生的社会经济基础，深入强大的经济事实和鲜活的生产活动中批判不道德的社会根源，探寻真实的道德理解方式。

第三，马克思拒绝一切形式的道德化或者道德主义，反对将道德理论立足于哲学理想主义或抽象的道德原则基础之上。马克思将道德理论置于科学的历史观基础之上，成功地解决了以往道德理论所无法解决的历史事实与道德价值、科学和道德之间的冲突和矛盾，实现了道德领域的革命性变革。

第四，马克思正义理论是通过批判"国民经济学"完成的，其立论前提是消灭私有制。马克思正义理论的基本逻辑是用生产关系解释分配关系，用生产劳动解释生产关系。马克思从人类社会或社会化的人类出发，以自由人的联合体为基础，建构出人类社会可能具有的最高正义原则，其正义概念是一个高位阶概念。

长期以来，马克思主义被误读为纯粹的历史发展规律体系，是"道德中立"或"价值无涉"的实践哲学。鉴于此，对马克思道德理论进行深入研究，有助于回到马克思的真实语境去揭示其深层内涵和内在特质，解决马克思主义理论的科学性与价值性之间的矛盾和分歧，回应对马克思道德悖论的指责，恢复马克思本真的理论形象。马克思从未贬低伦理或规范性断言，在他那里也不存在所谓的"科学的"与"价值的"浅薄对立。马克思道德理论不仅正确揭示了道德的起源和发展规律，为道德研究提供了科学的世界观与方法论，引起了道德理论的革命性变革，而且其本身也内蕴着深厚的道德实践品质、道德批判意蕴和终极关怀诉求，研究马克思道德理论是拓展和深化马克思主义伦理学的重要学术基础。当然，在新的历史时期，学习习近平新时代中国特色社会主义思想，尤其是深化对新时代指导思想的伦理道德基础及其内蕴的道德维度的理解，以增强社会主义主流意识形态的吸引力、凝聚力和感召力，也需要深化对马克思道德理论的研究。

目　录

导言　从"马克思与道德的
关系"谈起

马克思本人要么被视为只强调理论科学的实证主义者，要么被视为只注重阶级关怀的道德学家。前者认为马克思是在排除了伦理道德的情况下预见共产主义必然性的，其理论是"反（非）道德主义"的纯科学体系，不存在任何的道德维度；后者认为马克思的批判理论是基于道德立场展开的。这也导致了西方马克思主义研究者在"具有鲜明科学性的马克思主义是否有伦理学，以及如果有，是什么样的伦理学"问题上争论不休。尤其是到了19世纪70年代，"分析的马克思主义"① 再次引发了对此问题的研究热潮，"马克思与道德的关系"从19世纪末的一个边缘性问题逐渐上升为当代关涉马克思主义精神实质的重大问题，"成为分析的马克思主义者的一个主要讨论话题"。② 马克思绝对没想到，在他的身后，马克思与道德的关系竟然成了一个纷争不断、悬而未决的难题。

一　"马克思与道德的关系"问题的简单梳理

1971年美国哈佛大学教授罗尔斯（John Bordley Rawls）的《正义论》出版以后，在西方国家引发了广泛关注，被理论界视为西方政治哲学和道德哲学中最重要的著作之一，几乎构成了当代政治哲学一切争论的原点。罗尔斯去世后，他的《政治哲学史讲义》出版，在这本书里，罗尔斯专门讲述了马克思的道德哲学，并且把他当作自由主义的批评者。

---

① "分析的马克思主义"并不是具有统一学术观点的学术流派，恰恰相反，这一学术流派的成员彼此间在特定问题上存在诸多不一致之处。但他们都具有以下特征：①扎根于哲学上的语言分析传统；②是研究马克思或马克思主义的学者；③对马克思主义或者至少对社会主义有基本的认同。这一学术流派的学者很多，代表人物有罗默（John Roemer）、科恩（G. A. Cohen）、埃尔斯特（Elster）、伍德（Allen William）、米勒（Richard W. Miller）、肖（William Shaw）、卢克斯（Steven Lukes）、尼尔森（kai Nielsen）、布坎南（A. Buchanan）等。

② Sean Sayers, *Marxism and Human Nature* (London：Routledge，1998), p. 112.

罗伯特·塔克尔（Robert Tucker）在 20 世纪 60 年代指出："马克思主义创始人的主要激情并非对正义的激情，他们对资本主义的谴责也不是出于对非正义的抗议，他们也没有把未来的共产主义社会展望成正义的王国。"① 1972 年，美国斯坦福大学哲学教授伍德在《哲学与公共事务》杂志发表了《马克思对正义的批判》一文，提出马克思和恩格斯的著作中存在一个正义悖论：一方面严厉批判资本主义制度的不公正，另一方面反对当时一些社会主义思想家的正义理论。后来布坎南把塔克尔和伍德在马克思正义问题上的一致观点——马克思反对分配正义——命名为"塔克尔—伍德命题"②。随着更多学者的加入，对"塔克尔—伍德命题"的争论最后延伸到了"马克思与道德的关系"的问题，即马克思是不是反（非）道德主义者。伍德和理查德·米勒等人认为马克思在不同的文本中提出道德是"虚假的意识形态""空洞的废话""无聊的说辞"等，由此断定在马克思那里"道德是意识形态的幻象"，马克思反对所有的道德说教，把所有的道德词语当作过时的东西而加以拒绝，因而是"反（非）道德主义"的。

实际上，不少西方学者持和伍德、米勒相同的观点。德国社会学家维尔纳·桑巴特（Werner Sombart）也以异常肯定的口气说，全部马克思主义自始至终没有丝毫的道德与正义成分，既没有道德判断也没有道德假设。甚至连毕生奉马克思为师的滕尼斯（Ferdinand Tönnies）也认为"马克思思想体系的最大弱点是忽视了道德力量和道德意志"③，他完全拒斥诉诸工人的道德意识，把道德感情排除在社会主义的前提之外，也没有发展出一种积极的共产主义道德。

塔克尔、伍德、米勒等人的观点可以说一石激起千层浪，胡萨米（Ziyad I. Husami）在 1978 年发表的《马克思论分配正义》一文中对"塔克尔—伍德命题"提出怀疑，为"分析的马克思主义"学者争论马克思与道德、马克思与正义的关系拉开了序幕，引发了一场关于马克思

---

① Robert Tucker, *The Marxian Revolutionary Idea*（New York：Norton，1969），p. 37.
② "塔克尔—伍德命题"（Tucker-Wood Thesis）是布坎南在其著作 *Marx and Justice：The Radical Critique of Liberalism*（London：Methane，1982）中对塔克尔和伍德的一个共同观点 "Marx does not condemn capitalism as being unjust" 的称谓。
③ 李荣山：《共同体与道德——论马克思道德学说对德国历史主义传统的超越》，《社会学研究》2018 年第 2 期。

道德理论、正义理论是否存在的争论，开辟了马克思政治哲学、马克思道德理论的新领域。在争论的过程中，一批学者从自由、自我实现、人类解放、私有财产、功利主义等不同角度解读马克思的道德观点，在深度和广度上都推动了对马克思道德理论的研究。罗尔斯此时也持此观点，认为马克思不拥有正义的观念，他把正义视为某种意识形态观念。但随着科恩、杰拉斯（Norman Geras）、埃尔斯特等学者相继提出了马克思与道德的兼容性，罗尔斯修正了其观点，提出"马克思的思想中包含着这样的观点，即资本主义是不正义的，尽管他对此着墨不多"。① 同时罗尔斯也就马克思对道德的怀疑态度给出了合理的解释："马克思对关于道德理想（特别是关于正义、自由、平等和友爱的道德理想）的纯粹说教持怀疑态度。他怀疑那些基于虚假的理想主义的理由而支持社会主义的人。他认为，即使从这些理想的角度来看，基于这些理想而对资本主义所做的批判也可能是非历史的，而且会误解推进社会主义事业所必需的经济条件。"②

西方学者尤其是"分析的马克思主义"者在"马克思与道德的关系"上的分歧主要集中于马克思对道德的态度这个问题上，形成了马克思不存在任何道德理论、马克思有道德理论、有限相对主义三种看法。持马克思不存在任何道德理论观点的主要学者有伍德、塔克尔、布坎南、米勒、艾伦（D. P. H. Allen）等，这些学者认为马克思自始至终没有任何伦理言论、伦理命题和伦理预设，他只是为无产阶级提供了革命的理论和方法，却没有提供道德理论，具有明显的反道德倾向。其中影响最大，最具有代表性的学者是伍德，他认为马克思是"非道德主义"甚至是"反道德主义"观念的持有者，伦理学是其思想体系中的空白。持马克思有道德理论观点的学者主要有胡萨米、科恩、埃尔斯特、杰拉斯、塞耶斯（Sean Sayers）、佩弗（R. G. Peffer）等。胡萨米等坚持"马克思的道德主义"立场，认为尽管马克思本人没有提供系统的道德理论，也鲜有专门论及伦理道德的篇章，然而他在批判和谴责资本主义的语境中，

① 〔美〕罗尔斯：《政治哲学史讲义》，杨通进、李丽丽、林航译，中国社会科学出版社2011年版，第350页。

② 〔美〕罗尔斯：《政治哲学史讲义》，杨通进、李丽丽、林航译，中国社会科学出版社2011年版，第371页。

频繁地使用诸如剥削、侵占、盗取、剥夺、掠夺等带有明显道德评价的价值词语，因此马克思的思想体系中是富含道德理论的。这些学者同时认为，坚持马克思的道德主义立场并不妨碍马克思主义本身的科学性，相反，恰恰是马克思理论本身所不可或缺的成分。科恩认为马克思的思想体系中有关道德的理论是充满道理且十分必要的，马克思是在一种合适的而非相对的意义上谴责资本主义为不正义的，道德批判是当代马克思主义理论的一个核心要素。当然还有一些学者认为，伦理道德问题一直是马克思学术研究的中心问题之一，从青年时期确立的"为人类谋利益而劳动"的人生目标开始，马克思就已经开始了其道德思想的探索之路，他抨击封建专制主义"蔑视道德""败坏道德"，后来着重研究政治经济学、社会主义理论以及人道主义，其中无不充满对资本主义的道德批判、道德谴责和对人类美好未来的道德憧憬，道德在马克思的思想中占有极其重要的地位。持有限相对主义观点的学者主要有王尔德（Lawrence Wilde）、尼尔森等。他们认为前两种观点都既有合理之处，也有自身的不足。如王尔德认为马克思在道德问题上采取了一种辩证方法，即有限相对主义的立场，另外，马克思的道德理论是片段的，作为偶然的意见和愤怒的评注散布在马克思卷帙浩繁的著作中，仅仅包含一些开始走向一个道德理论的暗示。尼尔森认为非道德主义的合理之处在于揭示正义、道德的阶级属性和意识形态属性，而不足之处在于过度强化马克思主义的阶级利益理论并以之拒斥正义、道德在马克思主义中的作用；而道德主义的合理之处则在于挖掘了正义、道德的某种非意识形态性和在批判资本主义中的地位和作用，不足之处在于执迷于自然权利。因此双方应该在较量中相互吸收。①

西方学者尤其是"分析的马克思主义"者在唯物史观与道德理论以及二者的关系这一马克思道德理论的核心问题上的分歧，是历史上早就形成的"科学的马克思主义"与"伦理的马克思主义"两派论战的继续。我们知道，恩格斯去世之后，伯恩施坦（Eduard Bernstein）认为"正义就在今天也还是社会主义运动中的一个极强大的动力，的确如果没

---

① 〔加拿大〕凯·尼尔森：《正义之争：马克思主义的非道德主义与道德主义》，林进平、郭丽丽、梁灼婷译，《马克思主义与现实》2009 年第 6 期。

有道义上的动力就根本不会出现任何持久的群众行动"①，并因此提出"回到康德"和"伦理社会主义"的主张，用康德和后康德主义的伦理学修正马克思主义，试图给予马克思主义以道德补充。作为"正统马克思主义首席理论家"的考茨基（Karl Kautsky）显然不同意这样的主张，他在《伦理学与唯物史观》里明确反对给予马克思主义以康德主义的伦理学阐释，主张应该在历史唯物主义的基础上重新解释伦理学，解释马克思主义的科学道德观。考茨基认为唯物史观的产生之所以是人类历史上的一次革命，就是因为它第一次完全地弃绝了虚幻的道德与正义理念，教会我们从物质基础上推演我们的社会目的。到了20世纪30年代，马克思的《1844年经济学哲学手稿》被发现，手稿中的"异化"思想激起了西方马克思主义尤其是德国的法兰克福学派和法国的存在主义对马克思意识哲学的重视，于是人道主义的（Humanist）或批判的（Critical）马克思主义开始流行，这两个学派都认为在异化概念和批判理论中显然隐含着道德判断。人道主义的马克思主义遭到了以阿尔都塞（Louis Pierre Althusser）为代表的结构主义的马克思主义的强烈批判，阿尔都塞认为马克思主义是理论上的反人道主义，道德观念无法作为科学成分融入马克思主义中。

后来，受苏共二十大事件的影响，汤普森（E. P. Thompson）和麦金太尔（Alasdair Chalmers MacIntyre）等提出不能"忽略人的思想和道德态度在创造历史过程中所发挥的作用"②，道德和个体欲望可以统一在人们创造自己历史的活动中。到了20世纪70年代，西方马克思主义者开始用分析哲学的方法在政治哲学的框架内讨论马克思与道德的关系，这就是前面提到的"分析的马克思主义"。

"分析的马克思主义"在对"马克思与道德的关系"的争论过程中，形成了一些述评性的理论成果。布坎南的《马克思与正义——对自由主义的激进批判》、尼尔森的《马克思主义与道德观念》、佩弗的《马克思主义、道德与社会正义》、卢克斯的《马克思主义与道德》、米勒的《分析马克思——道德、权力和历史》等具有代表性，这些理论成果在20世

① 〔德〕伯恩施坦：《社会主义中的现实因素和空论因素》，载殷叙彝编译《伯恩施坦文选》，人民出版社2008年版，第87页。
② 张亮、熊婴：《伦理、文化与社会主义——英国新左派早期思想读本》，江苏人民出版社2013年版，第6页。

纪 80 年代后期以论文集或专著的形式相继发表或出版。

"马克思与道德的关系"在英美左翼学者中引起的长达 30 多年的讨论，深刻影响了中国的学术研究，以及中国知识界关于马克思道德理论的争论。现在，"马克思与道德的关系"已经构成了马克思主义中国化的深层次问题。围绕这一深层次问题，中国的马克思主义学者形成了多种意见，也取得了较为丰富的研究成果。

余文烈研究员的《分析学派的马克思主义》是国内第一本以"分析的马克思主义"为主题的专著，其中有两章内容讨论了"分析的马克思主义"的道德理论，并介绍了"分析的马克思主义"对正义、平等、自由以及伦理学等问题的争议。但现在看来，该书对"马克思与道德的关系"问题的研究比较简略。后来受"分析的马克思主义"的影响，国内学者陈学明、张文喜、冯颜利、王新生、段忠桥、姚大志、吴忠民、李惠斌、林建平、李义天等密切关注马克思的正义理论和道德理论，并取得了一系列丰富的研究成果。

但是整体而言，国内知识界对"马克思与道德的关系"的研究基本还停留在对代表性人物的观点翻译和介绍方面，缺乏批判性的理论观点与创新性的理论成果。而且在此问题上仍然有较大分歧，有的学者承认二者的兼容，但又拿不出足够的证据，有的学者否定二者的兼容，更多的人则对该问题保持沉默，不置可否。不仅如此，在"马克思与道德的关系"的问题上还存在"断裂说"、"孤立化"以及"碎片化"的观点。"断裂说"认为道德理论大都是在马克思的思想体系不成熟的时期提出的，思想成熟以后就没有道德理论的存在空间了。"孤立化"认为马克思道德理论只在哲学之中，政治经济学和科学社会主义中没有道德理论。"碎片化"认为马克思是一部道德哲学的百科全书，是各种道德理论的源头，各种道德理论的建构都可以从马克思那里找到文本依据，但道德理论散乱存在其文本之中，缺乏系统性。

正如加拿大学者威尔·金里卡（Will Kymlicka）在其《当代政治哲学》一书中提出的："如果要实现社会主义或共产主义的理想，就要说服人们并使他们相信，这些理想具有道德上的正当性，并且值得追寻。……如果社会主义政党要想获得胜利，就必须说明，为什么社会主义社会比我们今天看到的国家福利资本主义更令人向往——更自由、更正义或更民主。"① 所以，为了更好地消解传统马克思主义将唯物史观与道德理论二分的境况，恢复传统马克思主义研究中被人为遮蔽的道德理论，为习近平新时代中国特色社会主义思想和社会主义现代化建设提供道德理论支持，我们需要认真研究、系统回答在争论中产生的以下问题。

第一，如何解释马克思、恩格斯等经典作家一方面对道德现象、道德概念和道德术语进行批评讽刺，另一方面又表现出针对资本主义强烈的道德义愤以及对于共产主义热切的道德期许这一问题，尤其是如何应对和理解马克思、恩格斯等经典作家关于道德的否定性论述和消极性评价，马克思究竟如何理解和看待那些具有约束力和范导性的道德观念，如何回答"分析的马克思主义"关于马克思的"非（反）道德主义""道德相对主义""功利主义""混合道义论"的判断。

第二，在马克思的基本理论框架内，应如何理解道德。换句话讲，马克思是如何理解和定位道德的客观性与有效性的，如何理解马克思关于道德与正义是一种意识形态的论述，历史唯物主义与道德有无内在冲突，马克思道德理论应该理解为一种道德哲学还是道德社会学。

第三，在公平正义成为中国特色社会主义理论体系中一个重要和本质性的概念之后，是否存在马克思正义理论，或者说如何阐释正义在马克思思想体系中的合法性地位，以及如何用马克思正义理论回应影响深远的自由主义的正义理论。

二　对"马克思与道德的关系"问题的概括性回应

概括地说，与以前的规范性道德理论不同，马克思拒绝一切形式的道德化，或者一切形式的道德主义；与空想社会主义者不同，马克思致力于探索隐藏在社会表象之下的深层次现实，以便将社会主义建立在科学根基之上，主要聚焦于政治经济学批判而不是道德批判去揭示资本主义社会的罪恶。尽管马克思充满着对资本主义严厉的道德谴责和正义批判，但在他后期的作品中多次反对存在一条可以依靠道德论证和清晰的人道主义道德理想去改变世界的道路。但是，正像加拿大学者尼尔森认

---

① 〔加拿大〕威尔·金里卡：《当代政治哲学》，刘莘译，上海译文出版社 2015 年版，第214 页。

为的那样，我们不能因此就认为马克思只热衷于提供嗜血的现实政治或玩世不恭的操纵手段，马克思之所以没有兴趣以道德为主要批判武器，在于他认为用道德力量改变世界实则是一种天真态度和过于简单的理想主义。

在简明扼要地阐释了马克思对道德的基本态度之后，还需要直面由"马克思与道德的关系"引申出来的如下关键问题。

第一，马克思是非道德主义吗？马克思主义经典文本里对道德的否定性论述和消极性评价，是部分西方学者判定马克思是"非道德主义"的主要凭借。但对于终生与"意识"做斗争的马克思来讲，他消极对待或反对的只是具有规范的超验性和意识的终极确定性的"理念式道德"。之所以如此，是因为"理念式道德"折射的是德意志意识形态乃至整个西方哲学传统，这种形态与传统与马克思主义从现实的个人的生存与发展出发去理解道德、致力于改变世界、重视革命意识、反对道德说教的思想之间存在巨大的差别与分野。马克思主义"跳出道德同情的羁绊"，建构了一种实践的、历史的观点理解道德的非模式化、非实体化的"实践式道德"。

第二，马克思是反道德主义吗？西方学者伍德和米勒等认为马克思把意识形态和道德视为一种虚假意识，得出"因为马克思批判虚假意识形态，所以马克思反对道德"的判断，类似观点可以概括为"伍德—米勒命题"。该命题遵循以下逻辑：①虚假意识是意识形态的定义性特征；②道德是意识形态；③马克思批判和反对意识形态；④马克思反对道德。"伍德—米勒命题"在西方理论界具有一定的影响力，对马克思的道德观形成了冲击。但是，系统分析马克思的意识形态理论就会发现，虚假意识只是马克思意识形态理论的"出场"，而非核心内涵，构不成其定义性特征，从而推翻了命题的第一个前提。从文本出发解读虚假意识的真实内涵就会发现，虚假的内涵主要是指颠倒和迷惑，而不是指荒谬和错误，因而"道德是一种虚假意识"的表述是无法推出马克思是"反道德主义的"。

第三，马克思是道德相对主义吗？伍德、米勒等"分析的马克思主义"学者认为由于马克思主义遵循历史唯物主义的立场，无法确立什么是真正的道德规定，最终必定会走向道德相对主义，进而否定对社会形态或生产方式进行道德评价的合法性。道德相对主义的指责对于马克思道德理论来说是个生死攸关的问题。实际上,虽然马克思多次描述了道德相对性现象,并且反对道德普遍主义,但马克思在实践的语境中,非常明确地给出了各式各样的道德判断,且把生产力作为道德标准的共同尺度,并内含着一种道德进步的信念。因而马克思既不是规范性的道德相对主义,也不是元道德的相对主义,因此无法否定马克思对资本主义社会道德批判的合法性。

第四,马克思是功利主义吗?霍耐特(Axel Honneth)、艾伦、布坎南等西方学者或以"利益论",或以"结果论",或以"总和论"等理由把马克思道德理论归类为功利主义,这显然误解了马克思道德理论的元典精神、道德批判的元哲学叙事以及道德建构的经济—阶级性格。实际上,马克思通过给予利益的历史性理解、对私人利益的超越性理解以及利益与道德的统一性理解,实现了对功利主义利益范畴的超越;马克思用经济基础解释正当,以物质生产活动规约正当,立足于人类社会理解正当,从根本上否定了正当是善的增加这一功利主义的观点;马克思深入资本主义经济的制度根源,在对私有制批判的基础上,建构了分配正义与生产正义统一的正义观,既超越了功利主义分配正义的缺失,又超越了资产阶级以平等权利为核心的正义观。总之,马克思从唯物史观、从物质实践出发思考利益、正当与分配正义,把价值理想的实现与实践活动联系起来,用道德的实践开创了一种全新的、真实的、革命性的道德观。

第五,马克思是混合道义论吗?科恩、杰拉斯和佩弗等西方学者在"塔克尔—伍德命题"的争论中把马克思归类于混合道义论,并形成了理解马克思正义理论的三项共识——分配正义中心论、自然权利正当论、正义原则普适论,期望以此"把马克思带回正义命题"。但在马克思看来,分配正义从属于生产正义,离开了生产方式批判资本主义是舍本逐末的选择;马克思认为自然权利是市民社会的产物,并经常对之保持意识形态的警惕,所以反对用自然权利去奠基正义基础;同时马克思绝对不会致力于建立一个以自然权利为基础的普遍适用的正义理论体系,而是给予正义观念以历史主义的理解。"把马克思带回正义命题"的尝试虽然对于建构马克思正义理论具有一定的积极作用,但由于缺乏历史唯物主义的基础，偏离了马克思正义理论的核心范畴，降低了马克思正义理论的位阶。

第六，马克思为何批判道德？马克思在同形形色色的社会主义思潮的论争中曾以不同的向度、不同的语气展开道德批判。概而言之，马克思的道德批判对象主要有以"人类之爱"为代表的道德说教、以"思维绝技"为代表的道德形而上学和以"永恒正义"为代表的道德意识形态等。在马克思看来，道德作为一种意识形态，不可避免地具有阶级性、依附性和脆弱性，用道德范畴来批判资本主义，无疑是乏力和无效的。但是马克思并没有一般性地反对道德，而是主张道义性要以科学理论为基础，在唯物主义的框架内理解道德，在实践活动的解释视野中彰显道德的意义。马克思通过道德批判瓦解了近代形而上学的基本建制，明确了自己新的历史观和经济观，开启了马克思"历史科学"纲领的建构。

第七，马克思反对正义吗？众所周知，"塔克尔—伍德命题"依据"马克思谴责资本主义时并没有依据'正义'的价值观"得出"马克思缺乏正义理论"的观点。对此，我们需要深入、透彻地理解马克思正义批判的思想逻辑。马克思为了澄清"私有财产是私有者的应得"、"个人权利构成了正义的基石和支点"和"市民社会是天然合理的社会模型"等错误观点，深入强大的经济事实和鲜活的生产活动中，对应得正义论、权利正义论和市民社会正义论展开批判，澄清和阐明了私有制、权利平等、市民社会为什么不能作为正义不容置疑的前提和基础，以及它们为什么不能给人类社会带来真正的正义，并在批判中完成了实践性和革命性的正义理论建构。

三　重思"马克思与道德的关系"的当代意义

在新时代中国特色社会主义的理论与实践中，研究"马克思与道德的关系"问题有何意义呢？我们知道，由于受教条主义的影响，长期以来我们更多地强调马克思主义的科学性而相对弱化了其批判性，更多地强调马克思主义的历史维度而忽视了其价值维度。事实上，正如本书一再表达的观点，马克思虽然强调应以客观的、理性的、科学的态度把握人类社会发展的规律，但他并不拒绝任何情感表达、道德诉求和理想设定，马克思本人虽然不是道德哲学家，但其有丰富的道德理论。而马克思主义在我国意识形态领域具有指导地位，且马克思主义的道德范畴也纳入了社会主义核心价值体系，所以马克思道德理论肩负公共教育与政治动员的社会功能，马克思道德理论在学术研究领域具有不言而喻的重要性。因而，理论工作者有必要进一步开阔视野，在夯实对经典文本理解的基础之上，关注国际理论界的新进展、新问题与新回答，推进马克思道德理论的理论内涵，增强对现有问题的解释力、说明力和影响力。本书认为，马克思道德理论在以下四个方面具有重要的理论与现实意义。

第一，可以为人类命运共同体思想提供观照。同自由人的联合体一样，人类命运共同体并不是单纯的认知性、描述性和实证性的命题，而是包含着应然的理想诉求，关涉一定的规范性的命题。那么，如何建构和丰富人类命运共同体的道义基础？由于人类命运共同体与马克思所提出的自由人的联合体都深切关怀人类解放和人类命运，二者在价值诉求上具有一致性，因而可以从马克思共同体思想中开掘出道德意蕴和价值底蕴，以实现对人类命运共同体的价值观照。实际上，马克思的"共同体"并不是道德中立或价值无涉的历史科学概念，马克思共同体思想遵循"事实—价值"的辩证法，在人类历史分析和未来社会价值建构两个层面思考个体与社会的关系，展现了独特的道德意蕴和价值诉求，完全可以为构建人类命运共同体的道义制高点奠定坚实基础。

第二，可以指导新时代中国特色社会主义的分配实践。从分配正义出发，通过正义的制度和政策来分配收入、机会和各种资源，以帮助那些迫切需要社会正义帮助的人。美好生活的实践对立面是不平衡、不充分的发展，而不平衡从本质上是资源配置的不平衡，说明资源分配还存在不正义的问题。中国的贫富差距虽然不是"剥削"造成的，但"一部分人收入过高，还有相当的人生活在贫困线下"的现象不可否认是一种社会收入分配不公，尤其是在一个社会有能力使所有人都过上体面的生活，而相当一部分人却没有过上体面的生活，那么这些处境困难的人就受到了伤害的情况下更是如此。正如习近平总书记指出的那样，在我国现有发展水平上，社会上还存在大量有违公平正义的现象。① 因此，需要推进社会公平正义。另外，在中国社会发展取得历史性成就的新时代，

---

① 《习近平谈治国理政》，外文出版社 2014 年版，第 95 页。

一些社会群体和社会成员没能享受到应有的改革发展成果，是诱发当前社会矛盾和冲突的重要因素，对社会的健康发展造成了阻滞，而这个问题不抓紧解决，不仅会影响人民群众对改革开放的信心，而且会影响社会和谐稳定。换言之，我国在经济上进入了丰裕时代，但贫富差距带来的系列问题使得我们必须寻求既保持适度的公平又保持经济的高效这一事关长治久安的重要决策。从这个意义上讲，马克思正义理论仍然在与时代同行。

第三，可以为当代中国道德文化自信提供一种理论和精神支撑。随着中国的日益强大，在 21 世纪初以民族复兴为指向的文化自信开始成为理论研究的关注点。在文化自信的系统结构和动力功能中，道德文化自信既是基础性的自信，也是动力性的自信，在文化的产生、创造和维护方面扮演着极为重要的角色。中国道德文化绵延数千年，形成了独特的文化传统和价值体系，潜移默化地影响着中国人的价值观念和行为方式。近代以来中国道德文化发展的历史表明，虽然中国道德文化历经冲击，但它没有被摧毁，也没有被西方文化和价值观所同化，反而在经济全球化时代愈加展示了自身的特色和魅力，呈现出旺盛的生命力，中国道德文化传统书写了一部中华民族绵延不绝的文化生活史。中国道德文化传统之所以具有适应时代的生命力，能够为中国道路、制度和理论提供道德精神支撑，关键在于中国道德文化具有实践性、创造性和主体性的品性，与马克思道德理论的理论特性具有契合性，马克思道德理论可以为道德文化自信提供坚实基础。

第四，马克思对道德的理解方式可以为当前道德教育的实效性提升提供有益借鉴。如果用马克思道德理论的基本观念和实践品质观照今天的道德教育，应该说，当前的道德教育在理念与实践中都还深受概念思维的支配和影响，引发教育活力与育人魅力的萎缩。作为对概念思维的反叛，道德教育应以马克思道德理论为指导，以实践思维为引领，从感性和现实的道德情境出发，立足于现象性的教育内容、形象化的语言表达、生成性的视界。

综上所述，"马克思与道德的关系"问题构成了近些年我国马克思主义理论研究的热点，也是马克思主义中国化所遇到的深层次难题。中国传统文化的核心精神是伦理道义精神，马克思主义的基本特征是实践性，实践精神与伦理道义精神是何关系，两者能否兼容，如何兼容，这是马克思主义中国化必须观照的问题。这个问题不解决，马克思主义的中国化就无法向深层次推进，中国特色社会主义文化创新也就难以向纵深发展。总之，在新时代中国特色社会主义建设的过程中，我们需要继续深入研究马克思的政治哲学和道德理论，立足现实，潜心学术，澄清马克思与道德正义兼容的问题，从而为理论和现实提供合理解决问题的思想和智慧。

四 对本书关键词的解释说明

第一，马克思与马克思主义。首先要解释的是，本书重点研究的是马克思的道德理论，确切地说，主要是马克思的道德理论，部分包括恩格斯的道德理论。之所以在此用"马克思"而不是"马克思主义"，主要原因是本书倾向于对马克思本人的道德理论进行研究，而马克思主义则更多关注马克思思想的存在与发展，故用"马克思道德理论"更加契合研究内容。但要声明的是，本书不用马克思主义，并不是因为赞同"马克思与马克思主义者应该划清界限"观点使然。虽然 19 世纪 70 年代末，针对法国"马克思派"中存在的宗派主义和教条主义倾向，马克思断然指出"我只知道我自己不是马克思主义者"①，但不应过分强调马克思主义与马克思之间的"断裂"，更不能认为"马克思主义遮蔽、转换、扭曲了他（马克思——引者注）的基本哲学洞见，使之变得难以接受"。② 我们知道，马克思是马克思主义的创始人，马克思与马克思主义有很多交集，研究马克思道德理论，实际上就把握了马克思主义道德理论的核心。尽管本书研究马克思的道德理论，但不能否认马克思作为马克思主义创始人的事实，因而本书无意于把马克思与马克思主义严格区分开来。当然也不可否认，从马克思主义思想的发展史来看，的确发生过背离了马克思但仍然以"马克思主义"自居的现象，尤其是苏联的许多马克思主义理论家使马克思主义的历史维度付之阙如，把马克思主义变成了僵硬、固定的教条，背离了马克思的开放精神。为了克服此种倾

---

① 《马克思恩格斯文集》第 10 卷，人民出版社 2009 年版，第 586 页。
② 〔法〕洛克曼：《马克思主义之后的马克思：卡尔·马克思的哲学》，杨学功、徐素华译，东方出版社 2008 年版，第 7 页。

向造成的严重后果，本书选择"马克思"而不是"马克思主义"的确有
"回到马克思"的研究策略。

　　而之所以在研究马克思道德理论时也涉及恩格斯对道德的理解，一
是因为不少道德论述的经典文本是由马克思、恩格斯合著的，二是马克
思与恩格斯对道德的认识立场相同，虽然不能说马克思与恩格斯可以完
全融合为一种统一的道德理论体系，但二者主要是研究重点的不同，并
没有实质性的立场差异。阐释恩格斯对道德的理解是深层阐释马克思道
德理论的重要路径。

　　第二，道德理论与伦理学。本书的另外一个关键词是"道德理论"，
而没有像过去的研究者那样用"伦理学"这一概念。之所以如此，原因
在于本书认为马克思主义伦理学必定包含着特定的道德要求，应该建构
一套揭示道德的起源、本质、结构、功能和发展变化规律的道德范畴和
明确指导意见的规范体系，但实际上马克思那里不存在严格意义上的伦
理学体系，更为关键的是，马克思反对像传统伦理学那样建构一套伦理
规范体系。"分析的马克思主义"学者之所以提出马克思没有道德内容
或道德论证，最重要的原因恰恰是这些学者是按照西方传统伦理学的标
准来考察的。选择"道德理论"意在表明本书重点研究马克思对道德的
反思，不一定要建构一套伦理规范体系。事实上马克思也从没有像亚里
士多德（Aristotle）、康德（Immanuel Kant）、边沁（Jeremy Bentham）那
样，深入道德知识体系的内部探究道德的逻辑结构，建构一套关于道德
的方方面面的理论，也从没有建构任何对人的行为和品格进行评价的规
范性体系。马克思很少给出关于道德本质的哲学定义和鲜明的道德哲学
方案，更多的是关注道德的产生基础和运行机制是怎样的，道德在阶级
社会中实际上呈现出的样式、发挥的功能、出现的问题又有哪些。[①] 应
该说，马克思通过历史唯物主义的建构对道德进行的反思与说明，形成
了一种异于传统道德哲学的、有自己鲜明特色的道德理论，并提供了一
个全新的理解伦理道德的视角。

　　第三，道德与正义。本书取名《马克思道德理论与现实》，但在内

[①] 李义天：《从正义理论到道德理论——以〈马克思主义与道德观念〉为中心的解析》，
《中国人民大学学报》2013 年第 5 期。

容上却涵盖马克思对正义的批判以及马克思的正义理论。之所以如此，原因在于本书认为，正义不仅是一个政治学或经济学的术语，同时也是具有规范性维度的道德概念。尤其是在马克思那里，正义是规范性概念，很多时候马克思对正义的批判，实质是对具有约束力和范导性的道德观念的批判。所以本书也对马克思的正义批判进行了思考，对马克思正义理论进行尝试性的探讨。

第一章 回应与批判：对马克思道德理论的误读

20世纪70年代，在"分析的马克思主义"内部引发了一场"马克思主义是否提供了一种隐含的或明确的道德理论"①的讨论，并延伸到了"马克思与道德是否兼容"的问题。其中以伍德、米勒为代表的一批学者从康德道德哲学的立场出发，依据马克思、恩格斯等经典作家关于道德的否定性论述和消极性评价，得出马克思是"非道德主义"甚至是"反道德主义"的结论。随着讨论的加深，逐渐延伸到马克思是不是道德相对主义的问题。如伍德认为"对马克思来说，经济交易或经济制度的正义与否依赖于它占支配地位的生产方式的关系而定。如果与生产方式相适应，它就是正义的；如果与生产方式不相适应，它就是不正义的"。②因而，这些概念纯粹是相对的，不能为社会批判提供基础。米勒则认为马克思反对"任何主要政治问题的正确解决，都是因为将有效的普遍准则应用到当前事件的具体实际中去"③的主张，必然走向道德相对主义。另外，一些学者不顾马克思在其理论形成的几个关键时期都曾对功利主义进行批判的事实，把马克思道德理论的总体类别归于功利主义——尽管他们在马克思属于哪一种功利主义上并没有达成一致。加拿大学者艾伦是其中的代表，他认为马克思"使用的是功利主义曾使用过的那样的论证，尽管不是用功利主义的术语来表达的……用来支持他道德判断的论证除了名称以外完全是功利主义的"。④当然，还有一些学者

---

① 〔加拿大〕威尔·金里卡：《当代政治哲学》，刘莘译，上海译文出版社2015年版，第262页。

② 〔美〕伍德：《马克思论权利和正义：对胡萨米的回复》，林进平译，载李惠斌、李义天编《马克思与正义理论》，中国人民大学出版社2010年版，第79页。

③ 〔美〕米勒：《分析马克思——道德、权力和历史》，张伟译，高等教育出版社2009年版，第15页。

④ Allen, "The Utilitarianism of Marx and Engels," *American Philosophical Quarterly*, 1973, 10 (3): 189.

提出马克思是混合道义论，认为马克思的思想体系中蕴含着丰富的规范理论，并努力以分配正义为中心建构马克思的正义理论，企图"把马克思带回正义命题"，但由于缺乏历史唯物主义的基础，这些学者的建构反而偏离了马克思正义理论的核心范畴，降低了马克思正义理论的位阶。这些争论在深化马克思道德理论研究的同时，也造成了对马克思道德理论理解上的重重迷雾，严重影响了对马克思道德理论的判断与评价。因而，本章依据历史和实践的观点，从隐含在马克思的思想体系中的道德元素出发，从非道德主义、反道德主义、道德相对主义、功利主义、混合道义论五个方面考察对马克思道德理论的各种误读，以澄清马克思道德理论。

第一节　从理念走向实践：对马克思是
"非道德主义"的反驳

马克思在其经典著作里，对那些试图通过道德论证社会主义的理论家曾多次提出过严正批评。如马克思在《德意志意识形态》中批判施蒂纳（Max Stirner）充满道德说教的著作《唯一者及其所有物》时提出"共产主义者不向人们提出道德上的要求，例如你们应该彼此互爱呀，不要做利己主义者呀等等"①；在《人类学笔记》中批评梅恩（Henry S. Maine）过分抬高道德在"影响、限制或者阻止统治者对社会力量的实际操纵"的作用时指出，"但是这全部历史在梅恩那里都溶化到所谓'道德因素'中去了"②，没有看到"以'道德的'形式存在而论，它们始终是派生的，第二性的，决不是第一性的"③；马克思甚至在写信给第一国际领导人左尔格（Friedrich Adolph Sorge）时抱怨"想用关于正义、自由、平等和博爱的女神的现代神话来代替它的唯物主义的基础（这种基础要求人们在运用它以前进行认真的、客观的研究）"④；恩格斯在《反杜林论》中也提出"拒绝想把任何道德教条当做永恒的、终

---

① 《马克思恩格斯全集》第 3 卷，人民出版社 1960 年版，第 275 页。
② 《马克思恩格斯全集》第 45 卷，人民出版社 1985 年版，第 648 页。
③ 《马克思恩格斯全集》第 45 卷，人民出版社 1985 年版，第 646 页。
④ 《马克思恩格斯文集》第 10 卷，人民出版社 2009 年版，第 420 页。

极的、从此不变的伦理规律强加给我们的一切无理要求"①。

在"分析的马克思主义"看来，马克思之所以消极谈论道德，是因为马克思是一位"历史科学家"，发现了人类历史的发展规律，即发展生产力的趋势贯穿于整个历史。生产力决定生产关系，生产关系的总和构成了整个社会的经济基础，而"人们的国家设施、法的观点、艺术以至宗教观念，就是从这个基础上发展起来的，因而，也必须由这个基础来解释，而不是像过去那样做得相反"②。历史科学强调它的真理性，而真理本身并不需要甚至没有任何道德属性。由此，一些西方学者形成了马克思是"非道德主义"的断定。如美国杜克大学的哲学教授布坎南就认为历史唯物主义作为社会学领域的逻辑推导，是一种价值中立的历史科学，因而本质上与道德思想是相互矛盾的。所以，历史唯物主义将道德论述斥为"过时的语言垃圾"和"意识形态的胡说"③。德国新康德主义哲学家福兰德（Karl Vorländer）在《马克思与康德》一文中认为马克思"作为一种历史理论必然要排除道德的观点"④。金里卡也提出，"当过去的马克思主义者相信社会主义是必然的（inevitable），就没有必要去解释社会主义为什么是合意的（desirable）。社会主义不过是被历史发展预先决定好了的一个阶段性终点。……作为革命基础的，是经济矛盾而非道德依据"⑤。奥地利学派的马克思主义者阿德勒（Max Adler）也提出"社会主义将实现，不是因为它得到了一种伦理观念的证明，而是因为它是因果进程的结果"⑥。

在此判断之后，更具有挑战性的问题被抛出，即"社会主义尽管是必须的，但也应被当作一种理想的且值得为之奋斗的东西而加以接

① 《马克思恩格斯文集》第9卷，人民出版社2009年版，第99页。
② 《马克思恩格斯文集》第3卷，人民出版社2009年版，第601页。
③ Allen E. Buchanan, *Marx and Justice: The Radical Critique of Liberalism* (London: Methane, 1982), p. 59.
④ 〔英〕史蒂文·卢克斯：《马克思主义与道德》，袁聚录译，高等教育出版社2009年版，第17页。
⑤ 〔加拿大〕威尔·金里卡：《当代政治哲学》，刘莘译，上海译文出版社2015年版，第214页。
⑥ Max Adler, *Der Soziologische Sinn Oder Lehre von Karl Marx* (Leipzig: C. L. Hirschfeld, 1914), pp. 48 – 49.

受"①，因为社会主义"即使符合必然性，也不等于合目的性：一只腐烂的苹果虽然说是只能如此，但它毕竟无用了"。② 因而，他们认为需要为马克思注入康德伦理学的规范性论证，通过建构规范政治理论的马克思主义来替换作为一种历史必然性理论的马克思主义，以更好地说明为什么社会主义社会比我们今天看到的国家福利资本主义更让人向往——更自由、更正义或更民主。科恩就认为，作为德国社会主义的真正创始人，康德的绝对命令只能在社会主义社会实现。阿德勒认为康德哲学是现代社会主义的来源，认为社会主义首先是"伦理的必要性"，经济规划是道德律令的表现。③

　　其实，在马克思与道德的关系上，我们一方面要批判波普尔（Karl Popper）对马克思"不是一个科学的判断，而是一种道德的冲动"④ 的定位，以维护马克思的历史唯物主义；另一方面也要面对马克思是"非道德主义"的诘难，对经典作家的文本所可能引申出的非道德立场进行澄清，以奠定马克思道德理论的思想合法性与学科合法性的根基。如何应对由历史唯物主义引出的"非道德主义"的诘难？一方面，"分析的马克思主义"也非铁板一块，内部存在诸多分歧，一些学者试图消解这个诘难，从而将道德从马克思主义中拯救出来，如佩弗的"道德社会论"、卢克斯的"解放的道德"、尼尔森的"语境主义"等。这些理论为我们阐释历史唯物主义与道德的融贯性，驳斥马克思是"非道德主义"，解释为什么马克思不为社会主义做出道德论证提供了很好的理论资源。另一方面，波普尔关于"马克思理论是一种道德批判理论"的观点也有可借鉴之处。当然，对此国内学术界也形成了日益成熟的、综合的中国本土解释框架。因而，有效借鉴上述理论成果，回到马克思经典文本的原意，从前提—原因—建构的思路反驳马克思是"非道德主义"构成了

① 〔英〕史蒂文·卢克斯：《马克思主义与道德》，袁聚录译，高等教育出版社2009年版，第17页。
② 〔英〕史蒂文·卢克斯：《马克思主义与道德》，袁聚录译，高等教育出版社2009年版，第17页。
③ 李泽厚：《批判哲学的批判：康德述评》修订第六版，生活·读书·新知三联书店2007年版，第375页。
④ 〔英〕卡尔·波普尔：《开放社会及其敌人》第2卷，陆衡等译，中国社会科学出版社1999年版，第318页。

本节的基本架构。

一 "谁之道德"与"何种意义"：前提性的追问

伍德等人首先批评马克思不喜欢甚至反对谈论平等、公平、义务、正义等道德规范，因而具有"非道德主义"的形象。但这一判定本身是建立在"规范性问题是道德的内在支撑"这种康德规范道德哲学的前提之上的，认为如果一个理论不能套进康德式道德哲学的框架之中，参与、权利、平等和正义等问题的分疏与考辨，就似乎失去了道德理论。这实际上是把西方规范伦理学作为判断一种理论是不是道德理论的标准。这时，我们需要提出一个前提性问题："谁之道德"。是否不符合西方规范道德哲学特别是康德的规范道德哲学的理论都是"非道德主义"？我们知道，在受到元伦理学一个时期的压制之后，以罗尔斯发表的《正义论》为标志，规范伦理学开始复归，并围绕功利、公正、人权、价值等核心规范展开了形形色色的规范伦理构筑，逐渐形成了新正义论、规则功利主义、新人道主义、混合义务论等道德理论。由此，这些核心规范也成为判断是否包含道德理论的标准。为什么这些规范成为判断标准？伍德认为，"根据西方传统，人类的社会生活是与政治国家相联系的生活；作为社会存在者的个人，乃是与制定法律、保障权利、发布法律命令等权力相联系的个人"。① 从中可以看出，西方学者是以西方传统为标准来判定马克思是否蕴含道德理论的，而这显然是一个有问题的标准。正义、人权、平等、义务等规范都只是道德的外在表征和形式，并没有构成其内核，因而，"马克思没有形式化的伦理学文本这一事实决不意味着马克思哲学没有伦理学的向度"。② 在当代"分析的马克思主义"的代表人物卢克斯看来，康德式的道德在马克思那里只是"法权的道德"，它主要指向公平、正义、权利和义务等。从现实来看，由于市民社会里新兴资产阶级相互竞争，自私自利，充满着"一切人对一切人的战争"，资本主义认为需要将公平、正义、权利和义务等道德生活规范制度化，以建构一个限制相互破坏力量的框架。因而，"法权的道德"只是一种

---

① 〔美〕伍德：《马克思对正义的批判》，林进平译，载李惠斌、李义天编《马克思与正义理论》，中国人民大学出版社 2010 年版，第 5 页。

② 张盾：《马克思哲学革命中的伦理学问题》，《哲学研究》2004 年第 5 期。

补救性道德，是试图通过协调个人之间的冲突实现对市民社会的缺陷性补救，是资本主义实行有限改良的举措。

从哲学上看，"法权的道德"是一种静态的逻辑体系，是通过先建构需要确立的道德规范，循此选择核心概念与判断，进而进行推论，之后的实践成果皆是已有结论的注解。所以，根据"法权的道德"的主要特征，并把"法权的道德"置入德意志意识形态及至整个西方传统哲学之中考虑，本书把"法权的道德"从哲学上概括为"理念式道德"。简单地说，"理念式道德"是指追求绝对道德规范的超验性和意识的终极确定性，以人类理性名义发挥道德规范和道德调节作用的道德学说的哲学总称。可以把这种道德学说的基本特征概括为：终极本体论的形而上学、理性独断论的意识哲学、主客两元论的思维模式、先验自我论的主体哲学、权力遮蔽的意识形态。"理念式道德"是西方学者非议马克思道德理论的标准，但这恰是马克思极力反对的道德观念。所以，必须追问"谁之道德"。

从逻辑上讲，在明确西方学者用了错误的判断标准才得出马克思是"非道德主义"之后，抛出一个与马克思相契合的道德或伦理定义，不失为理论辩护的捷径。但由于马克思反对永恒的、始终的、不变的道德教条，反对以往对道德理解所秉承的唯心主义或旧唯物主义逻辑，因而本节并不准备沿着这样的思维逻辑展开，反而觉得这时候需要回到理解和阐释马克思是在"何种意义"上对上述道德规范表现出消极性的。而"何种意义"在马克思对青年黑格尔派及至对整个德国意识形态的批判中有着清晰的显现。我们可以通过对《圣麦克斯》的解读更好地理解它。

《圣麦克斯》是马克思批判施蒂纳的轰动一时的著作《唯一者及其所有物》的文章，它几乎占了《德意志意识形态》的十分之七，其重要性可见一斑。施蒂纳在《唯一者及其所有物》中提出了"利己主义的现象学"，认为作为近代资本主义产物的利己主义存在从"通常理解的利己主义"到"自我牺牲的利己主义"再到"自我一致的利己主义"的逻辑递进。这还不是问题的关键，关键在于施蒂纳认为早期的资产阶级这些"贪婪者"和"吝啬鬼"由于人格分裂所带来的痛苦会促使他们必须提升自己的精神境界，从"通常理解的利己主义"跃升到"自我牺牲的

利己主义"，然后通过反复地自我映照，认清了自己的本来面目从而进入
"自我一致的利己主义"阶段。从理论上对资产阶级利己主义道德现象
进行研究无可非议，但施蒂纳现象性分析依据的却是精神与自由在不同
的利己主义阶段的占有程度，三阶段嬗变的内在动力是人对精神、自由
的欲求。可是在马克思看来，利己主义作为一种观念和理论根源在于人
的实践活动和社会的经济政治变迁，而不是人的精神和意识所产生的需
求及其理念的自我逻辑演进，它本身也不可能独立地产生和演变。其实，
马克思真正要批判的不是施蒂纳的利己主义这种道德概念，他之所以着
重墨批判它，根本原因还在于施蒂纳是在思辨的王国中思考道德问题，
"它不用想象某种现实的东西就能现实地想象某种东西"①，这恰恰又是
青年黑格尔派乃至德意志意识形态的缩影，即把人的精神存在独特表征
的自我意识在现实世界中的发展理解为一个纯粹的思维过程。所以，马
克思对施蒂纳的批判绝对不仅是对还处于天真幼稚阶段、充满幻想和空
想的青年黑格尔派的批判，显然还包括对那个时代的德国意识形态的批
判。马克思道德观与青年黑格尔派道德观的差别，放大开来也就是马克
思与德意志意识形态乃至整体近代哲学的差别。

　　沿着休谟（David Hume）道德具有客观性的主张，德国古典哲学的
开创者和奠基者康德致力于创造一种永恒的、至高的道德真理和道德原
则，并用之去评价、塑造和创制现实，用基于理性的道德命令去干预、
规约经验世界。康德确立了人的绝对意志自由和自我主宰，鲜明而有力
地凸显了人类的道德尊严和道德力量。但在康德看来，"真正的政治不先
向道德宣誓效忠，就会寸步难行"。② 在康德那里，道德王国是尘世王国
的原型，主观、形式、应当等概念是最主要的，客观、内容和现实是被
压制的。康德的道德哲学最后只能是内省的观念，缺乏对现实进行干预
的能力。后来，费希特（Johann Gottlieb Fichte）、谢林（Friedrich Wil-
helm Joseph Von Schelling）和黑格尔（Georg Wilhelm Friedrich Hegel）虽
然不断弥合康德意识与现实的分裂和界限，但走到最后仍然是用理念建
筑现实，把人理解为理性、精神与自我意识。到了费尔巴哈（Ludwig

①　《马克思恩格斯文集》第 1 卷，人民出版社 2009 年版，第 534 页。
②　〔德〕康德：《历史理性批判文集》，何兆武译，商务印书馆 1990 年版，第 146 页。

Andreas Feuerbach）那里，虽然实现了从思辨的人到感性的人的思想解放，但他的"类本质"仍然是一个抽象的哲学概念。青年黑格尔派的鲍威尔（Bruno Bauer）、施蒂纳、赫斯（Moses Hess）秉承黑格尔的"精神统治世界"的理念，他们头上罩着"纯粹批判"的灵光，身上披着"自我意识"的法衣，站在黑格尔所特有的基地上，用独立意识去批判和代替一切，在精神领域施展伎俩，在没有离开思辨的基地来解决思辨的矛盾。由此，马克思说，"德国的批判，直至它最近所作的种种努力，都没有离开过哲学的基地"。①

　　在马克思看来，这些思辨形而上学，不论是坚持观念至上、自我至上、客体至上还是自然至上，其目光盯住的要么是自在的自然界，要么是绝对化的观念世界，恰恰遗忘了现实的感性世界。所以，施蒂纳把精神、意识的东西消融在"自我意识"或化为"幽灵""怪影""怪想"来消灭的观念，是马克思不能接受的。因为它除了歪曲地反映了人类理性思维的探索轨迹外，越来越脱离感性世界而"醉心于自我直观"的玄思妙想，而这在阶级矛盾日益突出的 19 世纪中叶必定是"过时的梦幻"。在马克思看来，谈论一切问题的根本前提是"现实的个人"，是真实的个人的活动及其物质生活条件，这一观点，马克思从《共产党宣言》到《资本论》一以贯之。在《资本论》第一版序言中，马克思提出："不过这里涉及的人，只是经济范畴的人格化，是一定的阶级关系和利益的承担者。我的观点是把经济的社会形态的发展理解为一种自然史的过程。不管个人在主观上怎样超脱各种关系，他在社会意义上总是这些关系的产物。同其他任何观点比起来，我的观点是更不能要个人对这些关系负责的。"② 所以，马克思一直着力于与"意识""精神"问题做斗争，因为在意识之中思考现实的时候，现实很容易最终走向意识，陷入旧有唯物主义的迷途。这时，应该从市民社会和物质实践出发来解释观念和阐明意识，"从思辨的王国中降临到现实的王国中来"。③ 可见，马克思拒绝从道德立场处理有关人类社会领域的问题，在于他认为任何一种立足于单纯的观念、思想或概念的先验理论总会限于抽象辨析，道德也是

---

① 《马克思恩格斯文集》第 1 卷，人民出版社 2009 年版，第 514 页。
② 《马克思恩格斯文集》第 5 卷，人民出版社 2009 年版，第 10 页。
③ 《马克思恩格斯全集》第 3 卷，人民出版社 1960 年版，第 274 页。

如此。

马克思是否与道德相容不能依据西方传统规范伦理学或"理念式道德"观念来做判定，更不能以是否相容于平等、公平、义务、正义这些概念作为标准。从马克思对施蒂纳进而扩展到对整个德意志意识形态的批判来看，其实马克思没有拒绝道德，但他拒绝一切形式的道德化，或者说他拒绝对道德的"理念式"理解。

二 "理念式道德"的拒绝：原因的探究

马克思为什么冒着被贴上"非道德主义"标签的风险也要明确、坚定甚至有些让人感觉不近情理地拒绝"理念式道德"呢？其背后的深层原因是什么呢？

第一，"理念式道德"与马克思的历史唯物主义所秉承的观念不同。历史唯物主义认为生存和发展（社会关系所决定的利益诉求是重要基础）是人在不同的历史时期最基本的利益诉求，这是道德观的形成基础，而"'正义'或'不义'的道德观念是社会和历史发展的副产品"[①]。有人认为马克思的异化概念主要是一种道德批判，这确实是个误解，马克思很早就确定了他的首要目标是解释社会和经济，而非道德批判。1982年他写给卢格（Arnold Ruge）的信中提到"宗教本身是没有内容的，它的根源不是在天上，而是在人间，随着以宗教为理论的被歪曲了的现实的消失，宗教也将自行消亡"[②]。所以"从市民社会出发阐明意识的所有各种不同的理论产物和形式，如宗教、哲学、道德等等，而且追溯它们产生的过程"[③]，就是历史唯物主义对道德的理解方式，也正是马克思与康德等人的不同。马克思反对康德把实践窄化为道德活动和"善良意志"的空洞说教，以及把道德主要关涉为道德的普遍形式和抽象规定。马克思认为康德把道德意志定位为"人类意志的纯粹自我规定"是一种"纯粹思想上的概念规定和道德假设"，是虚假意识。马克思告诫人们，传统道德理论不关切社会现实和人的真实生存实践活动，不能离开日常

[①] 〔英〕卡尔·波普尔：《开放社会及其敌人》第 2 卷，陆衡等译，中国社会科学出版社 1999 年版，第 313 页。

[②] 《马克思恩格斯文集》第 10 卷，人民出版社 2009 年版，第 4 页。

[③] 《马克思恩格斯文集》第 1 卷，人民出版社 2009 年版，第 544 页。

生活背景和残酷的现实理解道德，不能从道德出发理解历史演进，要用实际行动去改变社会制度，用非道德的办法解决道德问题。可以说，秉承历史唯物主义的马克思致力于把他的学说建立在科学的基础之上，因而更注意强调对资本主义的科学批判，而不仅仅是道德的，或不主要是道德的批判，所以不难理解为什么马克思从未将道德在他的理论中赋予决定性地位。

第二，"理念式道德"与马克思的旨趣也不相同。马克思旨在改变世界，追求的是消除冲突和对立，消除私有财产，而"理念式道德"只能够解释世界，追求公平分配财富和补救社会冲突的理念建构和规范建构。由于道德缺乏战斗力和革命性，所以马克思不会像柏拉图（Plato）、亚里士多德、休谟、康德、卢梭（Jean Jacques Rousseau）等人那样把道德置于指导地位和绝对高度。尤其要注意的是，马克思主义是在无产阶级和资产阶级严重对立的社会阶级结构之中建构起来的，蕴含着革命范式和解放的理想，不愿意沿着权利、平等、义务、道德等抽象的"理念式道德"的足迹老调重弹。在马克思看来，这些被称为"理念式的道德""爱好宁静孤寂，追求体系的完满，喜欢冷静的自我审视"[1]，"尽管满口讲的都是所谓'震撼世界的'词句，却是最大的保守派"[2]，是绝对无法解决资本主义社会资本与劳动的矛盾的。所以，波普尔提出"他攻击道德学家，是因为他把他们看作一种他认为是不道德的社会秩序的谄媚的辩护士；他攻击自由主义的颂扬者，是因他们自我满足；是因为他们把自由等同于当时存在毁灭自由之社会体系中的形式上的自由权"[3]。马克思批判施蒂纳等人的"德意志意识形态"的根本原因在于它"要求人们用自我意识的解释来承认现存的世界，承认普鲁士统治的德国现实"[4]，"批判的武器当然不能代替武器的批判"[5]，"'思想'一旦离开

---

① 《马克思恩格斯全集》第 1 卷，人民出版社 1995 年版，第 219 页。

② 《马克思恩格斯文集》第 1 卷，人民出版社 2009 年版，第 66 页。

③ 〔英〕卡尔·波普尔：《开放社会及其敌人》第 2 卷，陆衡等译，中国社会科学出版社 1999 年版，第 310 页。

④ 宋希仁：《怎样理解"共产主义者不向人们提出道德上的要求"》，《思想教育导刊》2006 年第 1 期。

⑤ 《马克思恩格斯文集》第 1 卷，人民出版社 2009 年版，第 11 页。

'利益',就一定会使自己出丑"①。所以,马克思发现了"从经济关系中产生出法的关系"②,之后提出"对市民社会的解剖应该到政治经济学中去寻求"③。而在政治经济学里找到的改变世界的方法就是揭露资本家对工人的剥削,从而依靠工人阶级通过革命行动废除私有制。概括地讲,在马克思看来,只有历史变迁才能消除人与人之间的道德冲突,而不是通过道德理论或道德诉求来改变社会。

第三,在马克思看来,"理念式道德"只能是一种社会历史性现象。卢克斯认为,马克思认为当时工人阶级基本上已经受到鼓舞,"一个透明的、统一的、富足的社会——在这个社会里,利己主义和利他主义之间,政治的公共领域与公民社会的私人领域之间的区别,以及'人分为公人和私人的这种二重化'都已被克服——不仅能够被创造出来,而且已经被提到历史的议事日程"。④ 这样,社会重大利益冲突的根源将要被消除,共产主义将不再需要权利、宽容、自由、平等等这些概念和范畴,因而,"法权的条件是历史地决定的,是阶级社会特有的,而且即将被消除"⑤,"理念式道德"只能是一种社会历史性的现象。对于这样一种即将被扫进历史的垃圾堆的,只是调节社会冲突的道德自然无须认真对待了。对此,波普尔也提出了一个大致符合事实和逻辑的观点:"他的惊人的乐观主义和他对这一切在不远的将来都会实现的信念,导致他把自己的道德信仰隐藏在历史主义的阐释的背后。"⑥

当然,马克思非常担心只谈"理念式道德"而不触及决定其基础的经济关系,很容易把道德引向革命空谈,给无产阶级带来迷惑和思想混乱,削弱其革命意识,马克思也憎恶"理念式道德"所隐含的道德说教,认为它只是乌托邦式的游戏,而社会矛盾无法通过合理的道德劝说

---

① 《马克思恩格斯文集》第 1 卷,人民出版社 2009 年版,第 286 页。
② 《马克思恩格斯文集》第 3 卷,人民出版社 2009 年版,第 432 页。
③ 《马克思恩格斯文集》第 2 卷,人民出版社 2009 年版,第 591 页。
④ 〔英〕史蒂文·卢克斯:《马克思主义与道德》,袁聚录译,高等教育出版社 2009 年版,第 42 页。
⑤ 〔英〕史蒂文·卢克斯:《马克思主义与道德》,袁聚录译,高等教育出版社 2009 年版,第 42 页。
⑥ 〔英〕卡尔·波普尔:《开放社会及其敌人》第 2 卷,陆衡等译,中国社会科学出版社 1999 年版,第 319 页。

得以消除，要"少发些不着边际的空论，少唱些高调，少来些自我欣赏，多说些明确的意见，多注意一些具体的事实，多提供一些实际的知识"。① 另外，马克思认为，"义愤的狂热"和"非政治行为"如果结合在一起，会给革命行动带来危险。这些都是马克思拒绝"理念式道德"的原因。

三　"实践式道德"：马克思道德观的建构

虽然人们容易把历史唯物主义解读为无情的规律，从而在历史唯物主义与道德之间划出一条鸿沟，但乔治·布伦克特（George Brenkert）却认为，马克思对资本批判所用的词语，包括"人性的、非人的、剥削、自由、奴役、依附、缺陷、缺点、残酷、见利忘义、腐败、卖淫、金钱关系、私利、专制、排斥、苦难、无能、非自愿"②，足以直接表明马克思对工人阶级命运的深情关注，展现了伦理主义和人道主义情怀。波普尔也看得很清楚，他认为虽然马克思对于社会主义的追求是建立在经济学而非伦理学或道德哲学之上的，或者说是建立在科学的历史规律之上而非道德体系之上的，但这并不妨碍马克思对特定道德体系的采纳，或对特定道德模式的认可。更何况马克思根本无意去预测未来，相对于做一个神秘的命运的预言家，他更愿意选择做一个命运的创造者。③ 而历史唯物主义也并非意味着对历史事实和社会历史发展规律的研究，而是意味着在时间的不断展开中，富有历史性地研究社会现实生活。马克思就是把道德范畴拉到历史境况中去理解的，认为"人们自觉地或不自觉地，归根到底总是从他们阶级地位所依据的实际关系中——从他们进行生产和交换的经济关系中，获得自己的伦理观念"，"一切以往的道德论归根到底都是当时的社会经济状况的产物"。④ 公允地讲，重视道德产生的社会经济基础并不意味着排斥道德，反而创新了一种更加真实的道德理解方式。马克思虽然是基于无产阶级和劳苦大众的悲惨命运展开的理

① 《马克思恩格斯文集》第 10 卷，人民出版社 2009 年版，第 3 页。
② George G. Brenkert, *Marx's Views on Ethics of Freedom*（London: Routledge, 1983），p. 15.
③ 〔英〕卡尔·波普尔：《开放社会及其敌人》第 2 卷，陆衡等译，中国社会科学出版社 1999 年版，第 312 页。
④ 《马克思恩格斯文集》第 9 卷，人民出版社 2009 年版，第 99 页。

论，却跳出了道德同情的羁绊，以哲学—经济学立论，深入强大的经济事实和鲜活的生产活动，批判"不道德的社会根源"——不平等的资本主义私有制，通过消除产生苦难的根源消除无产者的苦难和不幸。可以这样讲，马克思既保持着对人类历史和资本主义生产方式必然进程的清醒认识，又保有对无产阶级和人类命运的人文关怀，实现了历史主义与伦理主义的内在统一。而之所以如此，根本在于马克思超越了事实与价值的二分法，他既反对任何不带价值的社会科学的空洞表述，同时也反对任何不奠定在自然和历史的科学理解中的幼稚的价值阐释，这两种情况在马克思看来都没有任何政治或实践的用处。

由于理论创作的主旨、思想展示的领域及写作计划的变动等原因，马克思并没有把他的道德观明确地、系统地表述出来，也可以说马克思道德观的建构性主要是通过批判性完成的。但像波普尔理解的那样，虽然马克思的伦理观念只是通过暗示表达出来，但并不因此而缺乏力度。① 受卢克斯把马克思倡导的道德观命名为"解放的道德"以对应所批判的"法权的道德"的启发，本节把马克思蕴含在批判文本中、站在道德之上理解道德的道德观命名为"实践式道德"，用以对应"理念式道德"。在此必须强调的是，"实践式道德"并不是一种道德模式，也不是强调"实践"作为一种道德本体，更不是一种道德形而上学，而是强调以实践的、历史的观点理解、认知道德规范和道德行为的道德观，是一种看道德的方式。与"理念式道德"不同，"实践式道德"的研究对象是影响道德的感性世界和道德现象背后的现实的人；研究方法是突破传统认识论的方法，在实践中寻找道德的答案；其功能是由解释世界转向改变世界；其目标不是为现实做合理论证，而是通过批判不合理的社会现实，为人和社会的解放提供思想支持。

不少西方学者通过对马克思经典著作的文本解读，依据严格明晰的方法，以重构的方式提出了这样或那样的马克思道德哲学。这样的重构虽然一方面正面地、有力地驳斥了马克思是"非道德主义"的论断，但另一方面又容易导致以一种外在于马克思道德观的范式来丈量马克思道

---

① 〔英〕卡尔·波普尔：《开放社会及其敌人》第2卷，陆衡等译，中国社会科学出版社1999年版，第310页。

德观的可能，曲解马克思道德理论的真实状貌。马克思本人也说自己并不是道德哲学家。因而，本书无意将"实践式道德"理解为一种道德模式或道德哲学，重构其道德规范和内容，而之所以说马克思道德理论是现实的、真实的，在于其道德理论之中有一条贯穿始终的线索和核心，这就是"实践"。这是马克思认识道德、理解道德的钥匙，构成马克思道德理论与其他道德理论分野的关键点。

道德理论产生之前，马克思对道德的理解基本有两种向度：一种是把道德抽象为一种纯粹的精神实体，即超验道德观；另一种是对道德采取简单还原的态度，蔑视道德的神圣价值，即自然主义道德观。这两种向度其实都只是把道德看成一种既定的、静态的抽象理论，一种被解释的、被认识的客体，把道德视为一种"现成"的，摆在眼前的，可以用理性的、概念的方式予以静观的对象。马克思认为，道德不是对精神或道德实体的符合，也不是来自社会契约，更不是源自理性直觉，而是人类社会或社会化的人类的实践。可见，以往的道德理论没有从实践本身的社会历史条件等方面去面对道德，即不是从实践出发去考虑道德问题。海德格尔（Martin Heidegger）曾批判这种理解方式，认为对道德这样理解实际上是把道德当成现成存在和摆在那里的意义上加以领会的，这种理解实际上是把道德的本质及其价值视为一种自然事实的自然延伸，它在表面上把道德看得很高，其实是道德的贬值和道德价值的颠覆。马克思扬弃了这两种基本道德态度，反叛了传统政治哲学实在本体论的思维方式，从实践和生存出发去思考和审视道德。在马克思看来，"人们为了能够'创造历史'，必须能够生活。但是为了生活，首先就需要吃喝住穿以及其他一些东西。因此第一个历史活动就是生产满足这些需要的资料，即生产物质生活本身"①，也就是说，生存实践是一切人类面临的前提性问题，认识道德需要一种实践态度，而不是一种静观式的认识论态度，人类是在活动（最基本的活动形式是生产）中解决道德问题的。马克思道德理论关心的根本问题就是人的现实生存，生存是指人的生存，只有人才谈得上生存，或者说人就是生存性的存在，而不是实存性的存在。

---

① 《马克思恩格斯文集》第 1 卷，人民出版社 2009 年版，第 531 页。

马克思把现实的和历史活动中的人类实践活动尤其是生产实践活动当作道德理论的基础，并由此出发理解剥削、人类解放、自由、利益等概念，进而建立了唯物主义道德理论。马克思首先把道德看成属人的意义范畴，把传统道德理论赋予理念的超验性还原为人的实践活动，并由此在实践和生存两大视角展开了他的道德理论，以此为基础分析了人、社会、自然、人类历史等问题。马克思通过对道德实践性的理解，使道德理论适合于无产者的实际，服务于无产者和劳动人民，成为无产者本质力量的直观和确证。正是通过这些努力，马克思揭示了道德的经济基础，进而实现了实践道德观的理论建构。

马克思认为，传统道德理论颠倒了存在与思维、生活与理论、逻辑和生存的关系，没有认识到实践与生存活动是社会本源式的生命存在和活动方式，而马克思正是从感性活动的存在论根基处开启了全新的道德理论，其道德理论的旨趣不仅仅在于说明世界，更重要的乃是推翻和扬弃那使人受屈辱、被奴役、遭蔑视的不合理的现存世界，把人的关系和人的世界还给人自己，把实现人的自由、全面发展和"自由人的联合体"作为道德理论的旨归。可以说，马克思道德理论的革命性在于其根本性地超越了传统形而上学的边界，回归现实世界，关心人类的现实命运，从实践根基处，在对当下存在的领悟中指向对人类的未来命运的关怀。

马克思非常重视人的生存实践活动，将之理解为构成"世界"、"人"以及"人与世界关系"的"奥秘"和深层根据，构成了"世界"最本源的"原理"和"原因"。人的现实的生活世界完全是由人的实践活动"构造"或"组建"而成的，生存实践活动通过把人的生命力量对象化，把自然界转化为自己的"无机身体"，把自然关系变换为"属人关系"，从而使整个世界"活化"起来并拥有了生命的光辉，它是一个超越主客抽象的对立，把人与对象融为一体，并不断地把人与世界推向更高层次与境界的能动的过程。正是在此意义上，马克思强调，"这种活动、这种连续不断的感性劳动和创造、这种生产，正是整个现存的感性世界的基础"①，"整个所谓世界历史不外是人通过人的劳动而诞生的过

① 《马克思恩格斯文集》第 1 卷，人民出版社 2009 年版，第 529 页。

程，是自然界对人来说的生成过程"①。

马克思认为，道德是实践的生成物，因此，理解道德就要立足于人的生存实践活动，"现实的个人"和人的现实生产实践是道德理论的必然起点。从根本上讲，道德不是抽象或普遍意义上的概念或范畴，而是作为活生生的实践状态，是人的自我实现，道德不是人类社会抽象的自我意识，而是以全面发展与人类解放为旨趣并处于具体历史活动中的人的实践追求。马克思重视个体的价值和尊严，把人的世界和人的关系归还给人自己，在现实中而不是理论中实现人的解放，使人的生存活动真正成为体现人本质的活动。通过强调现实的个人，马克思决定性地超出了概念、逻辑、范畴占支配和统治地位的世界，对思辨哲学进行了批判，先期实现了对传统形而上学的清算和超越，开拓了新的哲学范式。

总之，马克思从实践出发理解道德为道德的生成本源提供了真实的基础。生存与实践是道德理论的基本规定性，人有什么样的实践性、从事何种实践活动，道德就有什么样的存在形态。可以说，道德正是人从自身创造性的生存活动中创造的，道德理论的全部形态都根源于此、生成于此。因此，道德理论的自身根源来自实践活动，先验理念不是道德的根据。

综上所述，马克思是"非道德主义"完全是西方学者的误解和偏见。虽然马克思从未构建任何道德规范，道德也不是马克思主义理论的核心部分，但我们不能因此得出马克思是"非道德主义"的结论。正如毕生致力于马克思主义研究的学者尤金·卡门卡（Eugene Kamenka）所言，"他毕生谴责奴性，尊重无产阶级的道德品性，绝不卑躬屈膝或寻求庇护，可见他的道德品性观念有多强"。② 马克思对道德的消极性表达，原因不在于道德本身，而在于他反对旧唯物主义和唯心主义对道德"理念式"的理解方式，反感用道德来为现状辩护的企图，担心过多地谈及"理念式道德"会给工人阶级带来迷惑，冲淡他们的革命热情，他反对毫无意义的伪善的道德说教。实际上，马克思在《莱茵报》任职以后就逐渐转向社会现实本身去追求价值理想，但在实现转向之后，马克思并

---

① 《马克思恩格斯文集》第 1 卷，人民出版社 2009 年版，第 196 页。

② Kamenka, "Marxism and Ethics：A Reconsideration," in S. Avineri ed., *Varieties of Marrism* (The Hague：Martinus Nijhoff, 1977), p. 139.

没有放弃道德价值诉求，只不过他要把价值理想的实现更好地与现实利益联系起来，让道德价值从属于对经验事实的科学分析。所以，在对"理念式道德"的拒绝处，马克思立足于市民社会中真实的个体的社会的、经济的实践活动，满怀着对无产者的道德热情，用道德的实践开创了一种全新的、真实的、革命性的"实践式道德理论"。可以说，马克思一生都在为拯救无产阶级和受苦难的民众，为无产者和全人类的自由、解放和自我实现呐喊奋斗，建构了具有独特个性的价值理想和道德诉求。

第二节　道德与意识形态：对马克思是 "反道德主义"的驳斥

一　"伍德—米勒命题"的提出

诚如前述，伍德和米勒等认为马克思在不同的文本中提出道德是"虚假的意识形态"、"空洞的废话"和"无聊的说辞"等，并由此断定在马克思那里"道德是意识形态的幻象"，马克思反对所有的道德说教，把所有的道德词语当作过时的东西加以拒绝，因而是"反道德主义"的。本节借用布坎南提出的"塔克尔—伍德命题"的表述方式，把类似观点命名为"伍德—米勒命题"。

"伍德—米勒命题"首先将道德与意识形态关联起来，然后利用马克思批判意识形态的表述论证马克思"反道德主义"的立场。伍德在其代表性著作《卡尔·马克思》中提出"历史唯物主义概念足以让我们看到马克思认为道德是虚假的意识形态"[1]，"马克思和恩格斯两人确实常常轻蔑地谈论道德和道德化，并且坦率地指出道德就是意识形态"[2]，而且臆断"马克思对未来社会的设想中会清除包括道德在内的一切意识形态"[3]。后来，伍德在《马克思的非道德主义》一文中更加详尽地阐述了意识形态与道德的相同性特征，认为马克思是在贬义上把道德称为意识形态的。在伍德看来，马克思认为意识形态与道德都是为了促进特定阶

---

①　Allen W. Wood, *Karl Marx* (New York: Routledge, 2004), p. 159.

②　Allen W. Wood, *Karl Marx* (New York: Routledge, 2004), p. 141.

③　Allen W. Wood, *Karl Marx* (New York: Routledge, 2004), p. 158.

级的利益信仰、思想与感情体系，却通过各种方式掩盖这一作用，这样"容易让人们忽视或否认道德的社会作用或影响力来源于经济基础或统治阶级"。① "他不仅批判或反对虚假的道德观念，而且批判或反对全部道德"，"对于道德理论化、道德价值……甚至道德本身，持有一种极端的、公开的敌对态度"。②

米勒也认为马克思"经常明确地攻击道德和基本的道德观念。他接受'共产主义……废除……道德，而不是加以革新'的罪名"③，之所以提出这样的结论，在于米勒认为在马克思那里"意识形态是一个信仰和态度系统，它歪曲现实并由社会力量和阶级社会具有的特征产生，而不是根据现实提出的思想观念"。④ 因此"马克思在陈述道德像宗教一样是意识形态时，有时会表示对道德的拒绝"⑤，"唯物主义意识形态理论被认为是已经'对任何一种道德，无论是禁欲主义道德或者享乐道德，宣判死刑'"⑥。在米勒看来，"道德作为解决政治问题的基础……易表现为三个特征：平等、普遍原则、普遍性"，但米勒认为马克思的意识形态理论恰恰"反对所有这三条原则，因为它们不适合用来决定人们追求何种基本社会制度"⑦，因而，"将马克思称为道德家的宽泛用法，从他自己的观点来看，是一种人为的夸大与误解"⑧。

简单地讲，"伍德—米勒命题"的推理可以概括为：①虚假意识是意识形态的定义性特征；②道德是意识形态；③马克思批判和反对意识

① Allen W. Wood, "Marx's Immoralism," in Bernard Chavance ed., *Marx en Perspective* (Paris: Editions de l' Ecole des Haute Etudes en Sciences Sociales, 1985), p. 688.
② Allen W. Wood, "Marx's Immoralism," in Bernard Chavance ed., *Marx en Perspective* (Paris: Editions de l' Ecole des Haute Etudes en Sciences Sociales, 1985), pp. 682 – 683.
③ 〔美〕米勒：《分析马克思——道德、权力和历史》，张伟译，高等教育出版社 2009 年版，第 13 页。
④ 〔美〕米勒：《分析马克思——道德、权力和历史》，张伟译，高等教育出版社 2009 年版，第 43 页。
⑤ 〔美〕米勒：《分析马克思——道德、权力和历史》，张伟译，高等教育出版社 2009 年版，第 43 页。
⑥ 〔美〕米勒：《分析马克思——道德、权力和历史》，张伟译，高等教育出版社 2009 年版，第 14 页。
⑦ 〔美〕米勒：《分析马克思——道德、权力和历史》，张伟译，高等教育出版社 2009 年版，第 15 页。
⑧ 〔美〕米勒：《分析马克思——道德、权力和历史》，张伟译，高等教育出版社 2009 年版，第 14 页。

形态；④马克思反对道德。

可见，"伍德—米勒命题"认为马克思把道德视为一种具有虚假特性的意识形态，是掩盖统治阶级利益的工具，"按照'X是意识形态'意味着'X有些不合法，并且应当从一个人的理论或世界中清除或予以拒斥'"① 的逻辑，得出"因为马克思批判观念意识形态，所以马克思反对道德"的判断。

"伍德—米勒命题"对马克思思想体系的负面冲击，美国学者佩弗看得很清楚，"对马克思主义具有相当严重的后果……会使作为一个整体的道德观，即所有的道德判断、原则、理论和规范——甚至道德论本身——应当被抛弃、被拒斥或被从马克思主义（或任何完备的）世界观清除成为必要"。② 因而，有必要从理论上破解"伍德—米勒命题"，以澄清马克思对道德的真正态度。

二　虚假意识是意识形态的定义性特征吗？

按照佩弗的分析，人们在看待道德和意识形态的关系时可能持有三种立场："①道德是意识形态因此必须被否定；②道德是意识形态但不必被否定；③道德不是意识形态因此不必被否定。"③ "伍德—米勒命题"显然持第一种立场。西方学者给予"伍德—米勒命题"所持有的第一种立场的驳斥大都采用对"道德"与"意识形态"两个概念进行详细分析，进而把意识形态分割成中性的和负性的，把道德分割成"意识形态的"和"非意识形态的"逻辑和策略，从而得出"道德不是意识形态因此不必被否定"的结论来完成辩护。回到马克思的经典文本之中，详细梳理意识形态和道德的真实内涵，毫无疑问是驳斥"伍德—米勒命题"的正确方向。但本书持第二种立场，认为在马克思那里，道德的确是一种意识形态，但这并不意味着马克思是"反道德主义"的。这是因为"伍德—米勒命题"所理解的在马克思经典文本中"虚假意识是意识形

---

① 〔美〕佩弗：《马克思主义、道德与社会正义》，吕梁山等译，高等教育出版社2010年版，第254~255页。

② 〔美〕佩弗：《马克思主义、道德与社会正义》，吕梁山等译，高等教育出版社2010年版，第255页。

③ 〔美〕佩弗：《马克思主义、道德与社会正义》，吕梁山等译，高等教育出版社2010年版，第260页。

态的定义性特征"是一种错误的观点，若如此，"伍德—米勒命题"立论的第一个前提就被破解了。

当今中国理论界对马克思主义意识形态理论的阐释中，"虚假意识"命题仍占据主导地位，它的理论支撑主要是马克思和恩格斯合提的"照相机比喻"及恩格斯单独提出的"经典定义"。

马克思、恩格斯在《德意志意识形态》中提出了著名的"照相机比喻"："如果在全部意识形态中，人们和他们的关系就像在照相机中一样是倒立成像的，那么这种现象也是从人们生活的历史过程中产生的，正如物体在视网膜上的倒影是直接从人们生活的生理过程中产生的一样。"① 应该说，"照相机比喻"对后来的马克思主义研究者影响很大，多数学者从中推出"虚假的"和"颠倒的"是马克思对意识形态性质的定位，是马克思意识形态论的重要范畴和学理地标。"照相机比喻"和《德意志意识形态》中的其他内容一起，如"真正的社会主义者"不能摆脱意识形态的羁绊，意识形态没有历史、没有发展等，很容易使人们认为在马克思那里"意识形态＝虚假意识"，很容易使人联想到恩格斯的虚假意识论。伍德和米勒等在内涵上将马克思的意识形态概念解释为一种否定性和贬义性的错误意识，难免不受"照相机比喻"的影响。

除了"照相机比喻"，还有一段话被界定为马克思主义关于意识形态的经典定义，这就是恩格斯在 1893 年致梅林（F. E. Mehring）的信中提到的，"意识形态是由所谓的思想家通过意识、但是通过虚假的意识完成的过程。推动他的真正动力始终是他所不知道的，否则这就不是意识形态的过程了"。② 后来，由"经典定义"所得出的虚假意识观念也成为许多学者理解意识形态命题的共识。包括权威文本——教育部马克思主义理论研究和建设工程重点教材《马克思恩格斯列宁经典著作选读》也认为"马克思借用法国思想家特拉西（Destutt de Tracy）的意识形态概念，但将其基本含义从'观念科学'改造为'虚假意识'，创造了意识形态理论"。③ 可见，恩格斯被很多人认为是马克思意识形态概念的界定

① 《马克思恩格斯文集》第 1 卷，人民出版社 2009 年版，第 525 页。
② 《马克思恩格斯文集》第 10 卷，人民出版社 2009 年版，第 657 页。
③ 《马克思恩格斯列宁经典著作选读》编写组编《马克思恩格斯列宁经典著作选读》，高等教育出版社 2013 年版，第 32 页。

者或解说人。但恩格斯对意识形态概念的定义是否符合马克思的原意，理论界尚有争议，以致引出所谓的"同一说"、"差异说"和"对立说"。

尽管"虚假意识"命题在马克思主义意识形态研究中仍占据主导地位，但由"照相机比喻"和"经典定义"所引出的"意识形态是虚假认识"是无法推导出"伍德—米勒命题"中"虚假意识是意识形态的定义性特征"这一所谓的前提的。理由主要有两点。

第一，马克思的意识形态理论存在内在的递进逻辑，是不断发展的理论。"虚假意识"只是马克思意识形态理论的"出场"，并非内核。当前理论界普遍认为马克思关于意识形态主要有四个命题：①意识形态是虚假意识；②意识形态是统治阶级的思想；③意识形态是观念上层建筑；④意识形态是拜物教。依据《德意志意识形态》推出前 2 个命题，依据《〈政治经济学批判〉序言》推出第 3 个命题，依据《资本论》推出第 4 个命题。而"虚假意识"命题并"没有准确反映马克思意识形态理论的本质内涵，实际上也不能够体现出马克思主义意识形态理论有别于以往意识形态理论的创新性"①，这是因为虚假意识形态批判只是马克思意识形态理论的"开场"②，这种"开场"还带有拿破仑对特拉西批判的影子。我们知道，法国启蒙思想家特拉西最早提出了作为"观念的科学"的意识形态概念。这时的意识形态只是一种中性的概念，并没有负性所指。但意识形态与拿破仑的政治实用主义策略发生了严重冲突，于是拿破仑攻击特拉西等"把政治、立法建立在一种从第一原理推论出来的种种玄妙原理的形而上学上面，而不是使它适应于我们的人类心理知识和历史教训"。③ 不管动机如何，拿破仑的确抓住了意识形态作为"观念学""在封闭的表象空间内徘徊，忽视表象的基础、界限或根源"的缺陷。这使意识形态"这个词带上了贬义，像'doctrinaire'（空论家）这

① 徐淑贞：《从〈德意志意识形态〉看马克思恩格斯的意识形态理论》，《教学与研究》2015 年第 12 期。

② 虽然有学者提出马克思早在其博士学位论文和《莱茵报》时期就提出了意识形态概念，但本书比较认同麦克莱伦（David Mclellan）的观点，"马克思较为正式地讨论'意识形态'，仍始于《德意志意识形态》"。〔英〕戴维·麦克莱伦：《马克思意识形态理论的九大问题》，林进平译，《马克思主义与现实》2011 年第 6 期。

③ 王养冲、陈崇武选编《拿破仑书信文件集》，上海人民出版社 1986 年版，第 460 页。

个词一样，一直把这样的贬义保留至今"。①

马克思一开始也大致在此意义上展开了对青年黑格尔派的批判。应该说，"虚假意识"还是马克思对意识形态的初步理解，是在认识论范畴上阐释意识形态，显然还没有进入其核心内涵。"虚假意识"作为对青年黑格尔派的核心批判"开场"之后，马克思的意识形态理论就"转场"进入了"上层建筑"。马克思在《〈政治经济学批判〉序言》中提出：

> 人们在自己生活的社会生产中发生一定的、必然的、不以他们的意志为转移的关系，即同他们的物质生产力的一定发展阶段相适合的生产关系。这些生产关系的总和构成社会的经济结构，即有法律的和政治的上层建筑竖立其上并有一定的社会意识形式与之相适应的现实基础。物质生活的生产方式制约着整个社会生活、政治生活和精神生活的过程。不是人们的意识决定人们的存在，相反，是人们的社会存在决定人们的意识。②

在此，马克思很明确地表达了他对意识形态的最新认识："法律、政治、宗教"等作为意识形态的形式，属于与社会存在相对应的社会意识的范畴，构成了一定社会的上层建筑。与"虚假意识"相比，"上层建筑"更强调意识形态是客观社会现象，因而更少否定性色彩而更多中性特征。列宁对"无产阶级意识形态"和"资产阶级意识形态"的划分，也表明了其对意识形态的理解秉承的是上层建筑论而非虚假意识论。后来，马克思的意识形态理论以"拜物教意识"作为"终场"。

可见，马克思的意识形态理论的命题之间存在统一性递进过程，他对意识形态解释的过程不是一蹴而就，而是逐步完成的，是在不同的背景下出于不同的目的来使用意识形态命题的。这就需要我们对马克思意识形态理论系统解读，不能把某一个单一命题当作马克思主义意识形态理论的定义性特征。更何况"虚假意识"只是马克思意识形态理论的

---

① K. Mannheim, *Ideology and Utopia* (London: Routledge and Kegan Paul, 1955), p. 64.

② 《马克思恩格斯文集》第 2 卷，人民出版社 2009 年版，第 591 页。

"出场",更不能将之等同于意识形态。如果意识形态并不必然是虚假意识,道德是一种意识形态的判断自然也无法作为"反道德主义"的支撑性前提了。

第二,马克思的"虚假意识"批判凸显否定性含义,只是一种论战中的否定,并不能因此断定马克思认为意识形态就是错误的历史观,因而是要取消的和反对的。近年来,马克思意识形态理论的研究者基本上达成了一项共识,即马克思关于意识形态问题的论述缺乏明确性和系统性,比较模糊,对它的阐释不能望文生义、以偏概全。如果认真阅读马克思描述意识形态的文本,便不难发现马克思在使用意识形态概念时,明显具有"比喻性的""附带性的""多场合性的"特点,几乎没有单独使用"意识形态"术语的习惯①,自然,这样的表达特点给后来的马克思理论研究者理解意识形态增加了难度,产生争议也就在所难免了。在这样的背景下,人们很容易放大马克思对意识形态的否定性理解,并把局部性理解当作核心性理解和定义性理解。伍德、米勒等从马克思的经典文本里找到马克思基于意识形态批判而拒斥一般道德的论述,从而形成"反道德主义"的判断,也有这方面的原因。

虽然"虚假意识"只是意识形态的"出场",但并不是说它就是错误的认识。不论从马克思生活时代的思想背景还是从一种理论建构的需要来看,从"批判和否定性的内涵"出发阐释意识形态都是必要的——尽管这种出场方式很容易给人留下"意识形态是虚假意识"的印象。由于"人们总是为自己造出关于自己本身、关于自己是何物或应当成为何物的种种虚假观念",并且"公众怀着畏惧和虔敬的心情来接受这种哲学"②,因此马克思对意识形态问题的理解必须从批判性的思想发散中深化。另外,马克思关于意识形态的解释从属于他的唯物史观理论,为了更好地建构唯物史观,也必须从批判开始。这两点就决定了"在《德意志意识形态》中,意识形态概念始终具有一种否定的含义,更重要的是,一种揭露的含义"③,对此,我们必须有客观清晰的理解。

---

① 张秀琴:《马克思与恩格斯意识形态观比较研究》,《马克思主义研究》2011 年第 2 期。
② 《马克思恩格斯文集》第 1 卷,人民出版社 2009 年版,第 509 页。
③ 〔美〕马尔库什:《马克思的意识形态概念》,孙建茵译,《马克思主义与现实》2012 年第 1 期。

三 如何理解道德是一种"虚假意识"？

其实，完成第一重破解，"伍德—米勒命题"的根基就已经倒塌，但由于这一命题不仅认为道德是一种意识形态，而且认为在马克思眼里道德也是一种虚假意识，因而马克思必定会清除一切道德，"马克思相信历史唯物主义和工人阶级运动的一大主要任务就是削弱道德意识及其他迷惑性的意识形态"①，所以有必要深入研究马克思所讲的道德是"虚假意识"到底是指什么，从中能否推导出马克思是"反道德主义"的。

对于"虚假"，理论界在不同的语境下大致用到了"颠倒、歪曲、虚幻、荒谬、欺骗、掩盖、偏见、镜像、错觉、幻想"等词来解释，这多少让人觉得混乱。既然"意识形态是虚假意识"的结论主要是依据《德意志意识形态》推论出来的，那么我们就回到《德意志意识形态》中来理解"虚假"到底是何含义。

马克思在《德意志意识形态》中所批判的"意识形态"指向的是用对思想的批判取代对现实的批判的德国激进哲学，具体一点讲就是黑格尔派哲学；"德意志意识形态家"就是指鼓吹德国激进哲学的人，具体是指费尔巴哈、鲍威尔和施蒂纳等青年黑格尔派的主要成员。在这一点上，理论界基本形成了共识。那么，马克思在此提出的"虚假意识"到底是指什么呢？

由于青年黑格尔派夸大了思想观念改变社会现实的作用，本末倒置地把整个历史理解成意识发展的过程，所以，马克思在《德意志意识形态》第一卷的序言中直抒胸臆，提出"他们在幻象、观念、教条和臆想的存在物的枷锁下日渐委（萎）靡消沉，我们要把他们从中解放出来"②，由于他们充满着天真的幼稚的空想，所以要"揭穿同现实的影子所作的哲学斗争，揭穿这种投合耽于幻想、精神委（萎）靡的德国民众口味的哲学斗争，使之信誉扫地"③。这很清楚地表明，颠倒性，确切地说，"认识论的颠倒性"是马克思、恩格斯"虚假意识"的明确所指。的确就像伊格尔顿（Terry Eagleton）指出的那样，"意识形态指自由漂浮

① Allen W. Wood, *Karl Marx*（New York：Routledge，2004），p. 152.
② 《马克思恩格斯文集》第 1 卷，人民出版社 2009 年版，第 509 页。
③ 《马克思恩格斯文集》第 1 卷，人民出版社 2009 年版，第 540 页。

于它们的物质基础之上并否认基础之存在的思想观念"①，具有颠倒性。不论黑格尔的绝对理念、鲍威尔的无限的自我意识，还是费尔巴哈的人的类本质等意识形态都犯了认识论的颠倒性的错误。

马克思在批判了青年黑格尔派把观念、思想、概念等意识当作独立的存在和人们的真正枷锁后，提出施蒂纳等青年黑格尔派把"作为世俗化了的神圣性或神圣化了的世俗生活的道德被描写成精神统治世界的最高形式和最后形式"②，也犯了认识论的颠倒性的错误，而实际上"人们的想象、思维、精神交往在这里还是人们物质行动的直接产物。表现在某一民族的政治、法律、道德、宗教、形而上学等的语言中的精神生产也是这样"③，这样，"道德、宗教、形而上学和其他意识形态，以及与它们相适应的意识形式便不再保留独立性的外观了"④。紧接着马克思指出费尔巴哈虽然承认人也是感性对象，却看不到人的感性活动，所以在面对人类的苦难时，只能求助于"最高的直观"和观念上的"类的平等化"，在历史的视野之中，费尔巴哈仍然是把意识当作独立存在的唯心主义者。也就是说，马克思认为青年黑格尔派在对道德的认识上犯了认识论的颠倒性的毛病，这是马克思对青年黑格尔派道德观批判的第一个指向。

马克思对"认识论的颠倒性"的批判，是马克思道德理论建构的前提准备，根本不能由此认为马克思是"反道德主义"的。历史唯物主义认为生存和发展（社会关系所决定的利益诉求是重要基础）是人在不同的历史时期最基本的利益诉求，这是道德观念的形成基础，而"'正义'或'不义'的道德观念是社会和历史发展的副产品"⑤。1982年马克思写给卢格的信中提到他与"自由人"的不同，要"更多地在批判政治状况当中来批判宗教，而不是在宗教当中来批判政治状况"⑥，所以"从市

---

① 〔美〕特里·伊格尔顿：《历史中的政治、哲学、爱欲》，马海良译，中国社会科学出版社1999年版，第83页。

② 《马克思恩格斯全集》第3卷，人民出版社1960年版，第189~190页。

③ 《马克思恩格斯文集》第1卷，人民出版社2009年版，第524页。

④ 《马克思恩格斯文集》第1卷，人民出版社2009年版，第525页。

⑤ 〔英〕卡尔·波普尔：《开放社会及其敌人》第2卷，中国社会科学出版社1999年版，第313页。

⑥ 《马克思恩格斯文集》第10卷，人民出版社2009年版，第3页。

民社会出发阐明意识的所有各种不同的理论产物和形式，如宗教、哲学、道德等等，而且追溯它们产生的过程"①，这就是历史唯物主义对道德的理解方式，这也正是马克思与康德等人的不同。康德和费希特要达到超俗的高地，在那里寻求一个遥远的国度，而马克思只想理解在大街上发现的东西。所以，马克思主义不赞成从道德出发去解放人，认为那样做是"天真的幼稚的空想"，因为道德只是历史唯物主义中的社会关系结构中的一个下位概念。虽然马克思一开始也是通过"异化"等道德话语来推动他的人类解放理想的，然而，经过唯物主义的思想熏陶，以及对市民社会的经济学思考之后，马克思认识到道德理论根本不关切社会现实和人的真实生存实践活动，所以，从青年黑格尔派脱离出来，与德意志意识形态划清界限之后的马克思坚决反对从道德出发理解历史演进，而主张用非道德的办法解决道德问题。因为马克思清楚地知道，如果把道德抬高到历史进步的决定性力量，带来的不是抬高人们对道德的尊崇与敬畏，而是对道德的毁灭。

但仅仅是"认识论的颠倒性"还不至于让马克思在《德意志意识形态》里提出"几乎整个意识形态不是曲解人类史，就是完全撇开人类史"②，更不至于在《共产党宣言》中提出"法律、道德、宗教在他们看来全都是资产阶级偏见，隐藏在这些偏见后面的全都是资产阶级利益"③，"共产主义要废除永恒真理，它要废除宗教、道德，而不是加以革新，所以共产主义是同至今的全部历史发展相矛盾的"④ 等这样容易让人误解的话。在马克思、恩格斯看来，德意志意识形态还有迷惑性和欺骗性。因为，青年黑格尔派在确定思想、观念是第一位，颠倒观念与经济的位置之后，"就很容易从这些不同的思想中抽象出'思想'、观念等等，并把它们当做历史上占统治地位的东西，从而把所有这些个别的思想和概念说成是历史上发展着的概念的'自我规定'。在这种情况下，从人的概念、想象中的人、人的本质、人中能引申出人们的一切关系，

---

① 《马克思恩格斯文集》第 1 卷，人民出版社 2009 年版，第 544 页。
② 《马克思恩格斯选集》第 1 卷，人民出版社 2012 年版，第 146 页。
③ 《马克思恩格斯文集》第 2 卷，人民出版社 2009 年版，第 42 页。
④ 《马克思恩格斯文集》第 2 卷，人民出版社 2009 年版，第 51 页。

也就很自然了"。① 完成思想的独立化和抽象化之后，就可以"硬说该时代占统治地位的是这些或那些思想"，即完成思想的普遍性形式，"把它们描绘成唯一合乎理性的、有普遍意义的思想"。② 道德作为一种意识形态，经常被青年黑格尔派经过颠倒、抽象化、普遍化后，用于"合乎逻辑地向人们提出一种道德要求，要用人的、批判的或利己的意识来代替他们现在的意识，从而消除束缚他们的限制"③，这样，思想概念完全可以自我规定、自我创造、自我演化，至于产生思想的人，或派生思想的物质基础都可以被隐匿、湮没和剪除。

在共产主义运动初期，无产阶级的革命意识并没有被完全激发，对于特别强调工人的阶级观念和革命热情的马克思来讲，超越阶级的道德宣传不仅不会改变无产阶级受压迫的社会现实，反而容易削弱其革命意识。所以在马克思看来，如果社会改革者只是由于憎恶不义或热爱正义，那他要么是旧秩序的辩护者，要么是幻想的牺牲品。马克思在《反克利盖的通告》中批判克利盖（Herman Kleiger）"把共产主义描绘成某种充满爱而和利己主义相反的东西，并且把有世界历史意义的革命运动归结为几个字：爱和恨，共产主义和利己主义"④，就是这样的考虑。恩格斯有段话表达得更为清楚："在日常生活中，需要加以判断的各种情况很简单，公正、不公正、公平、法理感这一类说法甚至应用于社会事物也不致引起什么误会，可是在经济关系方面的科学研究中，如我们所看到的，这些说法却会造成一种不可救药的混乱。"⑤ 应该说，对马克思的担忧，尼尔森如下的理解是到位的："这样的道德化方式不具有真正的解放力量。相反，人们需要的是科学的分析，既有抽象的又有具体的，它们将使工人阶级成员知道他们是谁、他们的阶级力量何在、他们曾经是谁、他们又会变成怎样。这种科学分析——不是道德哲学，不是道德概念的分析，也不是道德化的处理方式——正是工人阶级所亟须的。"⑥

---

① 《马克思恩格斯文集》第 1 卷，人民出版社 2009 年版，第 553 页。
② 《马克思恩格斯文集》第 1 卷，人民出版社 2009 年版，第 552 页。
③ 《马克思恩格斯文集》第 1 卷，人民出版社 2009 年版，第 516 页。
④ 《马克思恩格斯全集》第 4 卷，人民出版社 1958 年版，第 8 页。
⑤ 《马克思恩格斯文集》第 3 卷，人民出版社 2009 年版，第 322 页。
⑥ 〔加拿大〕凯·尼尔森：《马克思主义与道德观念——道德、意识形态与历史唯物主义》，李义天译，人民出版社 2014 年版，第 304 页。

正如波普尔认为的那样，马克思非常憎恶道德说教，并且对那帮经常宣讲圣水却自己喝酒的道德学家极端不信任①，这显然也是不能忽视的原因。这从马克思在集中精力对资本进行研究的时候，还不忘批判唐森（Joseph Townsend）、施托尔希（Heinrich Friedrich von Storch）、特拉西（Destutt de Tracy）等几位伪善的道德宣讲家就可见一斑。马克思在《资本论》中谈到资本积累的一般规律时，就提到了"剥削的最粗俗的辩护士"——高教会新教牧师唐森"颂扬贫困"的荒唐言论："饥饿不仅是和平的、无声的和持续不断的压力，而且是刺激勤勉和劳动的最自然的动力，会唤起最大的干劲"，"总有一些人去担任社会上最卑微、最肮脏和最下贱的职务。于是，人类幸福基金大大增加，比较高雅的人们解除了烦劳，可以不受干扰地从事比较高尚的职业等等……济贫法有一种趋势，就是要破坏上帝和自然在世界上所创立的这个制度的和谐与优美、均称与秩序"，马克思对此讽刺道"这位新教的牧师却从其中找到借口，来诅咒使穷人有权享受少得可怜的社会救济的法律"。② 其实，在《唯一者及其所有物》中施蒂纳"牧师的姿态"十分明显，到处是"忏悔自我""在自身中寻找过错"等基督教的道德说教劝告，这也是马克思非常反感的，它唤起了马克思对当初类似上帝的大爱、公正和怜悯等普鲁士官方基督教说教的回忆。毕舍（Philip Bisher）这位基督教社会主义者的领袖也满含道德热情，劝说工人"应为社会而牺牲一切""牺牲自己"，马克思讥讽这种带有天主教气味的宣传和说教"完全不懂得人类本性和践踏人类本性"，是"荒谬的童稚之见"。③ 其实，马克思不反对财富，也不赞美贫穷，他对道德说教的反感完全是因为这种纯粹词句强调没有什么用，社会矛盾无法通过合理的道德劝说消除，反而容易成为在道德上虚伪骗人的江湖话。所以，马克思始终把道德理解为一种缺乏独立性外观的意识形态，但当人们把道德当作独立存在，通过提出道德要求来消除束缚的观念时，道德就有了迷惑性和欺骗性。

通过文本分析可见，"虚假"是特指颠倒性和迷惑性（欺骗性）两

---

① 〔英〕卡尔·波普尔：《开放社会及其敌人》第 2 卷，中国社会科学出版社 1999 年版，第 310 页。

② 《马克思恩格斯文集》第 5 卷，人民出版社 2009 年版，第 744～745 页。

③ 《马克思恩格斯全集》第 3 卷，人民出版社 1960 年版，第 250 页。

种含义，并不是指荒谬和错误。因此，我们不能从马克思"道德是一种虚假意识"的描述中推出马克思是"反道德主义"的。

由此，"伍德—米勒命题"的两个前提已被破解，由意识形态和道德是"虚假意识"推出马克思是"反道德主义"的完全是伍德和米勒的误解和偏见。正如尼尔森所理解的那样，不能将马克思对道德说教和意识形态道德的批判曲解为对所有道德的批判和拒斥。佩弗也认为"没有理由把道德总体上看作是否定意义上的意识形态，并且迄今为止也没有发现任何理由接受马克思主义和道德不相容的这一主张"①，马克思的经典文本中对道德的批判性表达，不应该误读为对全体道德的拒斥。马克思主义对意识形态及道德做出"虚假意识"这样的消极性表达，原因不在于意识形态和道德本身，而在于他反对旧唯物主义和唯心主义对意识形态和道德的理解方式，反感用道德来为现状辩护的企图，反对用道德说教迷惑和欺骗工人阶级。

第三节　实践语境与生产力标准：对马克思是
"道德相对主义"的回应

部分"分析的马克思主义"学者认为由于坚持历史唯物主义，因而马克思主义不可能产生道德真理或道德客观性的阿基米得点，用来论证某种道德规定或道德判断。在马克思这里，由于无法确立什么是"真正的道德规定"或"道德信念集合"②，最终必定走向道德相对主义，因而需要为马克思寻找一种非相对的标准和超越现存秩序的规范。

道德相对主义在此不是指某种学术流派或道德思潮，而是指与道德绝对主义相对立的一种思想倾向和道德观念。概括地讲，道德相对主义是"一套关于道德差异、道德分歧以及道德多样性的学说，其核心思想是，道德判断或道德原则不是绝对的，而是相对的"③。需要强调的是，

---

① 〔美〕佩弗：《马克思主义、道德与社会正义》，吕梁山等译，高等教育出版社 2010 年版，第 285 页。
② 〔加拿大〕凯·尼尔森：《马克思主义与道德观念——道德、意识形态与历史唯物主义》，李义天译，人民出版社 2014 年版，第 164 页。
③ 程炼编著《伦理学关键词》，北京师范大学出版社 2007 年版，第 108 页。

道德相对主义不同于道德相对性，前者认为人类社会不存在普遍有效的道德规则和价值原则，后者只是指涉不同的国家、民族乃至文化共同体包含着不同的道德这样的伦理现象。布兰特（Richard Brand）将其分为三类，即描述性相对主义、规范相对主义和元伦理学相对主义。① 一般来讲，"分析的马克思主义"学者认为马克思的道德观是道德相对主义也是从以上三种类型提出的，主要理由如下。①马克思的著作中多次对道德在不同的时代、文化或者社会中存在相对性或多样性现象进行事实性描述。②马克思承认不存在对一切个人、时代普遍适用的客观道德，无法找到一种外在的共同尺度作为道德标准。③马克思赞同"当不同文化的根本道德原则发生冲突时，我们没有客观的标准可以用来判断它们的优劣"。②

　　道德相对主义是现代思想界的梦魇。如果马克思真如西方学者批判的那样是道德相对主义者，也就意味着马克思主张不存在对社会形态或生产方式进行道德评价的合法性。对于马克思道德理论来说这是生死攸关的问题。所以塞耶斯在赞同马克思认识到道德价值的历史性和相对性特征的同时，也表达了警惕堕入相对主义和怀疑主义的担心。③ 因而，有必要从理论上驳斥马克思是道德相对主义的判断，以澄清马克思对道德的真正态度。

一　承认道德多样性就是道德相对主义吗？

　　伍德、米勒等人认为，在马克思的思想系统里，经济结构和阶级地位影响甚至决定了一个人的道德观念，一切道德、伦理都是特定时空条件下的产物，道德形态在历史上存在多样性，并由此判断马克思赞同道德相对主义。毫无疑问，马克思、恩格斯确实多次谈及不同时代和民族存在多样性和相对性的道德现象。恩格斯在《家庭、私有制和国家的起源》中不止一次表达家庭和婚姻中的道德观念在不同时代、民族、性别中的差异性存在，如"凡在妇女方面被认为是犯罪并且要引起严重的法

①　Richard Brand, "Ethical Relativism," in Donald M. Borchert ed., *Encyclopedia of Philosophy*, 2nd edition, Vol. 3（MI: Thomson Gale, 2006）, p. 368.

②　陈真：《道德相对主义与先天道德客观主义》，《道德与文明》2014 年第 1 期。

③　〔英〕塞耶斯：《马克思主义与人性》，冯颜利译，东方出版社 2008 年版，第 146 页。

律后果和社会后果的一切，对于男子却被认为是一种光荣，至多也不过被当做可以欣然接受的道德上的小污点"①，并在《反杜林论》中用"善恶观念从一个民族到另一个民族、从一个时代到另一个时代变更得这样厉害，以致它们常常是互相直接矛盾的"②话语对道德现象的多样性和相对性进行了概括。对此，学者威廉姆·肖总结为马克思根据历史唯物主义原则认为"不同而且各具特色的道德法则、价值和规范刻画出不同社会类型的特征，并且，这些道德体系随着（它们与之相联系的）这些社会的发展而变化"。③ 马克思虽然不愿意以道德揭示历史，但的确描述和阐释了不同民族在不同历史时期多样性的道德现象。但问题是，描述道德现象的多样性和相对性就是道德相对主义吗？

　　实际上，不论道德普遍主义、道德相对主义还是道德客观主义都承认道德相对于不同的文化传统而具有多样性，道德话语随着时间、地点、社会和个人的不同而有区别的事实，认同"一切道德原则都仅仅相对于一定的文化或个人的选择才是有效的"。④ 因而，承认道德多样性并不是道德相对主义的核心特征，关键是要看道德多样性是在何种意义上被承认的，而马克思对道德多样性的承认完全是在描述的意义上。对此，尼尔森的理解较为符合马克思道德理论的基本精神，他认为马克思关于道德观念随着社会的发展变化而呈现多样性"并不代表或暗示着任何有关'什么是或不是正确'看法"。⑤ 其实，如果仔细进行文本阅读就会发现，马克思对道德多样性和相对性的描述并不包含对与错的道德评价，所以在马克思那里，多条道德观念在社会中并存，并不代表多条道德观念在该社会中或在任何社会中就是正确的。也就是说，马克思虽然认为道德存在文化与历史的多样性，但他仅仅是描述并解释了这一现象的存在，并没有明确也无意明确实际存在的多样化的道德观念是否都是正确的，

---

① 《马克思恩格斯文集》第 4 卷，人民出版社 2009 年版，第 88 页。

② 《马克思恩格斯文集》第 9 卷，人民出版社 2009 年版，第 98 页。

③ William Shaw, "Marxism and Moral Objectivity," in Nielsen and Patten eds., *Marx and Morality* (Guelph: Canadian Association for Publishing in Philosophy, 1988), pp. 19 – 44.

④ Louis Pojman ed., *Ethical Theory* (Belmont, CA: Wadsworth Publishing Company, 1995), p. 15.

⑤ 〔加拿大〕凯·尼尔森：《马克思主义与道德观念——道德、意识形态与历史唯物主义》，李义天译，人民出版社 2014 年版，第 170 页。

它与道德相对主义认为的多种道德规定都有可能是正确的，多种道德主张可以同等"合理"的观点是有明显区别的。其实这一点无须过多阐释，其中的逻辑非常浅显易懂。也许更值得思考的是，马克思为什么要描述性地指出道德多样性存在呢？我们认为，原因有两个。

其一，在道德问题上，马克思更关心的是道德在一个社会是如何产生和维系的，道德信念在一个社会是如何运作的，马克思道德理论的主要目的是分析和理解道德观念的社会价值，而非简单地去批判和解构它们。尼尔森和肖称之为"道德社会学"。马克思的道德社会学主要用于分析和理解道德观念的社会意义，阶级、经济地位对道德观念的影响。而分析为什么会产生差异性道德观念，必然要描述道德多样性和相对性这一现象。

其二，道德多样性的描述是马克思用以反对道德普遍主义的开端。如果从整体上理解马克思，不难看出马克思决意不接受超越自然和人性的道德观，哪怕这样容易被诟病为道德相对主义。在西方道德哲学的传统中，存在从人性或人的尊严出发构建道德原理和道德规范，并将之上升为永恒的真理的高度的现象，并认为当"没有什么德行或努力能够先验地被证明为正当"时，"这个世界是荒谬的"。① 道德普遍主义声称，为了维护现存秩序中的社会关系，从道德标准的客观性出发，公平、正义、权利和义务等道德规范服务于社会全体成员，具有普遍的效力。但在马克思看来，在生产资料私人占有和阶级对立的社会里，把公平、正义、权利和义务等概念表述为客观的和普遍的，标榜以公正、客观的方式处理社会冲突，会造成固化阶级社会、掩盖阶级利益的后果，无产阶级容易被所谓的客观化、普遍化的道德标准迷惑，从而"在社会革命的前夜把一种永恒的，不以时间和现实变化为转移的道德强加给未来的阶级的社会！"② 这恰恰是马克思主义所担心的。用英国诺丁汉特伦特大学王尔德教授的话来讲，马克思担心道德普遍主义会模糊原本清晰而科学

---

① 〔法〕加缪：《西绪福斯的神话》，转引自〔法〕约瑟夫·祁雅理《二十世纪法国思潮》，吴永泉等译，商务印书馆 1987 年版，第 139 页。
② 《马克思恩格斯文集》第 9 卷，人民出版社 2009 年版，第 100 页。

的社会批判，从而陷入以道德来逃避历史的陷阱。① 对这一切进行反击与批判的第一步，就是必须描述出"道德多样性"的客观存在。

二 马克思认为不存在作为道德标准的共同尺度吗？

部分"分析的马克思主义"学者认为，马克思不仅承认道德多样性，而且认为根本不存在所谓的客观标准，也没有普遍必然性的先验绝对律令，不同的道德法则、价值与规范反映了不同社会类型的特征，所有的道德都与特定的因果利害相关联，道德标准随着阶级的转移而转移。这样一来，马克思只能反映和认可资本主义社会，如果马克思要批驳现存秩序甚至超越现有秩序，只能诉诸超越现有秩序的基本道德标准。所以，在马克思这里，道德不具有真实客观性，找不到作为道德标准的共同尺度，是一种规范性道德相对主义。对于规范性道德相对主义的指责，"分析的马克思主义"内部也存在较大分歧。如科恩等认为马克思道德观包含了独立和先验的道德标准，而卢克斯则把马克思的道德观做出二分，即把马克思关于公平、正义、权利、义务的概念等界定为"公正的道德"，是相对主义，把自我实现、自由解放的概念等界定为"自由和解放的道德"，是绝对主义。但通过为马克思的道德理论寻找普遍基础和绝对权威来完成对马克思不是规范性道德相对主义的反驳，要么会产生抛弃历史唯物主义的风险，要么会产生撕裂马克思道德理论的风险，都是不可取的。

本书认为，"分析的马克思主义"学者批判马克思是规范性道德相对主义的论据大体上是正确的。如伍德认为，马克思对道德进行了社会历史的解释，因而道德不可能构成普遍的或超越历史的有效性的绝对标准。的确，在马克思看来，道德与社会经济结构存在一个牢固的决定性关系，人的阶级、经济地位对其道德观产生深远影响，道德观念是经济上阶级利益的意识形态的理性化。马克思在《共产党宣言》中指出："人们的观念、观点和概念，一句话，人们的意识，随着人们的生活条件、人们的社会关系、人们的社会存在的改变而改变，这难道需要经过

---

① Lawrence Wilde ed. , *Marxism's Ethical Thinkers*, *Introduction* (Basingstoke: Palgrave Macmillan, 2001), p. 58.

深思才能了解吗？"① 恩格斯表达得更为直接，"人们自觉地或不自觉地，归根到底总是从他们阶级地位所依据的实际关系中——从他们进行生产和交换的经济关系中，获得自己的伦理观念"，由此，恩格斯认为，"我们拒绝想把任何道德教条当做永恒的、终极的、从此不变的伦理规律强加给我们的一切无理要求，这种要求的借口是，道德世界也有凌驾于历史和民族差别之上的不变的原则"。② 他们的不当之处在于用了大体正确的论据得出了一个错误的结论，因而需要追问的是：能否从以上的推论中得出马克思不承认存在作为道德标准的共同尺度。

首先，我们要看到，与以往的道德哲学不同，马克思认为根本不需要在外部寻找一个超验的道德标准作为社会批判的法则，用以论证社会是否合理。在马克思看来，现在的社会秩序不仅包含着扶持和维护它的力量，还包含着反对和否定它的力量，社会是一个矛盾体，否定的方面和批判的倾向由其内部产生，无须再从外部寻求绝对的道德标准作为社会评价的共同尺度。在马克思看来，"如果这种理论、神学、哲学、道德等等同现存的关系发生矛盾，那么，这仅仅是因为现存的社会关系同现存的生产力发生了矛盾"。③ 就像尼尔森所理解的那样，马克思赞同"人们只有根据生产方式而做出有关正确或错误、正义或不义的判断，才可以得以论证"。④

其次，马克思认为人们只能在特定的实践语境中进行道德评价和判断，相对于谈论普遍性的共同尺度，具体的道德标准多样性的存在应该得到优先承认。对此，波普尔以"历史主义的道德理论"为概念给出了比较符合马克思原意的理解，他说："提出'这样做对吗？'，就不是一个完备的问题，完备的问题应该是：在15世纪封建道德的意义上，这样做对吗？或许是问：在19世纪无产阶级道德的意义上，这样做对吗？"⑤ 其实，恩格斯在《反杜林论》中已经表达过这样的观念："基督教的道

① 《马克思恩格斯文集》第2卷，人民出版社2009年版，第50~51页。
② 《马克思恩格斯文集》第9卷，人民出版社2009年版，第99页。
③ 《马克思恩格斯文集》第1卷，人民出版社2009年版，第534~535页。
④ 〔加拿大〕凯·尼尔森：《马克思主义与道德观念——道德、意识形态与历史唯物主义》，李义天译，人民出版社2014年版，第5页。
⑤ 〔英〕卡尔·波普尔：《开放社会及其敌人》第2卷，陆衡等译，中国社会科学出版社1999年版，第314页。

德……又分成天主教的和新教的道德，……和这些道德并列的，有现代
资产阶级的道德，和资产阶级并列的，又有未来无产阶级的道德，所以
仅仅在欧洲最先进国家中，过去、现在和将来就提供了三大类同时和并
列地起作用的道德论。"① 所以，恩格斯认为"道德始终是阶级的道
德"。② 再如，马克思、恩格斯提出，在劳动者争取正常工时的过程中，
资本家和劳动者对于"正当"各有看法：工人可能会以每日六小时工作
为正当，而资本家则认为十个小时为正当；工人可能会以不妨碍身体健
康为正当，而资本家则以赚钱为正当。所以，对于道德问题，我们应该
首先追问"今天向我们宣扬的是什么样的道德呢？"

    要注意的是，虽然马克思提出道德标准应该在具体的语境中追寻，
并且承认存在不同的语境因而也就存在不同的道德标准，但马克思并没
有因此滑向道德相对主义，因为在马克思看来，在同一个语境中，只可
能有一个与之相匹配、相适应的道德，"在各类语境中，无论是实践性的
还是理论性的，他们都十分愿意给出各式各样的道德判断，而没有丝毫
的踌躇"③，恩格斯提出，"在一切存在着这种私有制的社会里，道德戒
律一定是共同的：切勿偷盗"④。可见，"切勿偷盗"的道德尺度也只有
在私有制的语境中才能成立，"在偷盗动机已被消除的社会里，如果一个
道德说教者想庄严地宣布一条永恒真理：切勿偷盗，那他将会遭到什么
样的嘲笑啊！"⑤ 也就是说，这与道德相对主义提出的在任何情境中我们
都无法判定不同行为之间道德上的对与错，不存在任何对不同道德法则、
道德信念体系之比较优势的客观评价是根本不同的。马克思认为存在看
待世界并于其中行动的正确方式，只是何为正确方式涉及一种复杂的、
基于语境的特定描述。马克思并不反对在特定的实践情境中存在明确的
善恶是非标准以及明确的道德判断，不仅如此，恩格斯还表达过对道德
相对主义的担心，他说，"如果把善恶混淆起来，那么一切道德都将完

---

① 《马克思恩格斯文集》第 9 卷，人民出版社 2009 年版，第 98 页。
② 《马克思恩格斯文集》第 9 卷，人民出版社 2009 年版，第 100 页。
③ 〔加拿大〕凯·尼尔森：《马克思主义与道德观念——道德、意识形态与历史唯物主
   义》，李义天译，人民出版社 2014 年版，第 167 页。
④ 《马克思恩格斯文集》第 9 卷，人民出版社 2009 年版，第 99 页。
⑤ 《马克思恩格斯文集》第 9 卷，人民出版社 2009 年版，第 99 页。

结，而每个人都将可以为所欲为了"。①

　　为什么马克思要在实践语境中谈论道德标准的共同尺度问题？在马克思看来，如果脱离具体的实践与经济状态等语境去谈论什么是道德标准的共同尺度，就会造成固守观念性的价值超越，而不是立足于"解放的物质条件"理解道德的后果。所以，马克思反对康德等仅根据人的理性就主张道德律或原则是所有理性人的义务，以及与之相似的任何抽象的价值预设，因为道德标准植根于人们的生活实践，而非超验逻辑，康德等道德哲学家无法仅凭超验逻辑去发现放之四海而皆准的道德标准。这一观点马克思在《反克利盖的通告》中进行了清晰的表达，他认为，当克利盖用全人类、人道、人类等华丽的概念谈及关于爱的高论时，带来的结果"只会使一切实际问题变成虚幻词句"②，"大谈其'爱'和'克己'，比研究现实关系的发展和实际问题要容易得多"③。而为了避免对共产主义运动可能带来的负面影响，必须拒斥所谓的"全人类的爱"，因为根本不存在能够真正代表所有阶级的，特别是相互敌对的阶级的"爱"，"那些荒诞的伤感主义的梦呓，如果被工人接受，就会使他们的意志颓废"④，呼唤这种"超越阶级的爱"只能削弱革命，而马克思主义要做的是"离开了理想化的'应该'，毅然回到了现实的'是'中，……不再是从哲学或伦理的'应该'引出，他要做的是从现实的'是'中引出科学的'应该'"。⑤

　　另外，虽然马克思多次提及道德观念和道德标准会随人的经济地位而变化，在这个意义上我们可以说，马克思的道德观与道德相对主义有共同之处，即二者都反对用逻辑的方法可以为所有人确立统一的道德标准，都认同不存在超越历史和具体经济关系以及生活实践的道德标准。甚至可以说，马克思的道德观是一种相对主义。但二者之间在产生道德多样性和相对性根源的认识上有着显著的区别：马克思认为经济、阶级等语境的变化，产生了不同的道德信念和评价机制；而道德相对主义则

---

① 《马克思恩格斯文集》第9卷，人民出版社2009年版，第98页。
② 《马克思恩格斯全集》第4卷，人民出版社1958年版，第12页。
③ 《马克思恩格斯全集》第4卷，人民出版社1958年版，第12页。
④ 《马克思恩格斯全集》第4卷，人民出版社1958年版，第3页。
⑤ 张一兵：《文本的深度耕犁：西方马克思主义经典文本解读》第1卷，中国人民大学出版社2004年版，第37页。

认为态度、信念、概念的差异导致了不同的道德观念和道德标准。所以，二者看似都认为道德标准是一种主观存在，但实际上，由于经济基础的客观性和可比较性，马克思是不会赞成道德标准完全不可公度性的。

可见，"分析的马克思主义"试图在严谨而又排他的二分法框架下，把马克思的社会理论与道德观念肢解成两个毫无关联的方面，做出非此即彼的选择——要么马克思是价值无涉的社会学，因而在道德领域就是相对主义；要么马克思包含着一套诸如公正、自由和自我实现等绝对道德原则。但显然他们没有能够从整体上去理解马克思对待道德的基本态度及其动因，事实上，作为一种完整的理论立场的马克思，在描述道德多样性存在的同时，并没有悬置任何态度倾向。马克思在承认"道德多样性是一种真实存在的世界图像"之后，对"这种多样性能否找到外在的共同尺度来加以丈量"所持的态度是十分明确的，那就是在具体的实践语境中，谈论道德标准的共同尺度。由此，马克思不是规范性的道德相对主义。

三　马克思反对道德优劣的比较吗？

通过上述论述我们可以看出，马克思认为道德自身不存在一种独立的、优先的、可以用来衡量并调节它的绝对基准或尺度，道德标准只能在产生道德的经济基础之中去寻找。除此之外，马克思还认为不同的道德标准、方法和规定"对它们各自的社会而言，在它们各自的历史水平上，在功能上都是恰当的，在历史上都是必要的，在社会经济上都是不可避免的"。① 由此，部分"分析的马克思主义"学者认为，马克思反对道德优劣的比较，认为马克思在道德问题上就像考茨基理解的那样，"就道德标准而言，一个绝对的道德正如一个绝对的非道德一样罕见……因此，只因为任何人或阶级所接受的特定道德原则与我们的道德原则规范相冲突，就断言它们是非道德的，这就是在胡说"②，从而，马克思是元道德相对主义。

---

① George E. Panichas, "Marx's Moral Skepticism," in Nielsen and Patten eds., *Marx and Morality* (Guelph: Canadian Association for Publishing in Philosophy, 1988), pp. 45 – 66.

② Kautsky Karl, *Ethics and the Materialist Conception of History* (Chicago: Charles A. Kerr, 1944), pp. 192 – 193.

能否从"道德都有一定的相对合理性"中推断马克思反对道德优劣的比较呢？如果联系马克思的经典著作的语境便不难发现，马克思是在功能的意义上提出道德的相对合理性的。从功能上讲，不同形式的道德意识与不同的生产方式相伴随，并对相应的经济基础具有辩护的功能。在阶级社会里，尽管被统治阶级的道德观念可能与统治阶级存在分歧，但是，统治阶级的看法却更容易在整个社会中占据主导地位，这是毫无疑问的。马克思对道德的功能性理解是马克思道德理论的前提之一，是马克思处理"价值"与"事实"之间的关系所必不可少的一个步骤。诚如前面所言，与传统的道德哲学设置先验理想作为"应有"来批判"现有"不同，马克思是通过对事实的经验分析之后，依据事实的"现有"和"条件"确定"应有"的适度内涵的。道德的功能分析是道德理想确立的基础，甚至在马克思那里，事实性的功能分析比价值分析更具有优先性，在历史还处于阶级社会的时代，仅依据"应该"而缺乏功能分析这样的前提和基础，道德理想就会成为"对现实想象出的一个观念王国并发出软弱的伦理评价"。①

但马克思知道，对道德功能的分析没有一定价值立足点是难以想象的，"面对资本主义的关系颠倒和荒谬，面对人间疾苦和残酷，马克思只是接受现实的一切而对之无动于衷，这是对马克思多么严重的误解和歪曲！"② 就像维尔特（Andreas Wildt）所言："没有关于正义合理性观点，马克思对资本主义的批判是不可思议的。"③ 虽然由于担心过多的道德革命会削弱无产阶级的革命意志，以及为了更好地阐明从经济基础出发理解道德，马克思愿意更多地强调道德观念存在的社会基础，但与道德相对主义不同，马克思认为：①并不是没有个人或者群体有资格对持有不同道德观念的另一方做出道德批评。正如胡萨米所言，"与他的道德社会学一致，马克思可以有效运用无产阶级标准或者后资本主义标准，包

---

① 刘森林：《历史唯物主义：现代性的多层反思》，中山大学出版社 2016 年版，第 45 页。
② 刘森林：《历史唯物主义：现代性的多层反思》，中山大学出版社 2016 年版，第 46 页。
③ Andreas Wildt, "Gerechtigkeit in Marx' Kapital," in Emil Angehrn und Georg Lohmann ed., *Ethik und Marx：Moralkritik und Normative Grundlagen der Marxschen Theorie* (Hain verlag bei Athenaum, 1986), p. 166.

括正义标准，去评价资本主义"。① ②多种道德观念是可以比较的，这从马克思表达的道德进步的观点中就可以看出来。塞耶斯认为虽然"马克思主义不包含分析历史的道德方法，而是具有分析道德的历史方法。他不可能也并没有呼吁普遍的道德原则或道德价值"②，但"这种理由并没有排除道德进步的思想"。③

　　恩格斯在《反杜林论》中提出"在道德方面也和人类认识的所有其他部门一样，总的说是有过进步的"④，对于封建主义道德、资产阶级道德和无产阶级道德相比较，哪一种是合乎真理的呢？虽然没有绝对的终极性真理，"但是，现在代表着现状的变革、代表着未来的那种道德，即无产阶级道德，肯定拥有最多的能够长久保持的因素"⑤。马克思也曾浏览过这本书并表达过一致看法，这就正面证明了马克思并不认为道德没有优劣之分。在塞耶斯看来，马克思根据其辩证法，认为阶级社会中的固有矛盾会推动形成不同的社会阶段，在多个社会阶段中，后一个社会阶段由于能够使社会生产力更发达，所以比前一个阶段更进步、更高级、更发达。尼尔森也认为，在马克思的观念里，随着生产力的发展，将带来包括道德在内的上层建筑的一种进步式发展。的确，马克思认为，各种道德的高下优劣虽然不能通过道德内部规范来比较，但可以通过外在方式来做出衡量，而生产力可以作为道德标准的共同尺度。马克思在《资本论》中提出"土地所有权的正当性，和一定生产方式的一切其他所有权形式的正当性一样，要由生产方式本身的历史的暂时的必然性来说明"⑥，"资本的文明面之一是，它榨取这种剩余劳动的方式和条件，同以前的奴隶制、农奴制等形式相比，都更有利于生产力的发展，有利于社会关系的发展，有利于更高级的新形态的各种要素的创造"⑦。当然，马克思以生产力作为标准判定道德进步，还有一个中间逻辑，那就

---

①　〔美〕胡萨米：《马克思论分配正义》，林进平译，载李惠斌、李义天编《马克思与正义理论》，中国人民大学出版社 2010 年版，第 54 页。

②　〔英〕塞耶斯：《马克思主义与人性》，冯颜利译，东方出版社 2008 年版，第 150 页。

③　〔英〕塞耶斯：《马克思主义与人性》，冯颜利译，东方出版社 2008 年版，第 182 页。

④　《马克思恩格斯文集》第 9 卷，人民出版社 2009 年版，第 100 页。

⑤　《马克思恩格斯文集》第 9 卷，人民出版社 2009 年版，第 98～99 页。

⑥　《马克思恩格斯文集》第 7 卷，人民出版社 2009 年版，第 702 页。

⑦　《马克思恩格斯文集》第 7 卷，人民出版社 2009 年版，第 927～928 页。

是更发达的生产力能够让更多的人更充分、更平等地满足其需求①，因而在伦理上也是更加优越的。这一点在《1857—1858年经济学手稿》中表述得很清楚，"如果抛掉狭隘的资产阶级形式，那么，财富不就是在普遍交换中产生的个人的需要、才能、享用、生产力等等的普遍性吗？财富不就是人对自然力——既是通常所谓的'自然'力，又是人本身的自然力——的统治的充分发展吗？"②可见，马克思的道德进步是从对资本主义的"分工"、私有制等固有矛盾的批判，从人类社会走向人类解放的政治经济学分析中得出的间接结论。在马克思看来，在资本主义社会"人的内在本质的这种充分发挥，表现为完全的空虚化；这种普遍的对象化过程，表现为全面的异化，而一切既定的片面目的的废弃，则表现为为了某种纯粹外在的目的而牺牲自己的目的本身"③，而随着"公开的、无耻的、直接的、露骨的剥削"④被消灭，滋生人间一切罪恶的土壤被铲除是必然的，不以任何人的意志为转移，因而道德具有进步性。在马克思这里，社会内生的矛盾是道德进步观分析的逻辑起点。

当然，马克思的道德进步观虽然证明了马克思并不反对道德优劣的比较，但这样会遭到两个方面的质疑。一是韦伯（Max Weber）式的质疑：由于道德的复杂性，生产力更加发达社会的道德并不必然会优越于先前社会的道德。二是悖论式的质疑：如果马克思持道德进步信念，那就意味着认同超越阶级的道德标准，这样虽然证明了其不是道德相对主义，却会走向马克思一直反对的道德普遍主义。

对于这两种质疑的回应，实际上也是加深对马克思是不是元道德相对主义理解的过程。对于第一个质疑，我们应该看到，马克思关于道德优劣评价的标准是"总体性"和"重点论"的，即生产力和生产关系标准是从总体性和重点论上而言的，并不是唯一标准。本书一再强调，由于道德问题并不是马克思的首要问题和主要研究对象，因而他不可能对生产力与道德之间的关系做出全面的讨论，马克思只是表达了生产力与

---

① 当然，马克思主义认为这种"需求"不是受到质疑的特定普遍人性的需求，而是历史性发展的需求。
② 《马克思恩格斯文集》第8卷，人民出版社2009年版，第137页。
③ 《马克思恩格斯文集》第8卷，人民出版社2009年版，第137~138页。
④ 《马克思恩格斯文集》第2卷，人民出版社2009年版，第34页。

道德进步在总体性上的同步性。对于第二个质疑，我们应该看到，马克思的道德进步观与道德普遍主义的道德进步观有着明显的区别。诸如康德的道德进步观建立在"人性中有一种趋向改善的禀赋和能量"①的基础之上，而黑格尔的道德进步观建立在绝对精神的基础之上，善一定会战胜恶只是因为它是合乎理性的。也就是说，道德普遍主义将所谓的先验真理作为道德进步的内在动因。但马克思并不愿意做出这种超验的、普适的断言，认为无产阶级道德是一种历史的进步，完全是在以经济为基础的阶级矛盾中发现了瓦解以资本为基本建制的社会秘密之后，再基于生产力和生产关系标准做出的评价。即随着生产关系的发展，将带来包括道德现象在内的上层建筑的一种进步式发展。与道德普遍主义不同，马克思的道德进步观不是预言式的、"历史设定的目的式的"，因为在马克思主义看来，"前期历史的'使命'、'目的'、'萌芽'、'观念'等词所表示的东西，终究不过是从后期历史中得出的抽象"。②

总之，马克思与元道德的相对主义在道德进步观上有着根本分歧，后者认为没有办法判定何种道德体系更加高级、更加进步。所以把马克思理解为元道德的相对主义是错误的。

综上所述，马克思只是描述性道德相对主义，而正如佩弗所言，描述性道德相对主义无疑是正确的，但也是微不足道的，就道德哲学或判定马克思是不是道德相对主义来说完全是无关紧要的。③所以，马克思并不像"分析的马克思主义"学者认为的那样是道德相对主义。公允地讲，马克思在《莱茵报》时期就开始尝试跳出西方传统道德哲学的"问题域"，拒绝承认存在永恒不变的人性，反对为道德规范寻求人性基础，反对把先验的道德理想设定为道德标准，更反对把这三方面作为变动着的事实系统的方向目标。马克思关心社会上的人有着不同的道德情感、持有不同的道德价值观念背后的真实原因，关心如何为价值理想奠定真实的社会基础，而借以追溯和奠定的思想武器，就是历史唯物主义。虽

① 〔德〕康德：《历史理性批判文集》，何兆武译，商务印书馆1991年版，第155～156页。
② 《马克思恩格斯文集》第1卷，人民出版社2009年版，第540页。
③ 〔美〕佩弗：《马克思主义、道德与社会正义》，吕梁山等译，高等教育出版社2010年版，第291页。

然历史唯物主义反对道德普遍主义和本质主义，容易被误解为道德相对主义，但正如塞耶斯所言："没有证据表明所有的历史主义都必然导致相对主义的荒谬。"①

第四节　利益、正当与分配正义：对马克思是"功利主义"的质疑

一　问题的提出：马克思是如何被归类为"功利主义"的

功利主义的源头可以追溯到古希腊时期，但主要是苏格兰启蒙运动的产物〔尤其是休谟和斯密（Adam Smith）的影响〕。18 世纪晚期被明确认定为独立的哲学流派后，功利主义"始自边沁的早期工作，历经密尔（John Stuart Mill）的经验主义、西季维克（Henry Sidgwich）的哲学直觉主义以及 20 世纪中期风靡的对道德语言的分析，直至当前运用各种现代哲学方法对功利主义进行辩护的尝试"。② 在此期间形成了快乐的功利主义、幸福的功利主义、偏好的功利主义、规则的功利主义等多种类型。罗尔斯认为，功利主义是当代社会一种事实上最有影响的现代伦理思潮，"在现代道德哲学的许多理论中，占优势的一直是某种形式的功利主义"。③ 尽管功利主义的侧重点在不同的历史语境中不停变动，但其一直遵循"道德和政治的核心是（也应当是）关于促进幸福"④ 的中心理念，或者用密尔（旧译穆勒）的话讲，一个行为乃至一种行为规则或制度的正确与否，取决于它所达到的结果或追求的目的相对于其他选择来说，是否更加有利于"最大多数人的最大幸福"。⑤ 根据这一中心理念，学界一般把功利主义的特征概括为三个方面：①利益论（或福利主义）；②结果论（或效果论）；③最大化（或总和论）。这三个方面也构成了西方学者判定马克思道德理论是功利主义的主要依据。

① 〔英〕塞耶斯：《马克思主义与人性》，冯颜利译，东方出版社 2008 年版，第 206 页。
② 〔英〕蒂姆·莫尔根：《理解功利主义》，谭志福译，山东人民出版社 2012 年版，第 5 页。
③ 〔美〕罗尔斯：《正义论》，何怀宏等译，中国社会科学出版社 1988 年版，第 1～2 页。
④ 〔英〕蒂姆·莫尔根：《理解功利主义》，谭志福译，山东人民出版社 2012 年版，第 3 页。
⑤ 〔英〕穆勒：《功利主义》，徐大建译，上海人民出版社 2008 年版，第 7 页。

　　艾伦认为，马克思主张"将一切利益，无论是谁的利益，都看作值得满足的最基本的利益"①，当马克思赋予利益导向优先性和物质生活基础性时，历史唯物主义就演变成一种功利主义。另外，法兰克福学派第三代核心人物霍耐特指责马克思是功利主义也是从这一立场出发的。他认为，由于马克思早期把劳动理解为物质性和利益性的，"将承认要求的光谱限制在一个维度上，随着哲学人类学附加解释的无效，这一维度很容易被改造成纯粹的经济利益"②，"据以认识当时社会斗争的狭隘的道德理论视角，就成了功利主义思想主题入侵的关口"③。而且马克思的思想在成熟时期存在功利主义的"生产美学"，"运用了功利主义的社会冲突模式"④，"结构稳定的利益竞争，突然取代了因相互承认关系的破坏而产生的道德冲突"⑤。

　　布坎南认为，"对于基本及非基本的需要或对于需要和欲求的满足的成功程度，是马克思的终极评价标尺"，在马克思那里，"资本主义受到谴责，并不是它不正义或不道德，或因为它不符合人性；而是因为它不能完成所有人类社会都有的基本任务：它不能满足需要"。⑥ 所以马克思和功利主义一样，都是结果论者。在艾伦看来，马克思是因为相信共产主义比资本主义能满足更多人的需要或偏好，才拥护共产主义的，所以是一种功利主义。艾伦以马克思支持自由贸易和某种情形的殖民主义为例，论证马克思为了达到某种效果，甚至赞成牺牲无产阶级的眼前利益的做法，是标准的功利主义。

　　波兰马克思主义哲学家亚当·沙夫（Adam Schaff）则认为"马克思理论……导向一种可以称之为'社会幸福论'的总体立场——人类生活的目标是保证最广大人群的最大的幸福"⑦。所以马克思是一个快乐的功

① Allen, "The Utilitarianism of Marx and Engels," *American Philosophical Quarterly*, 1973, 10 (3): 189.
② 〔德〕霍耐特：《为承认而斗争》，胡继华译，上海人民出版社 2005 年版，第 155 页。
③ 〔德〕霍耐特：《为承认而斗争》，胡继华译，上海人民出版社 2005 年版，第 154 页。
④ 〔德〕霍耐特：《为承认而斗争》，胡继华译，上海人民出版社 2005 年版，第 154 页。
⑤ 〔德〕霍耐特：《为承认而斗争》，胡继华译，上海人民出版社 2005 年版，第 155 页。
⑥ Buchanan, *Marx and Justice: The Radicalcritique of Liberalism* (N. J.: Rowman and Littlefield, 1982), pp. 28 – 29.
⑦ Schaff, *A Philosophy of Man* (New York: Dell Publishing Co., 1963), p. 60.

利主义者，他把幸福当作满足或满意，当作应当最大化的善。

本书认为，将马克思道德理论定位为功利主义的类型，显然是误解了马克思道德理论的元典精神和马克思道德批判的元哲学叙事，也背离了马克思道德理论的经济、阶级分析性格。事实上，马克思与功利主义的关系是非常复杂的，马克思一方面批判边沁为"庸人的鼻祖"和"19世纪资产阶级平庸理智的这个枯燥乏味的、迂腐不堪的、夸夸其谈的圣哲"①，另一方面又认为"如果把他们（密尔等——引者注）和庸俗经济学的一帮辩护士混为一谈，也是很不公平的"②。因而，本书拟从三个方面回应西方学者对马克思道德理论的"功利主义"分析。一是分析马克思是如何既坚持历史唯物主义的立场，又实现对功利主义"利益"范畴超越的，以回应西方学者的"利益论"；二是分析马克思如何从唯物史观出发，扬弃传统道德哲学从"先验性"和"永恒性"入手阐释与理解"何为正当"的范式，从而实现了对功利主义"正当观"的超越，以回应西方学者的"结果论"；三是分析马克思如何从物质实践出发改变了言说"分配"的轨道和被康德强化的理解正义的"伦理学取向"，从而破解"正义之谜"的，以回应西方学者的"最大化论"。

二　马克思对功利主义利益范畴的超越

应该说，艾伦和霍耐特认为马克思与功利主义都是用"利益"范畴阐释道德行为的判定大致是正确的。边沁认为，道德规范不能以情感、上帝意志和自然权利为普遍基础加以建构，"功利主义所倡导的目标不依赖于上帝的存在和灵魂的不朽，也不依据于其他可疑的形而上学实体"，"功利主义所致力于的善，无论是幸福、福利或福祉，都是我们在生活中所追求的东西，也是我们希望自己所爱的人拥有的东西"③。密尔认为，"幸福是一种利益（Good），各人的幸福是他自己的利益，因而公共幸福是一切人的集团的利益"④。在功利主义看来，压制人民若干世纪之久的

---

① 《马克思恩格斯文集》第 5 卷，人民出版社 2009 年版，第 703 页。
② 《马克思恩格斯文集》第 5 卷，人民出版社 2009 年版，第 705 页注释。
③ 〔加〕威尔·金里卡：《当代政治哲学》，刘莘译，上海译文出版社 2015 年版，第 262 页。
④ 〔英〕穆勒：《功用主义》，唐钺译，商务印书馆 1957 年版，第 37～38 页。

习俗和权威必须接受人类进步标准的检验，情感、习俗、上帝等作为道德规范的基础是"臆想"的，它带来的要么是"专横的"，要么是"混乱的"，道德基础只能建立在个体利益之上。

众所周知，马克思同样肯定人对正当利益的追求，并在长期的思想研究和社会实践活动中发现了"个人总是并且也不可能不是从自己本身出发的"①这个秘密，利益问题成为贯穿马克思思想发展过程的一条主线，马克思通过给予利益以历史的阐释创造了唯物史观。马克思曾回忆，"1842—1843 年间，我作为《莱茵报》的编辑，第一次遇到要对所谓物质利益发表意见的难事"。②当对自由贸易、保护关税、法兰西思潮等问题难以评判时，马克思进入书房去寻找答案，经过阅读和思考，马克思在写作《黑格尔法哲学批判》时发现了"法的关系"根源于物质的生活关系，即"市民社会"。从这时开始，马克思对利益的理解也发生了转变和深化，原来作为非理性盲目存在的"利益"逐渐成为马克思认识政治国家的基础，揭示市民社会的"钥匙"。正如塞耶斯理解的那样，"他没有把简单的生活浪漫化。在这个方面，他赞同古典政治经济学家和功利主义思想家，如亚当·斯密、休谟和边沁的观点"。③

应该说，利益是马克思和功利主义理论建构的共同基础。马克思认为"功利论至少有一个优点，即表明了社会的一切现存关系和经济基础之间的联系"④，它"在理论上宣布符合于这种资产阶级实践的意识、相互剥削的意识是一切个人之间普遍的相互关系，——这也是一个大胆的公开的进步，这是一种启蒙，它揭示了披在封建剥削上面的政治、宗法、宗教和闲逸的外衣的世俗意义"⑤。尽管马克思与功利主义均以利益作为道德考察的视角，但由于马克思基于历史唯物主义的立场，给予利益以历史性理解、私人利益的超越性理解、利益和道德的统一性理解、利益内涵的丰富性理解，实现了对功利主义利益范畴的超越，有效防范了功利主义的入侵。

---

① 《马克思恩格斯全集》第 3 卷，人民出版社 2002 年版，第 274 页。
② 《马克思恩格斯文集》第 2 卷，人民出版社 2009 年版，第 588 页。
③ 〔英〕塞耶斯：《作为道德思想家的马克思》，黄东波译，《马克思与现实》2016 年第 4 期。
④ 《马克思恩格斯全集》第 3 卷，人民出版社 2002 年版，第 484 页。
⑤ 《马克思恩格斯全集》第 3 卷，人民出版社 2002 年版，第 480 页。

其一，对利益的历史性理解。虽然马克思认为人是具有物质需求的动物，甚至在《德意志意识形态》中陈述说"人们为了能够'创造历史'，必须能够生活。但是为了生活，首先就需要吃喝住穿以及其他一些东西"①，但"利益"只是一种"合理的抽象"②，是马克思的社会理论中哲学抽象的起点。正如马克思所说："如果没有生产一般，也就没有一般的生产。"③ 在此起点之上，在马克思看来，利益活动是特定的人在社会经济关系中从事特定的活动，因而在人类不同历史时代拥有不同的具体内容。"我们在衡量需要和享受时是以社会为尺度，而不是以满足它们的物品为尺度的。因为我们的需要和享受具有社会性质，所以它们具有相对的性质。"④ 所以，利益的内涵具有历史性。但边沁却把"18 世纪的个人"的利益诉求当成了"利益的一般性"和"标准的利益形式"，"他幼稚而乏味地把现代的市侩，特别是英国的市侩说成是标准的人"⑤。虽然边沁主张人性不是形而上学的抽象概念，但功利主义也只有基于一种"标准利益"才能奠定其理论的效力和竞争性，只能把利益变成普遍的人的需要，不能不说这是功利主义的必然悖论。

功利主义虽然发现了真实的道德基础，但由于把利益或享乐抽象成为一种人性，走到最后只能以普遍人性的享乐主义（根源是个体的利益）为价值基础，并将之当作普遍适用的和权威性的基础，以此解释人类活动。所以说，功利主义一旦完成了抽象的思辨，就会用之冒充人与人之间交往关系的现实。在马克思看来，功利主义实质上还是道德普遍主义，仍然没能走出"道德命令普遍化"的窠臼。而"一旦享乐哲学开始妄图具有普遍意义并且宣布自己是整个社会的人生观，它就变成了空话"⑥。这样，功利主义和契约论道德理论一样，走向了逻辑推演之路，逐渐偏离经验事实，甚至成为现实的对立面。马克思对资本主义的批判，关键之处不在于它是否能够满足人的基本生存，而在于它是否能满足人创造出的更加高级的需要。而功利主义因为不能历史性地看待利益，自

---

① 《马克思恩格斯文集》第 1 卷，人民出版社 2009 年版，第 531 页。
② 《马克思恩格斯文集》第 8 卷，人民出版社 2009 年版，第 9 页。
③ 《马克思恩格斯文集》第 8 卷，人民出版社 2009 年版，第 9 页。
④ 《马克思恩格斯文集》第 1 卷，人民出版社 2009 年版，第 729 页。
⑤ 《马克思恩格斯文集》第 5 卷，人民出版社 2009 年版，第 702 页。
⑥ 《马克思恩格斯全集》第 3 卷，人民出版社 2002 年版，第 488 页。

然无从谴责资本主义，功利主义也因而由批判性走向了保守性。在马克思看来，无论是边沁还是密尔，都赞成既定的资本主义现状——劳动分工、私有财产、家庭和金钱，并且认为资本主义的生产方式是永恒的。所以，马克思认同功利主义以"利益"为基础建构道德，但反对把"利益"范畴固化和抽象化的做法。站在这个角度上看，艾伦显然误解了马克思，马克思反对将"利益"范畴抽象化之后作为普遍性道德规范标准。在马克思看来，这样的理解和做法只会抽掉"一切现实关系"，变成"自我一致的利己主义"这种"空洞幻想"，沦落为"替现存事物的单纯的辩护"[①] 的说教，因而要极力反对。

其二，对私人利益的超越性理解。与功利主义一样，马克思承认私人利益的现实合理性，肯定私人利益在推动社会历史发展中的作用。但与功利主义认为个体只要追逐和实现私人利益就会自然实现公共利益和社会利益的观点不同，马克思认为私人利益只是为公共利益的实现提供了可能，并不必然会实现公共利益，相反，个人利益的实现离不开一定的社会关系，"私人利益本身已经是社会所决定的利益，而且只有在社会所设定的条件下并使用社会所提供的手段，才能达到"。[②] 不仅如此，分工的出现，使得私人利益之间、个人利益与共同利益之间出现冲突。马克思认为，为了解决这些矛盾和冲突，国家共同体应运而生，因而，包括国家共同体在内的人类共同体才是公共利益实现的现实途径。但在私有制社会，"共同利益才采取国家这种与实际的单个利益和全体利益相脱离的独立形式，同时采取虚幻的共同体的形式"[③]，只有人类进入了共产主义社会，阶级和国家消亡之后，真正的高度和谐的利益共同体才会实现。马克思看得很清楚，功利主义之所以强调通过个人利益的追逐来实现公共利益，是因为这样有利于实现资本主义的公共利益，使资本家获取剩余价值的最大化。正是如此，马克思批评功利主义"变成了这样的说教：在目前条件下，人们彼此之间的现有的关系是最有益的、最有公

---

① 《马克思恩格斯全集》第 3 卷，人民出版社 2002 年版，第 484 页。

② George G. Brenkert, "Marx and Utilitarianism," *Canadian Journal of Philosophy*, 1975（3）: 12.

③ 《马克思恩格斯文集》第 1 卷，人民出版社 2009 年版，第 536 页。

益的关系"。① 可见，功利主义是一种维护资产阶级物质生产利益的道德理论，而把致力于超越功利主义及其所处的历史阶段的马克思归类于此，显然是失之偏颇的。

其三，对利益和道德的统一性理解。马克思发现了"道德的人是无法离开经济的人而单独存在"的秘密之后，虽然开始以"利益"为范畴展开政治经济学批判，但并没有像霍耐特所批评的那样只是对历史进行经济学解释，缺失了道德批判的维度，形成了"道德空场"，最终通向了功利主义。马克思强调"利益"的基础性作用，但并没有抛弃道德批判，只是主张在唯物主义的框架内理解道德，以历史解读道德，把道德奠基于"现实的东西"之上，在人类存在方式的解释视野上彰显道德的意义。正如法国学者塞伏（Lucien Seve）指出的那样，在马克思历史唯物主义的解释框架里，"道德理想绝不是有着超验根源的一种法典，不是生活以外的一种规则，不是一种先验的价值论，它永远不过是现实的一种反映，物质条件在观念上的表现而已"。② 可见，马克思以哲学—经济学立论，把道德拉入经济事实和鲜活的生产活动之中去理解道德，开创了一种更加真实的、超越规范性道德的理论。同时，马克思又以历史唯物主义的立场超越了功利主义对"利益"的固化和抽象化理解，避免了把"利益"内涵解读为功利主义的经济学话语。这样，马克思既保持了对人类历史和资本主义生产方式的政治经济学批判，又保持了对无产阶级和人类命运真正的道德关怀，实现了历史主义与伦理主义的内在统一。

其四，对利益内涵的丰富性理解。与功利主义把"利益"内涵局限于物质财富乃至金钱不同，马克思从利益出发，开拓出了一条通过生产劳动实现人的全面发展和个性丰富之路。在马克思看来，人的利益实现的过程，是人的各种社会性需要满足的过程。虽然布坎南把马克思理解为功利主义者，但他也不得不承认"对于马克思来说，对于基本需要的完全满足，仅仅是追求和满足创造性的生产需要以及自主的、联合个

---

① 《马克思恩格斯全集》第 3 卷，人民出版社 2002 年版，第 484 页。

② 〔法〕塞伏：《马克思主义责任观》，载商务印书馆编辑部编《人道主义、人性论研究资料》第 3 辑，丁象恭等译，商务印书馆 1963 年版，第 114 页。

体的全面发展需要的先决条件"。① 所以，在马克思这里，利益更多地与
"劳动生产""实践活动"等概念相关联，利益的价值性和功能性指向是
"对象化"、"能力"和"潜能"。在马克思看来，"生活本身仅仅表现为
生活的手段"，人通过劳动生产和实践活动创造"自由的有意识的活
动"，只不过资本主义时代的异化劳动"把自主活动、自由活动贬低为
手段，也就把人的类生活变成维持人的肉体生存的手段"。② 但在功利主
义那里，利益是欲望的集合体，"把所有各式各样的人类的相互关系，都
归结为唯一的功利关系，看起来是很愚蠢的。这种看起来是形而上学的
抽象之所以产生，是因为在现代资产阶级社会中，一切关系实际上仅仅
服从于一种抽象的金钱盘剥关系"。③ 所以，在佩弗看来，马克思"使用
的基本概念是活动和实现；而在快乐论的功利主义的设想中，其基本概
念是欲望的满足"。④ 由于对利益内涵的理解不同，在功利主义那里生产
活动对人而言是令人厌恶的折磨，在马克思那里，则是自身力量的对象
化的确证和物质需求满足的前提。马克思正是在此意义上批判"私有制
不懂得要把粗陋的需要变为人的需要"，"工业的宦官迎合他人的最下流
的念头，充当他和他的需要之间的牵线人，激起他的病态的欲望"。⑤

三　马克思反对正当是善的增加

　　布坎南和艾伦对马克思道德理论给予了结果论（或效果论）的判
定，将之指向了功利主义。虽然功利主义是流行最广、影响最大、体系
最为完备的一种结果论的理论形式，但从逻辑上讲，结果论（或效果
论）并不是功利主义的充分证据。正如布伦克特（George G. Brenkert）
在《马克思与功利主义》一文中指出的那样，"仅仅从马克思著作中对
效果的考虑这一表面现象出发来论证马克思是一个功利主义者，这是不

① Buchanan, *Marx and Justice*: *The Radicalcritique of Liberalism* (N. J.: Rowman and Little-
field, 1982), p. 29.
② 《马克思恩格斯文集》第 1 卷，人民出版社 2009 年版，第 162～163 页。
③ 《马克思恩格斯全集》第 3 卷，人民出版社 2002 年版，第 479 页。
④ 〔美〕佩弗：《马克思主义、道德与社会正义》，吕梁山等译，高等教育出版社 2010 年
版，第 98 页。
⑤ 《马克思恩格斯文集》第 1 卷，人民出版社 2009 年版，第 224 页。

充分的。关键问题在于如何看待效果"。① 他在《马克思对功利主义的批
判》一文中进一步论证，马克思"确实考虑了许多不同行动的效果。他
如果不这么做的话将是荒谬的。但是这些考虑不会削弱对于马克思不是
一个功利主义者的论证"。② 罗尔斯虽然批判功利主义，但他也认为，所
有值得我们注意的伦理学理论都必须在判断正当时考虑结果，不这样做
的伦理学理论是奇怪的和不可理喻的。③ 因而，关注结果（效果）并不
是功利主义所特有的方式，不能以行为的结果对行为做出道德评价为标
准区分是不是功利主义。问题的关键在于，功利主义对行为的判断只是
根据其结果，并要求行为者取得可以获得的最佳结果。行为者努力获得
最佳整体结果都是正当的，所以它就把正当与善联系起来了。④ 也就是
说，在结果或效果问题上，功利主义将善视为道德的根本，把行为的正
当定义为善的增加。而功利主义的反对者则认为正当并不是工具性地与
善联系在一起的，而是通过其他方法加以证明的。所以，本部分将讨论
焦点集中于马克思的道德理论在对结果的认识上是否与功利主义一致，
即是否认同行为的正当依赖于目的的善，正当就是善的增加。

　　马克思是明确反对正当就是善的增加这一观念的。佩弗用一个很好
的案例对布坎南和艾伦进行了反驳。他认为如果人们处于一个敌对的、
剥削的社会关系中，但他们从中得到了快乐和幸福，或处于支配地位的
那些人的快乐和幸福超过了那些受剥削的、处于被支配地位的人的不快
乐和不幸，这两种情况在功利主义那里都会得到道德上的辩护，但显然
这是马克思所反对的。⑤ 而且，佩弗认为马克思与亚里士多德在什么是
内在的善上持相似的观点，但有一点他们是不同的，那就是亚里士多德
赞同不管对底层阶级造成什么结果，社会都应当给予那些天生有能力欣

① George G. Brenkert, "Marx and Utilitarianism," *Canadian Journal of Philosophy*, 1975 (3): 427.
② George G. Brenkert, "Marx's Critique of Utilitarianism," *Canadian Journal of Philosophy*, 1981 (7) Supplementary: 218.
③ 〔美〕罗尔斯：《正义论》，何怀宏等译，中国社会科学出版社1988年版，第27页。
④ 〔英〕史蒂文·卢克斯：《马克思主义与道德》，袁聚录译，高等教育出版社2009年版，第177页。
⑤ 〔美〕佩弗：《马克思主义、道德与社会正义》，吕梁山等译，高等教育出版社2010年版，第100页。

赏高级文化产品以及达到更高水平的善的人更多善的分配——这样有利于社会更多善的实现，马克思显然是不会认同这样的观点的。

实际上，我们也无法从马克思的经典著作中找到赞成正当就是善的增加观点的文本。

第一，马克思虽然认为生产力的普遍发展作为一种善能够"为个人生产力的全面的、普遍的发展创造和建立充分的物质条件"①，但马克思在《1857—1858 年经济学手稿》里提出"古代的观点和现代世界相比，就显得崇高得多，根据古代的观点，人，……总是表现为生产的目的，在现代世界，生产表现为人的目的，而财富表现为生产的目的"，"稚气的古代世界显得较为崇高"，"凡是现代表现为自我满足的地方，它就是鄙俗的"。② 这段话明显证明了马克思并没有用善的增加论证正当。

第二，要加深对这个问题的理解，我们还必须回到马克思对个体与社会关系的认识上。马克思、恩格斯在《德意志意识形态》中提出"只有在共同体中，个人才能获得全面发展其才能的手段，也就是说，只有在共同体中才可能有个人自由"。③ 这句话清楚地表明，共同体仅仅是个人自由与全面发展其才能的手段，而不是目的本身。如果回到马克思的基本精神，便不难发现在马克思那里，个体自由是人类解放的出发点与落脚点，这是马克思实践哲学的深层动机。只不过作为整体形态的人类解放，"是个体自由得以实现的历史性的先决条件"。④ 马克思实践哲学的根本逻辑是：通过对资本主义现有秩序的批判和无产阶级的社会运动，求得无产阶级的阶级自由，然后实现全人类的解放，最终实现个人自由和个性解放。马克思"并没有将人的完善看作高于一切的规范性（或道德）理想，事实上，靠牺牲多数人去促进少数人的完善，这绝对是马克思最强烈谴责的。……对马克思来说，只有人类个体才具有第一位的——而且确实也是唯一的——重要性"。⑤

---

① 《马克思恩格斯全集》第 30 卷，人民出版社 1995 年版，第 512 页。
② 《马克思恩格斯全集》第 30 卷，人民出版社 1995 年版，第 479~480 页。
③ 《马克思恩格斯文集》第 1 卷，人民出版社 2009 年版，第 571 页。
④ 刘敬东：《理性、自由与实践批判：两个世界的内在张力与历史理念的动力结构》，北京师范大学出版社 2015 年版，第 339 页。
⑤ 〔美〕佩弗：《马克思主义、道德与社会正义》，吕梁山等译，高等教育出版社 2010 年版，第 118~119 页。

第三，马克思曾提出，"如果亚洲的社会状态没有一个根本的革命，人类能不能实现自己的使命？如果不能，那么，英国不管犯下多少罪行，它造成这个革命毕竟是充当了历史的不自觉的工具"。① 这样的表述很容易让人得出马克思只专注于解放和革命，把很多活生生的人的灾难看作推动历史进步的手段和工具，认为能促进革命与解放的事件都是正当的，一些人充当"历史的不自觉的工具"是合算的。但如果整体上对马克思的历史观念有深度认知的话，就不会从中得出"为达目的，不讲手段"的功利主义式的"历史无人性论"。首先，从文本上讲，在上句话之前，马克思对英国在印度的殖民统治给予了严厉鞭挞，对印度人民遭受的苦难给予了深度同情。诸如"不列颠人给印度斯坦带来的灾难，与印度斯坦过去所遭受的一切灾难比较起来，毫无疑问在本质上属于另一种，在程度上要深重得多"，"印度人失掉了他们的旧世界而没有获得一个新世界"② 等。其次，更为重要的是，在马克思看来，印度所遭受的殖民统治，是无法通过单纯的道德批判而改变的，资本主义的全球扩张独立于人的意识而存在，这是马克思对殖民地问题进行历史评价的基础，这是一种把价值判断置于事实判断之中的历史观。霍布斯鲍姆（Eric Hobsbawm）对此有清晰的认识，"对历史的分析必须有一个逻辑分析的框架。这一框架必须以客观可见的人类事务中的定向变迁因素为基础，而不涉及我们主观的或现时的愿望、不涉及我们的价值判断"。③

综上可见，虽然马克思常常把"自由""自我实现""人的完善"（"分析的马克思主义"把这些称为"非道德的善"）的产生作为社会发展的重要考量，却从来没有认为能使这些"非道德的善"最大化的行为就是正当的行为。当然我们也应该看到，在马克思的经典文本中从来也没有以"肯定的方式"表达"不考虑一个行为对于任何事物产生的好处（即不用考虑它是否产生了某种非道德的善），它也可以是正当的"④ 这样类似义务论的观点，这是因为马克思、恩格斯反对依据道德法规、权

① 《马克思恩格斯文集》第2卷，人民出版社2009年版，第683页。
② 《马克思恩格斯文集》第2卷，人民出版社2009年版，第678~679页。
③ 〔英〕霍布斯鲍姆：《史学家》，马俊亚等译，上海人民出版社2003年版，第35页。
④ 〔美〕佩弗：《马克思主义、道德与社会正义》，吕梁山等译，高等教育出版社2010年版，第89页。

威的律令或永恒的、普遍的抽象原则来证明正当，不想进入康德式道德哲学的框架之中，从观念到观念的价值探索建构正当范畴，参与权利、平等和正义等问题的分疏与考辨。如果马克思没有像功利主义那样以善的增加的结果论论证正当，那么，马克思是以何种方式、何种标准论证正当的呢？

在马克思看来，功利主义以善的增加来论证正当，目的是建构一个限制相互破坏力量的框架，以协调个人之间的冲突，实现对市民社会的缺陷性补救，功利主义的正当观实质只是一种补救性道德，是资本主义实行有限改良的举措，绝对无法解决资本主义社会资本与劳动的矛盾，因而必须超越资本主义的正当观。总体上，马克思的正当观可以总结如下。

第一，用经济基础解释正当，重视正当赖以产生和实现的经济结构和物质条件。在马克思看来，功利主义关于正当就是善的增加的观点是幼稚的，实际上是建立在古典政治经济学关于私有制天然合理和永恒存在的假设之上，即"把私有财产，把劳动、资本、土地的互相分离，工资、资本利润、地租的互相分离以及分工、竞争、交换价值概念等等当做前提"。① 马克思认为正当与否应落实于经济利益实质的平等上，所以，对正当的追求必须落脚于实现实质平等所需的经济条件上，"对市民社会的解剖应该到政治经济学中去寻求"。② 正是通过对资本主义经济结构的分析，马克思把对私有财产本身正当性的考察作为主要问题，逐渐发现资本主义之所以不具有正当性根源在于私有财产制度。"对马克思主义而言，不正义的范例就是剥削"③，"劳资关系本质上是剥削或异化"④。这样，马克思通过否定私有制和私有财产，就彻底颠覆了功利主义正当的立论前提，"也就从根本上否定了私有者与私有财产之间的应得关系的正义性"。⑤

第二，用具体的物质生产活动规约正当。在马克思看来，正当的观

---

① 《马克思恩格斯文集》第 1 卷，人民出版社 2009 年版，第 155 页。
② 《马克思恩格斯文集》第 2 卷，人民出版社 2009 年版，第 591 页。
③ 〔加〕威尔·金里卡：《当代政治哲学》，刘莘译，上海译文出版社 2015 年版，第 227 页。
④ 〔加〕威尔·金里卡：《当代政治哲学》，刘莘译，上海译文出版社 2015 年版，第 259 页。
⑤ 王新生：《马克思正义理论的四重辩护》，《中国社会科学》2014 年第 4 期。

念是实践的产物，是人类社会物质生产活动的产物，不同时代具有不同的正当诉求。这样，马克思的正当观就与功利主义的正当观在两个方面有了明显区别。一是不同于功利主义从人性的角度寻找正当的标准，马克思是在实在的历史关系中，在流变的生产活动中追寻正当之根、探问正当之源。二是不同于功利主义把正当理解为决定社会存在和发展的最高准则和永恒的道德价值观，马克思认为物质生产是社会发展的动力之源，决定着社会的发展方向，而社会共同体总是根据自己的物质生产活动确定正当原则，所以正当观念处于派生和下位，而不是所谓的最高准则。总之，马克思认为，生产决定了正当的内容与实质。在这一点上，尼尔森的理解是正确的，他认为："马克思相信（虽然他实际上没有这么说），随着社会财富的更大增长，随着生产力的发展，随着经济关系转变为更加适应于发达生产力的经济关系，世界上将会出现正义的增长。"[①] 可见，马克思从生产入手，超越了功利主义正当观的视野局限，探寻正当背后的生产根源，创建了全新的正当观，开创了正当理论新的向度。

第三，立足于人类社会理解正当。功利主义立足于"市民社会"将私有财产的永恒存在作为前提，把"社会"理解为一个因"人人互为手段"而将人联系在一起的有机体系。但功利主义从人的自利本性中推导出来的天然合理的社会模型，在马克思看来却是人们相互工具化的伪社会化，并不是人类共同生活的理想模式。马克思《关于费尔巴哈的提纲》第十条提出："旧唯物主义的立脚点是市民社会，新唯物主义的立脚点则是人类社会或社会的人类。"[②] 简言之，马克思认为人类社会是一种超越市民社会的理想社会，具有正当性。人类社会之所以具有正当性，就在于人的能力得到了释放，人们不再将彼此当作对象看待，自然作为审美对象而存在，作为类存在物的人得到了真正的自由。

四　马克思强调生产正义与分配正义的统一

单单从"马克思是不是功利主义"这个角度来看，沙夫关于马克思

---

① 段忠桥：《对"伍德命题"文本依据的辨析与回应》，《中国社会科学》2017 年第 9 期。
② 《马克思恩格斯文集》第 1 卷，人民出版社 2009 年版，第 502 页。

是快乐的或幸福的功利主义的判断是不值一驳的，就像佩弗所言："认为马克思是一个快乐论的功利主义或者是一个狭义上的幸福论的功利主义的观点是最容易驳倒的。"① 因为马克思并没有把自由、自我实现和人类共同体还原为这些价值得到实现后将会产生的快乐，马克思甚至还谴责傅立叶把"自由劳动"降低为娱乐概念的做法，认为"真正自由的劳动，例如作曲，同时也是非常严肃，极其紧张的事情"。② 也就是说，在佩弗看来，如果马克思对幸福的理解包括"力量、知识、智慧、美、人的完善、人的潜能、自由"这些"非道德的善"的话，那就不是功利主义的。本书赞同佩弗这一观点。但佩弗只是证明了追求"最大多数人的最大幸福"不一定就是功利主义的，并没有表明马克思是否追求"最大多数人的最大幸福"，所以我们需要先对"马克思的最终诉求是追求'最大多数人的最大幸福'"这一判定进行判定。另外，当代正义论大师罗尔斯认为，功利主义的最大多数人的最大幸福原则的根本缺陷是它缺失分配正义，它不关心"满足的总量怎样在个人之间进行分配"③，似乎正确的分配方式就是能产生最大幸福的方式。鉴于罗尔斯的广泛影响，不能不认为西方学者把马克思主义定位于追求"最大多数人的最大幸福"的学说，本身就暗含着"马克思不关心分配"的观点。但是，马克思真的不关心分配吗？

尽管马克思在《共产党宣言》中提出了"无产阶级的运动是绝大多数人的，为绝大多数人谋利益的独立的运动"④，但绝对不能因此把马克思的最终追求概括为"最大多数人的最大幸福"。相似的表达背后是不同的世界观和方法论。"最大多数人的最大幸福"实质上是康德主义的基本表述方式，是西方学者经过先验演绎得到的概念强加给马克思的，这根本不是符合马克思的哲学基本精神的阐释方式，因为马克思明确反对给自己的理论体系抛出先验的价值预设。应该说，马克思的哲学并没有为"至善"（最大多数人的最大幸福也是一种"至善论"）的伦理学留

① 〔美〕佩弗：《马克思主义、道德与社会正义》，吕梁山等译，高等教育出版社 2010 年版，第 96 页。
② 《马克思恩格斯全集》第 30 卷，人民出版社 1995 年版，第 616 页。
③ 〔美〕罗尔斯：《正义论》，何怀宏等译，中国社会科学出版社 1988 年版，第 23 页。
④ 《马克思恩格斯文集》第 2 卷，人民出版社 2009 年版，第 42 页。

下位置。① 因为马克思一直强调他只是历史的"阐释者"，并在一次演讲中提出"历史本身就是审判官，而无产阶级就是执刑者"。② 这一点从马克思对"真正的社会主义"的批判中就可以看出。马克思在《德意志意识形态》中批判魏特林（Wilhelm Christian Weitling）、海尔曼·泽米希（Herman Semming）等"真正的社会主义者"把共产主义文献看作纯理论的著作，完全是从纯粹的思想中产生的。他们"所谈的是'最合乎理性的'社会制度，而不是一定阶级和一定时代的需要。这些'真正的社会主义者'禁锢于德意志意识形态，因而不可能去考察现实的关系"。③《德意志意识形态》文本研究专家聂锦芳教授认为，马克思在此想表达这样的观点：共产主义不是虚幻的"人类的特性的完全体现"，不能靠"哲学论证"、思想演绎和"美学描摹""禁锢于意识形态之中"，试图通过"哲学概括和阐释"来使其理论和体系精致化、科学化的做法，根本无助于社会主义的实现，"共产主义是用实际手段来追求实际目的的最实际的运动"。④ 马克思的实践哲学更愿意通过人类存在方式的视野思考"现实的东西"，因为对于马克思来讲，"问题在于改变世界"⑤。所以，旨在"改变世界"的马克思更关心的问题是"如何实现人类解放"，而不是"何谓人类解放"，更不会用"最大多数人的最大幸福"这种含混不清的词句去定义"何谓人类解放"。

在自由主义看来，以分配公平为实质，以个人权利不受侵犯为根本的正义是社会制度的首要和基础问题，而马克思主义把人类解放（总和式）视为根本，忽略了分配公平，所以是错误的。"分析的马克思主义"也正是在这样的理论前提下急于建构一个"伦理的马克思"，把关注的焦点转向分配问题。那么关注人类解放的马克思主义真的像西方学者理解的那样，只关心结果和总和，没有分配的理论空间吗？对于这个问题，首先要回应"马克思反对什么样的分配正义观"以及"马克思为什么反对这样的分配正义观"。

---

① 张文喜：《马克思对"伦理的正义"概念的批判》，《中国社会科学》2014 年第 3 期。
② 《马克思恩格斯文集》第 2 卷，人民出版社 2009 年版，第 581 页。
③ 《马克思恩格斯文集》第 1 卷，人民出版社 2009 年版，第 588 页。
④ 聂锦芳：《批判与建构：〈德意志意识形态〉文本学研究》，人民出版社 2012 年版，第 514 页。
⑤ 《马克思恩格斯文集》第 1 卷，人民出版社 2009 年版，第 502 页。

　　我们知道，自柏拉图以降，以不平等的财产制度为前提一直是传统正义观的核心，从未改变。换而言之，传统正义观始终是"以私有制为前提，来为社会的公平分配进行辩护的，它要说明的只是在私有财产不平等的前提下为什么不平等的分配是公平的"。① 布莱恩·巴里（Brian Barry）的评价可谓一针见血，"在柏拉图的时候，如同我们的时代一样，任何正义理论的核心问题都是对于人与人之间不平等关系的辩护"。② 也就是说，传统正义观只是局限于政治权利的分配，对于私有制本身是否正义的问题避而不谈。而在生产资料私人占有的情况下，"产品的最大部分属于从来不劳动的人，次大部分属于几乎只是名义上劳动的人，而且劳动越艰苦和越不愉快，报酬就越少，最后，从事最劳累、最费力的体力劳动的人甚至连得到生活必需品都没有保证"。③ 对于以抽象平等理念和人性论为基础，以私有制为前提的传统正义观，自然难以获得明确提出"共产党人可以把自己的理论概括为一句话：消灭私有制"④ 的马克思的认同。在这一点上，当代左翼学者牛津大学科恩教授的理解是有道理的，他认为，在马克思看来，资本占有剩余价值是资本家对工人的盗窃，而盗窃就是"不正当地拿了属于他者的东西，盗窃是做不正义的事情，而基于'盗窃'的体系就是基于不正义"。⑤

　　同时，马克思认为传统正义观一是没有达到生产正义与分配正义的有机统一，二是没有改变从观念到观念的思维方式，没能达到理解正义的理论逻辑和实践逻辑的有机统一⑥，是难以解释"不正义者，为什么可能看上去是个正义者"这一"正义之谜"的。马克思认为斯密和李嘉图（David Ricardo）等经济学家编造"原罪说"这样的"奇闻逸事"制造了"正义之谜"："在很久很久以前有两种人，一种勤劳的，聪明的，而且首先是节俭的精英，另一种是懒惰的，耗尽了自己的一切，甚至耗费过了头的无赖汉"，"大多数人的贫穷和少数人的富有就是从这种原罪

---

① 王新生：《马克思正义理论的四重辩护》，《中国社会科学》2014 年第 4 期。
② 〔英〕布莱恩·巴里：《正义诸理论》上卷，孙晓春、曹海军译，吉林人民出版社 2004 年版，第 3 页。
③ 《马克思恩格斯文集》第 5 卷，人民出版社 2009 年版，第 705 页。
④ 《马克思恩格斯文集》第 2 卷，人民出版社 2009 年版，第 45 页。
⑤ 段忠桥：《对"伍德命题"文本依据的辨析与回应》，《中国社会科学》2017 年第 9 期。
⑥ 冯颜利：《基于生产方式批判的马克思正义思想》，《中国社会科学》2017 年第 9 期。

开始的"，"正义和'劳动'自古以来就是唯一的致富手段"。① 如果这样还无法达到蒙蔽无产者的作用，那就只能说"贫困只不过是每一次分娩时的阵痛，无论是自然界还是工业都要经历这种情况"。② 马克思通过经济学的分析，看透了正义概念本身无法解释真正的现实，具有虚幻性和欺骗性。正是在这样的背景下，马克思在《哥达纲领批判》中反问："难道资产者不是断言今天的分配是'公平的'吗？难道它事实上不是在现今的生产方式基础上唯一'公平的'分配吗？难道经济关系是由法的概念来调节，而不是相反，从经济关系中产生出法的关系吗？"③ 马克思在《哥达纲领批判》时期，也意识到了即便在社会主义内部，对于正义也有不同的道德看法和信念。所以，对马克思主义来讲，"'正义'、'人道'、'自由'、'平等'、'博爱'、'独立'""在历史和政治问题上却什么也证明不了"④，"在所谓分配问题上大做文章并把重点放在它上面，那也是根本错误的"。⑤

　　马克思对传统正义观进行批判，并不意味着对分配正义采取虚无主义的态度。只不过马克思认为："思想、观念、意识的生产最初是直接与人们的物质活动，与人们的物质交往，与现实生活的语言交织在一起的。人们的想象、思维、精神交往在这里还是人们物质行动的直接产物。表现在某一民族的政治、法律、道德、宗教、形而上学等的语言中的精神生产也是这样。"⑥ 公平正义作为一种价值理念当然也根源于社会物质生产，是生产方式的产物，是实践的产物，是现存经济关系的反映。所以，"消费资料的任何一种分配，都不过是生产条件本身分配的结果"。⑦ 作为"分配正义"的核心要求——平等"应当不仅仅是表面的，不仅仅在国家的领域中实现，它还应当是实际的，还应当在社会的、经济的领域中实行"。而要达到这样的状态，"无产阶级平等要求的实际内容都是消

① 《马克思恩格斯文集》第 5 卷，人民出版社 2009 年版，第 820～821 页。
② 《马克思恩格斯文集》第 1 卷，人民出版社 2009 年版，第 615 页。
③ 《马克思恩格斯文集》第 3 卷，人民出版社 2009 年版，第 432 页。
④ 《马克思恩格斯全集》第 6 卷，人民出版社 1961 年版，第 325 页。
⑤ 《马克思恩格斯文集》第 3 卷，人民出版社 2009 年版，第 436 页。
⑥ 《马克思恩格斯文集》第 1 卷，人民出版社 2009 年版，第 524 页。
⑦ 《马克思恩格斯文集》第 3 卷，人民出版社 2009 年版，第 436 页。

灭阶级的要求。任何超出这个范围的平等要求，都必然要流于荒谬"。①
可见，马克思在"分配正义"上看得很清楚：关键的问题在于"是谁占
有和控制生产资料"。所以，马克思认为，集体所有制和生产资料的集体
控制将带来一种更好的分配模式，因为它更能真实地回应大多数人的利
益和需要。

综上所述，马克思并没有忽略分配正义，而是认识到了分配正义并
非源自道德的律令，而是源自感性的活动，即人类存在本身。因而分配
正义不能奠基于伦理学一域，遵从被康德强化的理解正义的"伦理学取
向"。由于"诉诸道德和法的做法，在科学上丝毫不能把我们推向前进；
道义上的愤怒，无论多么人情人理，经济科学总不能把它看做证据，而
只能看做象征"②，因而必须改变言说分配的轨道。在马克思主义看来，
正义或者不正义都是具体的、历史的，受制于人类物质生产实践活动，
分配正义必须奠基于人的现实存在的实践基础之上，纳入人类的具体的
社会历史实践之中，深入经济生产领域，分配正义的实现依赖于生产正
义的实现，归根结底依赖于生产资料所有权的占有。从这个视角来看，
马克思主义道德理论既超越了功利主义分配正义缺失的弊端，又超越了
资产阶级以平等权利为核心的分配正义观，在确立实践概念、建构唯物
主义历史观的过程中，在解构旧的正义观念的过程中，形成了奠基于历
史唯物主义和实践哲学之上的分配正义观念。而对于马克思的分配正义
观念，冯颜利教授做出了精准概括：马克思在《资本论》中确立的以
"每一个人的全面而自由的发展"为核心的、分配正义与生产正义统一
的正义观，既是对资产阶级以平等权利为核心的正义观的超越，又是真
理标准和价值标准、现实性政治哲学和理想性政治哲学的有机统一，还
是历史逻辑与现实逻辑、理论逻辑与实践逻辑的有机统一。③

五 小结

马克思道德理论在人性基础、理论旨趣和现实指向等方面与功利主
义都存在不可僭越的界限。通过马克思与功利主义在利益、正当与分配

---

① 《马克思恩格斯文集》第 9 卷，人民出版社 2009 年版，第 112~113 页。
② 《马克思恩格斯文集》第 9 卷，人民出版社 2009 年版，第 156 页。
③ 冯颜利：《基于生产方式批判的马克思正义思想》，《中国社会科学》2017 年第 9 期。

正义方面的分野，我们看到，马克思不是就道德而论道德，不囿于观念领域谈道德，而是勇于超越传统规范伦理的束缚，站在更高的层次上，从唯物史观、从物质实践出发来谈利益、正当与分配正义，把价值理想的实现与现实利益联系起来，让道德价值从属于对经验事实的科学分析。马克思立足于市民社会中真实个体的社会的、经济的实践活动，在对唯心主义和旧唯物主义道德观念的批判之中，实现了对功利主义目的论的超越。

第五节　"把马克思带回正义命题"
——评混合道义论的误判

一　混合道义论的三个正义命题

在对"塔克尔—伍德命题"旷日持久的争论中，有些学者认为马克思正义理论实际上"是一种混合道义论，一种关于正当的行为或义务的理论"①，科恩、杰拉斯、佩弗等是其中的主要代表。

混合道义论是对严格道义论批判和反思的产物。康德是严格道义论的代表性人物②，他以绝对命令明示道德的基础不能建立在人类的经验中，不能奠基于功用的结果中，不能遵从现实情境，否则，道德的普遍性和纯粹性就会丧失。叔本华（Arthur Schopenhauer）将康德的"不以任何人类学（即不以任何经验性的条件）为根据的纯粹道德学"③ 称为没有内核的空壳，黑格尔批评其为"空洞的形式主义"，费尔巴哈评价其

---

① 〔美〕佩弗：《马克思主义、道德与社会正义》，吕梁山等译，高等教育出版社 2010 年版，第 291 页。

② 缪尔海德（J. H. Muirhead）在 1932 年出版的《伦理学中的规则与目的》一书中明确把康德划归义务论。参见 Barbara Herman, *The Practice of Moral Judgement*（Harvard University Press, 1993）, p. 208。弗兰克纳（W. K. Frankena）和罗尔斯都认为康德伦理学强调义务或正当对善的优先性，因而属于义务论而非目的论。参见 W. K. Frankena, *Ethics, Englewood Cliffs*（N. J.: Prentice-Hall, 1963）, pp. 13 - 15；J. Rawls, *A Theory of Justice*（Harvard University Press, 1999）, pp. 19 - 28。当然，也有学者反对把义务论等同于康德主义，认为康德并不是完全排斥目的的极端义务论者。参见张会永《康德的两种道德目的概念——兼论一种康德式后果主义的可能性》，《学术月刊》2018 年第 6 期。

③ 〔德〕康德：《纯粹理性批判》，邓晓芒译，杨祖陶校，人民出版社 2004 年版，第 635 页。

是超自然主义者，阿伦特（Hannah Arendt）则认为沉迷于道德形而上学的康德不重视法权哲学和历史哲学，这两个方面的研究像是"与理念的玩耍"和"一次快乐的旅行"。① 正是在这样的背景下，20世纪美国著名的伦理学家弗兰克纳在《善的求索——道德哲学导论》一书中提出要用功利主义的功利化原则来调和康德的严格道义论，从而建构混合式的道义论。

后来，科恩、杰拉斯和佩弗等认为马克思的思想体系不是道德无涉的纯科学理论，而是内含丰富的道德判断与规范性的正义原则的人道主义理论。基于这样的判断，他们把马克思的思想体系定位为混合道义论，并借助混合道义论建构马克思的道德理论和正义理论，并把关注的重点引向马克思是否关注正义，正义建构的基础是什么，有无普适性，总之，要"把马克思带回正义命题"。科恩、杰拉斯和佩弗等认为尽管马克思本人没有提供系统的正义理论，却非常推崇某些非道德的善，并认为马克思赞同这样的观点："在社会主义制度下，自由的分配将更加平等，因而更好，或者说更加公正"。② 在这些学者看来，马克思尤其重视正义问题，这是其反对资本主义的核心理论，并以此为马克思正义理论提供辩护。虽然公开把马克思的思想体系界定为混合道义论的学者很少，但从混合道义论所强调的核心观点来看，把正义原则当作马克思思想体系核心的观点，都可以归类为混合道义论。虽然科恩、杰拉斯、佩弗等阐释马克思属于混合道义论的逻辑进路和方法不尽相同，却形成了三个方面的共识，即混合道义论的三个基本命题。

命题A：正义理论是马克思思想体系的核心，这一命题可以概括为正义中心论。如科恩认为："正义在革命的马克思主义信念中占据着一种核心的地位，马克思主义者所做的特殊判断表明了正义的存在，而且他们做出那些判断时所带有的强烈情感也表明了正义的存在……马克思主义者对正义确实拥有强烈的信念。"③ 杰拉斯也持同样的观点，他认为

---

① 〔美〕阿伦特：《康德政治哲学讲稿》，曹明、苏婉儿译，上海人民出版社2013年版，第16页。

② Richard J. Arneson, "What's Wrong with Exploitation?" Ethics, 1981, 91（2）: 221.

③ 〔加拿大〕凯·尼尔森：《正义之争：马克思主义的非道德主义与道德主义》，林进平译，载李惠斌、李义天编《马克思与正义理论》，中国人民大学出版社2010年版，第303页。

"在马克思的著作中隐含的是比他实际上所论述的更广泛的正义概念，虽然他自己从来没有如此确认过"①，"马克思显然很关心自由和自我实现的人际分配（和分配不公）"②，杰拉斯还认为，正义是马克思最重要和最终的关注点。

命题 B：马克思依据自然权利确立正义原则的正当性，这一命题可以概括为自然权利正当论。科恩认为，在马克思那里"正义是权利问题，而权利在道德争论时是特别有力的武器"。③ 佩弗在《马克思主义、道德与社会正义》一书中明确提出"马克思不单单寻求对自由、人类共同体和自我实现这些基本的非道德的善的最大化，而且寻求对这些善（或者说至少对自由）进行彻底平等主义的分配。更甚，他将人的尊严这一非后果主义的概念，而不是将快乐、幸福或人的完善作为他在道德推理中所付诸的终极法庭"。④

命题 C：正义原则具有超越历史语境的普遍适用性，这一命题可以概括为正义原则普适论。杰拉斯和佩弗都认为正义由于基于抽象的自然权利基础而具有了普遍的特征，并期待能够建构一种普遍适用的马克思正义理论，以适用于所有人、地、时。

毫无疑问，科恩、杰拉斯和佩弗等学者提出的"把马克思带回正义命题"，从理论上完成了对马克思没有正义理论的驳斥，对于开拓马克思正义理论新思路，深化当代中国的正义问题研究具有重要价值。但是，这三个命题是否有足够的解释力来完整说明马克思正义理论？对此，我们需要以历史唯物主义为原则对三个命题逐一地展开分析。我们不仅需要"把马克思带回正义命题"，更需要回到马克思本真的正义理论。

二　正义中心论批判

杰拉斯在《关于马克思和正义的争论》一文中提出"借助一套假定

---

① 〔英〕诺曼·杰拉斯：《关于马克思和正义的争论》，姜海波译，载李惠斌、李义天编《马克思与正义理论》，中国人民大学出版社 2010 年版，第 247 页。

② 〔英〕诺曼·杰拉斯：《将马克思带向正义：补充与反驳》，曹春丽译，载李惠斌、李义天编《马克思与正义理论》，中国人民大学出版社 2010 年版，第 247 页。

③ 〔加拿大〕凯·尼尔森：《正义之争：马克思主义的非道德主义与道德主义》，载李惠斌、李义天编《马克思与正义理论》，中国人民大学出版社 2010 年版，第 302 页。

④ 〔美〕佩弗：《马克思主义、道德与社会正义》，吕梁山等译，高等教育出版社 2010 年版，第 4 页。

的道德（而不是法律或传统）的权利体系，人们也许可以考虑到底什么才是天赋权利的合理内容，同样，人们才能够借此广泛地说明分配的利益和损失，这里的分配也包括了生产性资源控制权的分配"，并认为，"这是马克思所做的，也是他经常做的"。① 在杰拉斯看来，马克思认为资本主义不公平地、粗略地分配善品，所以依据非相对的规范标准，对于资本主义有利和不利、资源和责任的社会分配的控诉，潜在地向资本主义典型分配模式的道德适用性发起挑战。而佩弗则认为，分配的公正问题处于马克思反对资本主义的全部理由的核心，马克思之所以批判资本主义社会，不仅仅是因为它提供了太少的美好的非道德的善，还在于它对非道德的善的倾斜式分配，所以可以从一种非道德的善出发建构马克思正义理论。同样，科恩也认为"正义在革命的马克思主义信念中占据着一种核心的地位"②，甚至连麦卡锡（George E. Mccarthy）也认为"在马克思头脑中的最主要的组成概念是正义与共同体，以此作为对经济学的定义思考"。③

毫无疑问，马克思有其明晰的正义理论。马克思在对"资本家不劳而获、工人劳而不得"的批判中，以及在对共产主义社会第一阶段"按劳分配原则"的建构中都显现了马克思曾进入正义内部来表达自己的正义观念，但马克思真的像杰拉斯认为的那样，"显然认为分配问题是当务之急""对生产关系的关心就是对分配的全神贯注"?④

我们知道，罗尔斯发表《正义论》以后，政治哲学重新成为显学，正义被标举为"社会制度的首要价值"⑤，在这样的背景下，正义问题在西方政治哲学中成为显性概念。由此，很多学者同金里卡持相同的态度，即"任何有吸引力的规范的政治理论都必须解释政治制度应该如何面对这些事实。而向这个方向迈进的第一步就是去发展一种马克思主义的正

---

① 〔英〕诺曼·杰拉斯：《关于马克思和正义的争论》，姜海波译，载李惠斌、李义天编《马克思与正义理论》，中国人民大学出版社 2010 年版，第 178 页。

② 转引自吕增奎编《马克思与诺齐克之间——G. A. 柯亨文选》，江苏人民出版社 2007 年版，第 44 页。

③ 〔美〕麦卡锡：《马克思与古人》，王文扬译，华东师范大学出版社 2011 年版，第 339 页。

④ 〔英〕诺曼·杰拉斯：《关于马克思和正义的争论》，姜海波译，载李惠斌、李义天编《马克思与正义理论》，中国人民大学出版社 2010 年版，第 160～161 页。

⑤ 〔美〕罗尔斯：《正义论》，何怀宏等译，中国社会科学出版社 1988 年版，第 1 页。

义理论"。① 是的，结合时代条件，对马克思的思想体系进行规范整合，重构、发展马克思的正义理论是十分必要的，但这并不意味着我们可以随意阐释马克思对正义的理解和定位。实际上，在马克思思想体系的原初语境中，正义论的基本框架并不清晰，马克思所致力改变世界的基本思路是政治经济学批判，理论根基是历史唯物主义，行动路线是工人运动，目标是有觉悟的工人联合体在高度发达的生产力之中实现普遍解放。马克思的确认为有必要对资本主义进行正义谴责（事实上能够从文本中找到很多证据），但他更关心消灭私有制。可见，正义理论并不在马克思思想体系的核心范畴之中，更遑论分配正义，马克思并没有把思考的重点放置在为财富、权利、机会等分配确立起分配规则这个方面。虽然塔克尔关于"分配正义的理想在马克思的精神世界里完全是一个陌生的东西"的判断是错误的，但他提出的"劳动所得的公平分配并不是马克思的道德目的"② 这句话却是正确的。这意味着我们不可以不加限制地使用正义概念来诠释马克思的政治哲学，把其当作马克思思想体系的核心概念。基于贫富差距和两极分化的社会现实而进入正义理论是一回事，研究马克思政治哲学并把正义归于其核心范畴则是另外一回事，我们不能基于现实的需要而生硬地"把马克思带回正义命题"，这肯定是马克思所不愿意看到的结果。

如果说正义问题并没有成为马克思关注的重点，也没有赢得马克思的青睐，根本原因是什么？在正义问题上，马克思的关注重点是什么？我们知道，虽然马克思深受英国古典政治经济学（尤其是苏格兰启蒙思想）的影响，但他并不满意这些经济学家从现代市民的自然情感和合理的利益诉求建构的市民社会正义原则，即使正义自启蒙运动以后成为市民社会成员的基本观念和解决冲突的"最高裁判官"，甚至黑格尔认为"在市民社会中，正义是一件大事"。③ 在马克思看来，如果把正义仅理解为分配价值，则没有任何合理的强制力，市民社会的正义原则对于改

---

① 〔加拿大〕威尔·金里卡：《当代政治哲学》下卷，刘莘译，上海三联书店 2004 年版，第 319 页。

② Robert Tucker, *Philosophy and Myth in Karl Marx*（Cambridge：Cambridge University Press, 1961），p. 19.

③ 〔德〕黑格尔：《法哲学原理》，范扬、张企泰译，商务印书馆 1961 年版，第 203 页。

善无产者的处境是无益的，甚至是伪善的。马克思认为，相对于分配，生产才是政治经济学的本题，分配正义充其量是社会经济结构中的下位概念，"分配关系和分配方式只是表现为生产要素的背面。个人以雇佣劳动的形式参与生产，就以工资形式参与产品、生产成果的分配。分配的结构完全决定于生产的结构。分配本身是生产的产物，不仅就对象说是如此，而且就形式说也是如此。就对象说，能分配的只是生产的成果，就形式说，参与生产的一定方式决定分配的特殊形式，决定参与分配的形式"。① 这段话清楚地表明了马克思把古典经济学家那里的分配与生产的关系给予了彻底颠倒，这本来是马克思的重大理论创制，如果我们把马克思放在审判席上的分配正义再次置于其理论的核心地位，显然是不合法的，否则就像马克思自己所讲的"既然真实的关系早已弄清楚了，为什么又要开倒车呢？"②

　　如此而言，马克思言说正义的理路是从生产来理解正义，主题之一是分配与生产的关系。在马克思看来，生产方式才是社会矛盾的最终裁决者，正义是特定的生产方式的本质要素，生产决定分配，而非正义决定分配，分配正义从属于生产正义，生产正义才是应被重视的对象，离开了生产方式和生产正义去批判资本主义，是舍本逐末的选择，所以我们应该"带回生产正义"。如果把马克思的正义理论仅理解为一种涉及工资水平及收入差异的分配问题，显然没有认识清楚马克思关于私有财产权根本变革的革命性目标，可以说犯了视角狭窄的改良主义错误。那么，马克思言说生产正义的必由之路是什么呢？毫无疑问是所有权，甚至可以说，所有权理论就是一定意义上的生产正义理论。马克思认为，资产阶级丧失财富的控制权，无产阶级掌握财产权，才能根本解决资本主义社会的正义问题。由于分配的性质和表现是由生产制度本身决定的，在许多情况下，工人被剥削的秘密在生产领域，无产阶级状况的改变关键在于财产所有权改变而不是分配正义，相反财产所有权的性质决定了公平分配能否真正实现，所以，马克思多次反对将工人运动引向分配领域，反对以公平分配作为工人运动的导向，强调不要因为关注眼前的目

---

　　① 《马克思恩格斯文集》第 8 卷，人民出版社 2009 年版，第 19 页。
　　② 《马克思恩格斯文集》第 3 卷，人民出版社 2009 年版，第 436 页。

标而忘记了根本目标，而这个根本目标就是"物质的生产条件是劳动者自己的集体财产"生产方式的实现。

三　自然权利正当论批判

科恩不仅认为在革命的马克思主义信念中，正义占据着核心位置，而且认为马克思主义者应当依据资本主义制度侵犯了自然权利来论证资本主义制度的不正义和私人所有制的错误（尽管科恩对于什么是自然权利语焉不详，仅指出自然权利并不仅仅是法律权利），因为"关于自然（或道德）权利的讨论就是关于正义的讨论，任何认真对待正义的人都必定承认，世界上存在着自然权利"。① 也许是科恩太在意对诺齐克的批判，所以他一定要把与对方完全对立的东西称为自然权利。② 同样，杰拉斯不仅认为马克思思想体系的核心是正义问题，而且大胆地认为马克思依据自然权利建构了正义的正当基础，马克思之所以认为资本主义不正义，就是因为它侵犯了人固有的自然权利，尽管杰拉斯自己也认为"把自然权利的概念归因于马克思，在有些人看来，这无疑有点耸人听闻"。③ 而佩弗认为，马克思的正义理论应建构为拥有平等自由的个体之间的权利和义务的分配问题，"无论谁想要发展出一个完备的马克思主义道德理论，都应当用一种详细设计的权利理论"④，"马克思关注人的平等的内在尊严，因而也关注对自由的平等分配"⑤。可见，佩弗把人的尊严作为一项自然权利理解为马克思正义理论的基础依据，并且赞同自然权利是现代平等社会正义观念的必然结果。

---

① 〔加拿大〕凯·尼尔森：《马克思主义与道德观念——道德、意识形态与历史唯物主义》，李义天译，人民出版社 2014 年版，第 290 页。

② 诺齐克认为私人所有权是人们的一项自然权利，而科恩则认为我们没有这样的自然权利，对生产所有权的占有属于偷窃，生产所有权共同地属于每个人才是人们的自然权利。参见〔加拿大〕凯·尼尔森《马克思主义与道德观念——道德、意识形态与历史唯物主义》，李义天译，人民出版社 2014 年版，第 292 页。

③ 〔英〕诺曼·杰拉斯：《关于马克思和正义的争论》，姜海波译，载李惠斌、李义天编《马克思与正义理论》，中国人民大学出版社 2010 年版，第 184 页。

④ 〔美〕佩弗：《马克思主义、道德与社会正义》，吕梁山等译，高等教育出版社 2010 年版，第 339 页。

⑤ 〔美〕佩弗：《马克思主义、道德与社会正义》，吕梁山等译，高等教育出版社 2010 年版，第 119 页。

　　简而言之，自然①指本来、与生俱来的意思，权利是指人之为人的资格。没有权利，人就不能称为人，因而这种权利是普遍的、不可分割和转让的。正义、自然、权利三个概念相互联结始于古希腊，源自古希腊哲学的自然法理论。古希腊对"自然"的发现影响了启蒙思想家对自然权利的论证，在 17 ~ 18 世纪，格劳秀斯（Hugo Grotius）、斯宾诺莎（Benedictus de Spinoza）、霍布斯（Thomas Hobbes）、洛克（John Locke）、卢梭推进了这一思想的发展。启蒙思想家的自然权利理念对西方文明影响深远，构成了西方世界对现代社会或现代政治的主要理解方式，论证其他权利是否合情、合理、合法，人们也一般认为必须依据自然权利，而自然权利的根据不假于外物，就在主体自身。在这样的思想制式下，西方思想界比较习惯依据自然权利判定正义与否，也大都从自然权利、自然法的设定出发展开政治哲学论题，甚至可以说自然权利是西方政治理论的起点。诸如格劳秀斯先发其声，引领了近代以来以自然权利概念为基础讨论正义问题，霍布斯也认为正义就是对自然权利的保护，没有自然权利也就没有正义。对此，施特劳斯（Leo Strauss）有句经典的表述："某一种政治生活如其不了解自然权利的观念，它就必定意识不到政治科学的可能性，实际上也意识不到科学本身的可能。"② 科恩、杰拉斯和佩弗等把马克思正义理论的基础奠定于人的"内在的""固有的"自然权利，与这样的思想制式有关。

　　用自然权利奠基正义基础，并套用在马克思正义理论之上，明显偏离了马克思对正义的理解。正如杜兹纳（Costas Douzina）所言，"马克思是第一个激进的权利批判者，他坚持认为权利的历史性不同于自然权利的意识形态"。③ 道理很明显，马克思所坚持的唯物史观，使他不可能接受关于正义和关于人性的最一般的抽象概念。马克思自《论犹太人问题》以后就保持着对"权利的最一般的形式即人权所采取的反对立场"④，既然对自然权利本身都持反对的立场，又怎么可能用之作为正义的评判标准呢？当然

---

① 与"自然"相对应的概念是"约定"，"自然"被理解为与法律或约定有着不同起源的东西，自然权利的有效性并不来自约定的法律制度，而是生来就有的。
② 〔美〕施特劳斯：《自然权利与历史》，彭刚译，生活·读书·新知三联书店 2002 年版，第 82 页。
③ 〔美〕杜兹纳：《人权的终结》，郭春发译，江苏人民出版社 2002 年版，第 174 页。
④ 《马克思恩格斯全集》第 3 卷，人民出版社 1960 年版，第 228 ~ 229 页。

马克思也不可能采取科恩的逻辑进路，先界定私人财产并不是人的自然权利，之后再另建一套自然权利并在这样的层面提出废除私人所有制的理由。实际上，对于自然权利，马克思有两个明确的观点。

一是给予自然权利以历史唯物主义的理解，认为自然权利无非是市民社会成员的权利。当马克思用历史唯物主义的视野观察自然权利时，就发现了自然权利是没有来龙去脉、毫无根据的抽象理念，因而应该把关注视线转移到市民社会中具体的、现实的人。如此一来，马克思看到启蒙思想家所提出的自然权利无非是不受社会约束地处理自己财产的权利，如洛克认为"根据基本自然法，人的首要义务是关心其私利"①，所以市民社会的"任何一种所谓的人权都没有超出利己的人，没有超出作为市民社会成员的人，即没有超出封闭于自身、封闭于自己的私人利益和自己的私人任意行为、脱离共同体的个体"。② 马克思反对把自然权利理解为一套客观规则，一套独立评价社会关系的合理标准，而是认为它本身是一定物质条件下的产物③，这一认识就是用历史唯物主义视角给予自然权利透视后的结论。况且，如果不用历史主义的视角看待自然权利，人们很难批判资本主义辩护者捍卫私人所有制的所谓立论："我们拥有获取私人财产的自然权利，而剥夺人们的这种合法获取的私人财产，就是对他们的自然权利的侵犯……这是一种你所能想象的最严重的不正义形式。"④ 可见，马克思并没有掉入资本主义辩护者设置的自然权利的陷阱之中，而是清醒地看到，自然权利的背后是新兴资产阶级社会中相互竞争、自私自利的关系，人身自由、财产权利这些自然权利无非是市民社会中劳动力的自由雇佣和商品的自由交换的观念反映，自然权利根源于物质的生活关系。这一点杜兹纳看得很清楚："当权利被视为自然的，它又是一种社会和法律建构。"⑤ 另外，马克思更不认同洛克所提出的"私利与自然法之间有一种根本的和谐"的观点，而是认为自然权利虽然表面上使得个人利益成为一种充足的理由，但这并没有使得无产者

---

① 〔美〕施特劳斯：《什么是政治哲学》，李世祥等译，华夏出版社 2014 年版，第 210 页。
② 《马克思恩格斯文集》第 1 卷，人民出版社 2009 年版，第 42 页。
③ 〔英〕卢克斯：《马克思主义与道德》，袁聚录译，高等教育出版社 2009 年版，第 38 页。
④ 〔加拿大〕凯·尼尔森：《马克思主义与道德观念——道德、意识形态与历史唯物主义》，李义天译，人民出版社 2014 年版，第 289 页。
⑤ 〔美〕杜兹纳：《人权的终结》，郭春发译，江苏人民出版社 2002 年版，第 174 页。

获得应得的资源，也不可能保证实质正义的实现，总之，通过自然权利所建构的正义秩序在改善无产者的生活状况方面是乏善可陈的。在市民社会中，自然权利的拥有并不会自动消除阻碍人类幸福的障碍，政治的解放也不能实现人类的解放。

二是自然权利的主张容易成为一种具有保守力量的资产阶级意识形态。马克思之所以这样认为，是因为他看到自然权利本身包含了一种规定性，即它声称提供了什么是正义的和公平的前提，以及对权利和义务加以界定的客观原则。更为关键的是，自然权利会被一些人当作具有普遍效力的原则看待，并宣称服务于所有社会成员的利益。马克思认为，这显然是虚幻的，且具有欺骗性，实际上在某个特定时期的特定社会中被公认的自然权利，会受到当时生产方式的决定或强烈制约。马克思早在《关于林木盗窃法的辩论》中就提出了代表自然权利的法律往往仅仅强制捍卫私有财产权，那里只存在强者与强者之间的权利分配的正义，这种正义形式是通过先占权完成的，即由于先占权，有些所有物被确定为具有私有财产的性质而具有合法性和正义性，并经过抽象理智的构造，将之塑造成自古以来就是如此的、永恒的东西，以使当下的权力关系固化或物化。所以自然权利不过是私有者的口实，"有产阶级胡说现代社会制度盛行公道、正义、权利平等、义务平等和利益普遍和谐这一类虚伪的空话"。①

建构在自然权利基础上的法权正义实际上是建立在私有财产及出身、等级、文化程度等这些要素的基础之上，却要伪装成与这些要素无关，平等的、无差别的天赋人权被装扮成美妙动听的谎言。诸如斯密提出，由于市民社会构建了一套保证私有产权合法化的"自然自由制度"，所以在"自然自由"状况下的增长将会化解穷人的需要与富人的权利之间的全部矛盾，穷人的生存需要通过富人因贪婪所启动的欲望机器得以满足。"大家都是在事物的前定和谐下，或者说，在全能的神的保佑下，完成着互惠互利、共同有益、全体有利的事业"②，这样，自然权利就穿上了迷惑人的外衣，成为资本家心安理得利用私人财产权正当地剥削工人

---

① 《马克思恩格斯文集》第 3 卷，人民出版社 2009 年版，第 461 页。
② 《马克思恩格斯文集》第 5 卷，人民出版社 2009 年版，第 205 页。

的剩余价值的合法依据，"正义和'劳动'自古以来就是唯一的致富手段"①的说辞也就成立和自洽了。可见，在简单的流通领域或商品交换领域的劳动力买卖行为所展现的符合自然权利（自由、平等）的现象被美化为全过程、全领域和所有群体的正义是自然权利正当论最具有迷惑性的地方。但马克思却清楚地看到，一旦进入生产领域，资本家和雇佣工人却呈现出不同的面貌，一个笑容满面，一个战战兢兢，天赋人权的伊甸园不见踪影，于是"平等地剥削劳动力，是资本的首要的人权"②，马克思称之为资产阶级制造出的最大"意识形态"。

四　正义原则普适论批判

在《关于马克思和正义的争论》中，杰拉斯提出马克思的正义理论是一种超越历史的普适性原则，并在《将马克思带向正义：补充与反驳》一文中重申了这个观点，即马克思确实依据超越历史的标准来谴责资本主义不正义。杰拉斯认为，马克思"把盗窃含义看作是不正当的，则他必须依据其他标准，外在于或优于资本主义的标准，因此依据合法性或正当权利的超验标准"。③佩弗也相信，"一旦对权利的概念和理论进行恰当的规定，它们就能够且应当在一种完备的道德和社会理论中起到重要作用"。④佩弗同时认为规范性相对主义，对任何政治纲领都是致命的，"它不是一个马克思主义者可以一贯追求的推理方式"。⑤

不论是杰拉斯还是佩弗，其实都是沿着近代权利正义论的老路观照马克思的正义理论的，必然会得出这样的结论。我们知道，人类社会进入近代以后，理性成为本体性概念，正义也被人们理解为理性自身的规定，是一种基于理性原则的个体权利的实现，而基于理性原则所建构的正义具有普遍性，并假设自然权利是永恒正义的体现。正如赫勒（Agnes

① 《马克思恩格斯文集》第5卷，人民出版社2009年版，第821页。
② 《马克思恩格斯文集》第5卷，人民出版社2009年版，第338页。
③ 〔英〕诺曼·杰拉斯：《将马克思带向正义：补充与反驳》，曹春丽译，载李惠斌、李义天编《马克思与正义理论》，中国人民大学出版社2010年版，第247页。
④ 〔美〕佩弗：《马克思主义、道德与社会正义》，吕梁山等译，高等教育出版社2010年版，第387页。
⑤ 〔美〕佩弗：《马克思主义、道德与社会正义》，吕梁山等译，高等教育出版社2010年版，第343页。

Heller）提出的那样，"当哲学家思考'正义的社会'时，他们总是构想这个社会的宪法、法律、规范和规则能确保所有人（霍布斯意义上的）的生命或自由。生命和自由（或两者）被先验地设定为普遍价值，在此意义上讲它们是不言自明的"。① 但马克思几乎一生都在与所谓的"永恒的"、"普遍的"以及"抽象的"原则做斗争，目的就是把法律、道德、权利、正义等观念层面的东西拉入历史的语境，给予其相对性和历史性的理解。这一点恩格斯说得很清楚，他以平等为例指出："平等的观念，无论以资产阶级的形式出现，还是以无产阶级的形式出现，本身都是一种历史的产物，这一观念的形成，需要一定的历史条件，而这种历史条件本身又以长期的以往的历史为前提。所以，这样的平等观念说它是什么都行，就不能说它是永恒的真理。"② 杰拉斯和佩弗等显然把马克思最基本的立场和观点都忽略了，将当代流行的正义概念看作唯一的正义概念，忽略了正义概念的复杂性。

马克思曾经在《哥达纲领批判》中针对拉萨尔（Ferdinand Lassalle）提出把正义原则纳入社会主义纲领的主张给予这样的批判：在何为正确的正义原则上，不仅资产阶级与社会主义者之间存在差别，而且社会主义者相互之间也意见不同。马克思问道："什么是'公平的'分配呢？难道资产者不是断言今天的分配是'公平的'吗？……难道各种社会主义宗派分子关于'公平的'分配不是也有各种极不相同的观念吗？"③ 也就是说，马克思认为每一种生产方式都有一定的分配模式和公平形式，从其他任何理论观点出发做出正义与否的判断都是没有意义的。而且，不同社会地位的人会提出不同的正义要求，而最终占支配地位的正义原则一定是最能体现和符合统治阶级利益的原则。所以，马克思多次运用历史辩证法解构资本主义经济关系是普遍正义的观点，同时也多次表达要与永恒正义的庸俗社会主义划清界限。马克思认为，即使在共产主义的两大阶段分配原则也是不同的，分别是按劳分配和按需分配，这是因为各个时代的分配必然受当时物质生产条件和生产力水平的制约，不同时代所承载的正义价值也会有所不同。所以，既没有什么自然正义，也

---

① 〔匈〕赫勒：《超越正义》，方长春译，黑龙江大学出版社 2011 年版，第 127 页。
② 《马克思恩格斯文集》第 9 卷，人民出版社 2009 年版，第 113 页。
③ 《马克思恩格斯文集》第 3 卷，人民出版社 2009 年版，第 432 页。

没有什么普适正义，正义规范是"从生产关系中作为自然结果产生出来的"①，仅仅存在于现行的经济体系之中，体现的是生产关系和社会关系的要求。正义总是历史的、多元的和相对的，要找到放之四海而皆准的、唯一的正义标准似乎是不切实际之想。② 总而言之，我们不能因为对普遍正义的深切呼唤而代替对正义的科学分析，"在考察财富的分配时，我们最好还是遵循现实的客观的经济规律"。③

马克思之所以要把戴着"普适"皇冠的正义原则解构之后建构具有一定历史序列的具体原则，根本原因在于马克思一直把正义视为社会经济关系的附属物来理解。马克思正义理论的基本逻辑"不是用公平、正义的政治法律概念解释分配关系，而是用生产关系来解释分配关系，用生产劳动解释生产关系，用经济基础解释上层建筑"。④ 而杰拉斯和佩弗所理解的正义原则只是马克思正义理论逻辑进展的一个环节，随着人类历史的变迁，正义原则将会以权利的正义—贡献的正义—需要的正义为次第位阶不断更新。如果凝固性、普适性地理解马克思的正义理论，必定偏离马克思正义理论的重要特征。马克思绝对不会满足于建立一个以自然权利为基础的正义理论体系，并将之作为普遍适用的原则，相反，马克思致力追求的是从"人类社会或社会化的人类"出发，以"自由人的联合体"为社会基础，建构最高正义原则，并以此审视、批判低位阶的正义原则。当然，马克思从来没有完全否定低位阶正义原则的历史合理性和适用性，而是把它看作正义的一种历史形式。

当然，人们会进一步追问，自然权利本身就没有正义可言吗？难道今天我们不需要怀着朴素的自然权利信念去追求正义吗？对此，我们应该看到，如同马克思对正义、道德和法律的看法一样，他只是在揭示这些社会现象本身并不具有独立性和普适性，并没有反对这些社会现象本身。马克思从来没有否定人类拥有权利，实际上马克思一生都在捍卫各种具体的权利，包括自由出版权、选举权、生产条件权等，马克思也并没有否认自然权利观念所产生的积极历史意义，以及对未来社会生活方

① 《马克思恩格斯文集》第 7 卷，人民出版社 2009 年版，第 379 页。
② 贾可卿：《分配正义论纲》，人民出版社 2010 年版，第 6 页。
③ 《马克思恩格斯文集》第 9 卷，人民出版社 2009 年版，第 164 页。
④ 王新生：《马克思正义理论的四重辩护》，《中国社会科学》2014 年第 4 期。

式的适应性。如果马克思被问及今天人们是否应当享有这些自然权利时，他肯定会回答人应当且将会享有这些权利。但马克思同时提醒人们自然权利如果以先验的、唯心的方式虚构出来，就会抹杀权利所具有的内在社会经济必然性，因为 18、19 世纪的社会现实是，只有资产阶级在事实上享受这些自然权利。虽然资产阶级也会乐于承认所有人都应当享受自然权利，但是他们必须维护一种使得大多数人不可能享有自然权利的财产制度。毋庸置疑，每个时代都应强调个人拥有自然权利的重要性，但是我们更应看到在现实生活中实际上还存在平等的权利和实质的不平等之间的巨大反差，因而，权利正义基础上所建构的正义原则的限度性毫无疑问决定了它不可能具有普适性。

的确，人们比较容易把正义作为独立的因素，并从其内部获得存在的理由和继续发展的根据，如同恩格斯提醒的那样，"人们忘记他们的法起源于他们的经济生活条件，正如他们忘记他们自己起源于动物界一样"。① 而这种提醒是十分有价值的，把自然权利所掩盖的现实基础揭示出来之后，我们就容易明白正义原则实质上并没有任何合理的强制力，也会理解马克思为什么把批判资本主义没有践行自然权利，批判资本主义侵犯工人的自然权利是不公正的等当作毫无意义的事情（除非是作为一种策略）。例如，资本主义剥削带来了无产者的异化，使其失去人性并且降低了身份，但表面上看资本家并没有侵犯他们的任何权利，其中没有任何东西是错误的或不正义的。所以，依据自然权利建立正义原则，在马克思生活的时代无法真正实现普适正义或永恒正义的捍卫者所希望达到的状态，在阶级社会中看似一切阶级都可以享有权利的分配正义，但事实上只有在无阶级的社会中所有人才能真实地享有这些权利。正是如此，马克思认为资本主义所建构的正义原则根本不会适用于无产阶级。

尤其要指出的是，马克思清楚地知道，如果去着力建构一种普适性正义理论，并把正义当作人类社会的真正基础和动力，就会把推动社会进步的主体落在"生产"正义的学者或思想家身上，正义原则本身就成为普遍的和永恒的东西。这样一来，影响真实正义实现的生产资料的私人占有权问题就会被束之高阁。就像罗尔斯表达的那样，"任何在生产工

---

① 《马克思恩格斯文集》第 3 卷，人民出版社 2009 年版，第 322 页。

具方面容许私有财产的政体都不能满足两个正义原则，甚至也不能做很多事情以实现由作为公平的正义所表达的关于公民和社会的理想"①，所以，追求更高位阶正义和更真实正义的马克思根本不愿在"何谓自然权利"和"如何通过自然权利建构正义"这一层面思考建构一种普适性正义原则，他所希望推动的是正义观念的革命性变革，希望人们能够抛弃在资本主义社会实现人权和正义的幻想，着力去建设和追求"能够抛弃自然权利的条件和正义的环境"的世界。

五 结论

通过以上几个方面的批判，我们可以得出如下结论。

第一，基于历史唯物主义的视角，西方学者"把马克思带回正义命题"的学术努力虽然可以部分解释马克思的正义理论，但如果作为一套独立的正义理论，是无法穷尽马克思正义理论的，也没有真正揭示马克思的正义观。更为重要的是，虽然"把马克思带回正义命题"具有现实的必要性，也及时驳斥了"马克思没有正义理论"的观点，但把正义置于马克思思想体系的核心来理解，则有矫枉过正的嫌疑，并且降低了马克思正义理论的位阶。

第二，马克思将正义概念经济化，认为既存的社会不公平的解决依赖于物质经济条件的解决。马克思并未在伦理主义的路向上思考问题，而是在批判私有财产制度和资本主义生产关系的逻辑前提下介入正义命题的，认为无产阶级状况的改变关键在于财产所有权改变，而不是分配正义，并且分配正义从属于生产正义，生产正义和人类正义才是应被重视的对象。

第三，在马克思看来，自然权利不能创造出正义，使自然权利真正得以可能的根据是由正义之外的生产方式所创造。资本主义社会的生产关系决定了浪漫主义所设想的"大家会聚一起商议让无产者拿走正义、资产者给予正义以及正义学者分配正义"是幼稚的。

第四，马克思关注正义问题的主要方式是站在现实社会的基础上，

---

① 〔美〕罗尔斯：《作为公平的正义》，姚大志译，中国社会科学出版社 2011 年版，第214 页。

站在历史发展的高度，给予正义观念以连续性、统一性和发展的规律性认识。马克思正义理论的重要特点就是用高位阶正义原则批判低位阶正义原则，所以马克思是根本反对正义具有"普适性"的。

习近平总书记提出，社会发展应当以"促进社会公平正义、增进人民福祉为出发点和落脚点"①，现实社会发展需要"把马克思带回正义命题"，研究马克思正义理论的根本前提和真正关切，理解马克思考察正义的基本原则和方法，为建构新时代中国特色社会主义正义理论确立原则、把握方向。为此，我们需要批判对马克思正义理论的错误理解，科学地阐释马克思正义理论，回到"马克思本真的正义命题"。

① 《习近平谈治国理政》，外文出版社 2014 年版，第 95 页。

第二章　马克思道德理论的批判性建构

马克思在其思想体系中，没有给系统的伦理学构建留置空间，但从其学说中处处彰显的对资本主义的批判和对人类解放的承诺的角度来看，其理论具有鲜明而强烈的道义感。这种道义感主要是通过对宗教神学、封建专制制度、资本主义异化劳动以及以往各种道德理论与道德学说的批判来彰显的。因此，可以得出这样的结论：马克思是通过对资产阶级、小资产阶级以及"德国真正的社会主义者"的道德观念的批判来显示其道义感，建构其道德理论的，对奠定马克思的道德追求与终极价值目标具有深远的影响和重要的意义。马克思之所以在其文本中经常显示对"道德"的讥讽，根本原因在于马克思看到道义的谴责与批判虽然对于揭露资本主义社会的不道德现状和激发人们改变社会现实的情绪发挥了重要作用，但是如果找不到克服不人道社会现象的现实途径，找不到导致社会不公正的深层原因，一般性道义谴责往往是软弱无力的，根本不可能彻底改变工人阶级的悲惨处境与屈辱地位。因而，本章把道德批判置于马克思的经典著作之中，结合"分析的马克思主义"的相关研究，从马克思的道德批判、马克思的正义批判两个方面探讨马克思对道德和正义的批判是"在什么样的语境中展开的"、"给予了什么样的批判"以及"为什么要批判"，并以此为基础，通过梳理马克思道德理论的实践转向彰显马克思道德理论的核心内涵。

第一节　马克思道德批判的思想逻辑

自 20 世纪 70 年代以来，以科恩为代表的"分析的马克思主义"学者基于资产阶级和无产阶级矛盾趋缓，"革命"越来越不可能发生的背景，认为"这些规范性问题具有了重要的政治意义"。[①] 于是，这批学者

---

① 吕增奎编《马克思与诺齐克之间——G. A. 柯亨文选》，江苏人民出版社 2007 年版，第 158 页。

利用"分析的方法"去挖掘马克思经典著作中过去没有引起马克思主义
者注意的道德哲学资源,以重构马克思道德理论,并以此论证社会主义
的优势。"分析的马克思主义"的努力虽然引发了一股学术潮流,但道
德重构过程却困难重重,究其缘由,根本在于马克思道德理论话语充满
"隐含"、"矛盾"、"迷惑"和"陷阱",而且在《〈黑格尔法哲学批判〉
导言》以后的作品里,马克思还时常诘问与挞伐道德,甚至提出"这就
对任何一种道德,无论是禁欲主义道德或者享乐道德,宣判死刑"。① 虽
然马克思的思想体系包含着事实与价值、规律与规范之间的内在统一,
但为什么马克思时常言辞犀利地批判道德?难道真的像米勒所言,"马克
思也经常明确地攻击道德和基本的道德观念","马克思激进地违背道德
观"。② 若是如此,又如何理解卢克斯提出的"似是而非的矛盾":"马克
思主义所引人注目的是,从表面上看,它既拒绝道德批判与道德劝告,
又采用这样的批判与劝告。"③ 面对"分析的马克思主义"对马克思道德
理论提出的各种怀疑,"如何理解马克思的道德批判"成为一个马克思
主义者必须面对的问题。众所周知,马克思的思想体系是相当丰富、复
杂与多维的,因而对道德的批判,也是在不同的语境下,以不同的向度
和不同的语气进行的。概而言之,马克思的道德批判对象主要有:以
"人类之爱"为代表的道德说教、以"思维绝技"为代表的道德形而上
学和以"永恒正义"为代表的道德意识形态等。马克思通过道德批判展
现了其与空想社会主义在道德理解上的不同,对于奠定马克思的道德理
解方式与终极价值目标具有深远影响和重要意义。

一 道德说教批判

19 世纪 40 年代中期,在对共产主义进行解释的众多群体中,德国
"真正的社会主义者"海尔曼·克利盖通过《人民论坛报》宣传"爱的
社会主义",引起了马克思的关注。为了把共产主义真正引向"无产阶

---

① 《马克思恩格斯全集》第 3 卷,人民出版社 1960 年版,第 490 页。
② 参见〔英〕米勒《分析马克思:道德、权力和历史》,张伟译,高等教育出版社 2009
年版,第 13 ~ 14 页。
③ 〔英〕史蒂文·卢克斯:《马克思主义与道德》,袁聚录译,高等教育出版社 2009 年版,
第 4 页。

级群众的道路"，马克思、恩格斯合写了《反克利盖的通告》，重点批评了克利盖的《告妇女书》和《答索尔塔》两篇文章，并列举了克利盖35种"表现的爱"。《反克利盖的通告》是马克思道德说教批判的典型文本，极力批判了克利盖关于"人类之爱"的道德说教。本书并不打算在此列举克利盖"爱的呓语"，只是简单梳理克利盖的基本逻辑：男人们是"灾难和动乱的制造者"，使当前世界成为"恨的王国"，因而需要妇女通过"爱"调整引导男性，拯救世界。对于穷人，只需要给他一块土地，就可以"建设起一批充满天国的爱的村镇"。所以，共产主义就是"使爱的宗教成为真理，使人们期待已久的有福的天国居民的共同体变成现实"。①

　　克利盖这些夸夸其谈、空洞幼稚的道德说教本来没有批判的价值，但是他"把共产主义描绘成某种充满爱而和利己主义相反的东西，并且把有世界历史意义的革命运动归结为几个字：爱和恨，共产主义和利己主义"② 契合了无产阶级参加社会主义运动的心理动机。无产阶级最初进行社会主义运动通常是基于道德动机，许多人是因为坚信资本主义社会不正义而选择支持社会主义的。应该说，当时各式各样的社会主义思潮风起云涌，其中很多社会主义思潮因对道德信奉甚至崇拜，形成了对社会主义运动的浪漫主义和道德至上式诉求，追寻美德的"高谈阔论"大行其道，在工人阶级之中颇有市场，"人类之爱"和"历史道义"的宣传也受到工人阶级的欢迎。克利盖等把社会主义当作道德理念和道德赞歌，荒谬地以道德作为社会运行的核心要素，进行秩序规划和制度设计，幻想通过道德目标引导工人阶级追求美好生活，把共产主义描绘成一系列"善"的追求与判断，这是马克思批判克利盖道德说教的重要语境。

　　在这样的语境下，为了让共产主义脱离道德情感的羁绊，建立在社会发展的经济规律之上，马克思对"人类之爱"展开了火力十足的批判。概括地讲，马克思认为克利盖用"人类之爱"式的道德说教建筑起来的共产主义大厦，充满"怯懦"、"形而上学"和"虚幻"。说其怯懦，

① 《马克思恩格斯全集》第4卷，人民出版社1958年版，第14页。
② 《马克思恩格斯全集》第4卷，人民出版社1958年版，第8页。

是因为克利盖声称不想破坏家庭生活、国家和民族的依恋，这实际上是向高利贷者谄媚；说其形而上学，是因为克利盖夸夸其谈永恒的人类创造精神，实质是一种词句戏法；说其虚幻，是因为克利盖认为崇高的情感就能够消除万恶世界的一切不幸。那么，马克思为什么要批判以"人类之爱"为代表的道德说教呢？主要原因有两点。

其一，在马克思看来，通过类似"人类之爱"的道德说教开展所谓的社会拯救是幼稚的，不符合社会经济发展规律，自然也就无法观照现实，触及社会症结。克利盖的幼稚是不言自明的，诸如提出把"尚未落入强盗般的投机分子手中的 14 亿英亩土地保留起来，作为全人类不可让渡的公共财产"[1]，"纽约市把长岛的 52000 英亩土地交出来，这就'马上'可以永远消除纽约的一切贫穷、困苦和犯罪现象"[2] 等，这些都无异于痴人说梦。之所以幼稚，根源在于这是一条单纯依靠道德诉求解决经济冲突的路径选择，虽然"人类之爱"和"历史道义"容易引人注目，但德性观念作为一种应然直觉往往依赖于个人"良心"来保证，并不可靠。所以，在马克思看来"面对阶级社会中不可避免的冲突时，所有这些要求都不足以作为决策的终极基础"。[3] 克利盖以道德说教的态度进行资本主义批判和共产主义建构，实质是"渗透了宗教思想"，而马克思早在《〈黑格尔法哲学批判〉导言》中就写道："废除作为人民的虚幻幸福的宗教，就是要求人民的现实幸福。要求抛弃关于人民处境的幻觉，就是要求抛弃那需要幻觉的处境。"[4] 马克思所致力推动的是人类解放的目标，对于不能观照现实、触及社会症结的事情他是没有兴趣的，这是他尽力避免依据伦理道德进行社会制度批判，不愿为道德说教留置任何理论空间的重要原因。

其二，克利盖关于"人类之爱"的道德说教不仅幼稚，还会对共产主义运动带来伤害，这是马克思反对道德说教，批判"人类之爱"最为深层的原因。在马克思看来，"在阶级斗争被当做一种令人不快的'粗

---

[1] 《马克思恩格斯全集》第 4 卷，人民出版社 1958 年版，第 9 页。

[2] 《马克思恩格斯全集》第 4 卷，人民出版社 1958 年版，第 11 页。

[3] 〔英〕米勒：《分析马克思：道德、权力和历史》，张伟译，高等教育出版社 2009 年版，第 18 页。

[4] 《马克思恩格斯文集》第 1 卷，人民出版社 2009 年版，第 4 页。

野的'现象放到一边去的地方，留下来充当社会主义的基础的就只有'真正的博爱'和关于'正义'的空话了"①，道德说教不但对唤醒无产阶级的阶级意识是无效的，反而会造成无产者的自我欺骗，使其丧失斗志。克利盖宣称站在"人类"的立场发言，以"爱"作为调节社会冲突的原则，必然会推动阶级妥协，带来工人阶级意志力的颓废，从而延迟革命性变革，用马克思的话讲就是"他们一贯企图削弱阶级斗争，调和对立"。② 而马克思认为"共产党一分钟也不忽略教育工人尽可能明确地意识到资产阶级和无产阶级的敌对的对立，以便德国工人能够立刻利用资产阶级统治所必然带来的社会的和政治的条件作为反对资产阶级的武器"。③ 后来，马克思在给左尔格的信中提出，"人类之爱"是"理论上的灾难"，"几十年来我们做了许多工作、花了许多精力才把空想社会主义，即对未来社会结构的一整套幻想从德国工人的头脑中清除出去"。④马克思熟读黑格尔，知道历史理论不能只是宣布一种未来状态的可能性，然后引导无产者的道德冲动去拥抱那个未来。正如聂锦芳教授所指出的那样，马克思等人反对克利盖，是有特殊考虑的，那就是"在共产主义运动初期，在社会差别巨大、阶级关系空前对立，而无产阶级革命意识不强、组织程度不高的情形下，超越阶级的'爱'的呼唤不仅于事无补，反而会削弱革命，因此，必须加以反对和拒斥"。⑤

总之，在马克思改造世界，促进人类解放的道路找寻之中，道德说教并不是其基本选项，依赖道德说教，根本无法创造出消灭资产阶级所需要的条件。克利盖等人以道德说教的方式宣扬共产主义，"想用关于正义、自由、平等和博爱的女神的现代神话来代替它的唯物主义的基础（这种基础要求人们在运用它以前进行认真的、客观的研究）"⑥，要么带

① 《马克思恩格斯文集》第3卷，人民出版社2009年版，第483页。
② 《马克思恩格斯文集》第2卷，人民出版社2009年版，第64页。
③ 《马克思恩格斯文集》第2卷，人民出版社2009年版，第66页。
④ 《马克思恩格斯文集》第10卷，人民出版社2009年版，第421页。
⑤ 聂锦芳：《批判与建构：〈德意志意识形态〉文本学研究》，人民出版社2012年版，第572页。
⑥ 《马克思恩格斯文集》第10卷，人民出版社2009年版，第420页。

来"思想的混乱无序和多样化的未来理想社会观念"①，要么带来随遇而安的犬儒主义和悲观厌世的隐者心态。在马克思看来，这种通过道德说教所描绘的未来社会的蓝图，完全忽视资本主义的运行规律，如果把道德抬高到历史进步的决定性力量，带来的不是抬高人们对道德的尊崇与敬畏，而是对道德的毁灭，最后充其量"就是充当这种小市民的夸夸其谈的代言人"。②

应该说，道德说教批判是马克思历史唯物主义思想体系建构的方式之一。历史唯物主义认为人的社会存在决定人的道德意识，道德观念归根结底是由一定社会的经济关系和人们所处的社会条件决定的，通过道德说教改变人的道德意识，进而改变社会存在是虚幻的。相反，人们应当从经济基础出发批判不道德的社会根源，重视道德产生的社会经济基础，用非道德手段解决道德问题。马克思认为，利益才是无产阶级觉醒的关键，"这种利益是如此强大有力，以至胜利地征服了马拉的笔、恐怖主义者的断头台、拿破仑的剑，以及钉在十字架上的耶稣受难像和波旁王朝的纯血统"。③ 可以讲，马克思虽然对无产阶级抱有道德深情，但他拒绝一切形式的道德说教，而是将道德理论置于科学的历史观之中，以唯物主义的观点看待历史事实与道德价值的矛盾和冲突。

二　道德形而上学批判

与直接明确地批判道德说教不同，马克思对道德形而上学的批判是间接的，是通过对形而上学的整体性批判完成的。《德意志意识形态》是马克思主义批判形而上学的专著，马克思、恩格斯通过这部作品与一批着迷于各种形而上学魔力的德国思辨哲学家划清了界限。道德形而上学是形而上学的一种类型，虽然马克思、恩格斯并没有直接批判道德形而上学，但我们可以借助《德意志意识形态》中的形而上学批判来理解他们对道德形而上学的批判。鉴于《德意志意识形态》内容丰富，本书只取其中对施蒂纳"思维绝技"的驳斥部分来分析马克思的道德形而上

---

① 〔美〕罗尔斯：《政治哲学史讲义》，杨通进等译，中国社会科学出版社2011年版，第370页。
② 《马克思恩格斯文集》第2卷，人民出版社2009年版，第60页。
③ 《马克思恩格斯文集》第1卷，人民出版社2009年版，第287页。

学批判。

所谓"思维绝技"，在马克思看来，就是指施蒂纳脱离社会的政治经济条件和具体社会关系去演绎历史和人，马克思、恩格斯称之为"欺骗的绝技""逻辑的把戏""思想的花招""思想走私的一个窍门"等。我们知道，《唯一者及其所有物》是施蒂纳对费尔巴哈"抽象思辨"尤其是对费尔巴哈"人"的概念进行批判的一部著作，施蒂纳在这部著作中提出费尔巴哈眼中的"人"实质是形而上学的概念，并不是现实社会中肉体的人。如何从费尔巴哈形而上学的"人"（作为观念、思想的"幽灵"）里摆脱出来？施蒂纳认为，人"由于精神贫乏，所以精神想建立自己的王国"，"由不完善的精神到完善的精神"，"由有限的、个体的精神到精神的理想、神圣的精神"，"摧毁了思想的外在形体性而成为唯一者"。于是，施蒂纳创造出了一个抛弃一切形而上学的规定的"个人"这个"我"，由于"我已经不再拿人的尺度衡量自己，而且也不容许别人这样来衡量我了"，"从前我曾是非人的东西，但现在我不是这样了，现在我是唯一的东西"①，所以"我"这个"唯一者"便不同于费尔巴哈形而上学的"人"了。显而易见，施蒂纳是通过"思维绝技"书写"人的传记"来建构这个"我"的。为此，施蒂纳到处指责形而上学的虚妄，并声称看出费尔巴哈所谓的"人"实质是人的形而上学的本质，即精神，于是用"我"反对费尔巴哈的"类"，用个体差异性否定人的共性，企图解决费尔巴哈对人的抽象性理解的问题。但很遗憾，施蒂纳兜了一大圈之后，通过"唯物主义的抽象概念"不幸又复归于形而上学的本质之中，因为他书写的还是人的"精神追求史"。施蒂纳把人在现实社会中的关系，变成了人和他自己的观念的关系，现实的人又进一步变成"唯一者"，而"唯一者"是"无规定的"，根本不需要时代、实践和现实的磨难和历练。他通过"思维绝技"清除一切"圣物"，站到"唯一者"立场，实际上脱离了一切实在，变成了"虚无者"。

在马克思看来，"思维绝技"有两个明显缺陷。一是施蒂纳并没有揭示现实的人生，没有切入现实世界探求个体，还只是徜徉在思辨王国里游戏语言。而"思想、观念、意识的生产最初是直接与人们的物质活

_____

① 《马克思恩格斯全集》第3卷，人民出版社1960年版，第509页。

动，与人们的物质交往，与现实生活的语言交织在一起的。人们的想象、思维、精神交往在这里还是人们物质行动的直接产物"①，所以社会的物质生产才是人的精神活动的原材料与元价值，"表现在某一民族的政治、法律、道德、宗教、形而上学等的语言中的精神生产也是这样"②，因而《德意志意识形态》提出"道德、宗教、形而上学和其他意识形态，以及与它们相适应的意识形式便不再保留独立性的外观了。它们没有历史，没有发展，而发展着自己的物质生产和物质交往的人们，在改变自己的这个现实的同时也改变着自己的思维和思维的产物"。③二是施蒂纳把观念误当现实。就像马克思所批判的那样，"从正常的人类理智的形式变为思辨理性的形式，并把现实的问题变为思辨的问题"④，"施蒂纳自己不知不觉地把某些'青年'、'成人'等在实际上或口头上创造的关于自己的各种幻想跟这些非常暧昧的青年、成人的'生活'，跟他们的现实混淆起来了"⑤。而这种混淆实质是滥用语言概念转义、借用的功能，通过偷换概念、任意勾连进行的"思想走私"，最终达到用逻辑联系代替社会现实的目的。虽然施蒂纳认识到费尔巴哈的"类"观念最终会滑入空洞无物的抽象共同体，但批判的方向应该是把"类"本质改造为科学的人的共同本质，而不是改造成虚无的"唯一者"。《德意志意识形态》对施蒂纳"思维绝技"的两点批判，实质也是对道德形而上学的批判。

　　《德意志意识形态》对施蒂纳"思维绝技"的批判还应放于更大的社会背景之中去理解，唯此才能更好地解释马克思为什么要批判道德形而上学。我们知道，《德意志意识形态》中对施蒂纳及其著作《唯一者及其所有物》批判的篇幅占7/10，以至有学者称之为"施蒂纳问题"。其实，《唯一者及其所有物》从思想形式来看，就是黑格尔《历史哲学》的翻版，"施蒂纳问题"就是"黑格尔问题"。在黑格尔那里精神运动到绝对知识的状态，就是施蒂纳所谓的"唯一者"的状态。只不过黑格尔说到绝对知识时，精神是自为的，而施蒂纳则转变成利己主义而已。所

① 《马克思恩格斯文集》第1卷，人民出版社2009年版，第524页。
② 《马克思恩格斯文集》第1卷，人民出版社2009年版，第524页。
③ 《马克思恩格斯文集》第1卷，人民出版社2009年版，第525页。
④ 《马克思恩格斯全集》第2卷，人民出版社1957年版，第115页。
⑤ 《马克思恩格斯全集》第3卷，人民出版社1960年版，第130页。

以，施蒂纳的"思维绝技"不仅是德国哲学在社会历史观上的典型运用，而且是黑格尔哲学范畴的世俗化表达，是一种黑格尔式的逻辑推演。在马克思看来，施蒂纳复归于黑格尔主义的核心在于其学说的形而上学本质，施蒂纳乃是这个形而上学世界之夸张的极致、最后的论据、漫画式的顶峰①，所以对施蒂纳的批判就是对一切形而上学的批判，就是对在纯粹的逻辑方式中展开从观念到观念的德国哲学的批判。黑格尔和当时的德国哲学家总是通过柏拉图的眼睛看现实世界，认为现实世界只是完美的观念世界的一个不完美反映，世界的真理必须在一个变化神秘的意识世界里寻找。当德国的哲学家们日益远离现实的社会生活实践，沉迷于对政治观念、法律观念、道德观念等各种观念的崇拜，试图以观念解救现实出苦海时，马克思忧虑重重，认为"真正的社会主义"，"它所关心的既然已经不是现实的人而是'人'，所以它就丧失了一切革命热情，它就不是宣扬革命热情，而是宣扬普遍的人类之爱了"②，所以说"现实人道主义在德国没有比唯灵论或者说思辨唯心主义更危险的敌人了"③。马克思于是决定展开对各种"观念"的批判，而道德形而上学作为当时流行的一种"观念"也位于马克思批判的行列。

那么，道德形而上学具体有什么危害，以至引起了马克思的忧虑呢？

其一，在马克思看来，道德形而上学实质是"头脚倒置"的、思辨的"哲学词句"，由于脱离了对现实的思考和观照，对未来社会的发展和对现实社会的理解很容易沦落为一种"道德劝告"的"幽灵"，尤其是对于哲学思维深厚但经济实践活动缺乏的德国思辨哲学家而言，更是如此。社会发展的严重滞后使得现代生活经验缺乏的他们耽于幻想、擅长虚构，只会"从他们的哲学观点出发去掌握法国的思想"，"在法国的原著下面写上自己的哲学胡说"。④ 可见，面对复杂的社会现实和精神世界，德国思辨哲学家们不去深入研究其实际历史和社会实践，而是通过搬弄一些外在的范畴所表征的对立面，然后对事物和现象进行所谓有效的理解和透视。其结果是，道德形而上学貌似强大，却是"从事物的哲

---

① 吴晓明：《施蒂纳的"唯一者"与马克思的哲学革命》，《南京大学学报》2007 年第 3 期。
② 《马克思恩格斯文集》第 1 卷，人民出版社 2009 年版，第 590 页。
③ 《马克思恩格斯文集》第 1 卷，人民出版社 2009 年版，第 253 页。
④ 《马克思恩格斯文集》第 2 卷，人民出版社 2009 年版，第 58 页。

学尾巴上来抓一切事物"①, 实际上置现实的苦难于一边, 安于与现实的和解, 幻想安谧的和谐状态, 在想象的道德世界规划"一种新的家居经验或者说一种新的家园和经济经验"②, 最后变成"像狼的绵羊"。这样的道德形而上学只是局限于纯粹思辨的理论活动, 以自己的方式解释世界, 但对于当时的德国社会来讲, 更重要的是改造世界的革命实践, 完成革新"人类社会或社会化的人类"③ 的伟业。

其二, 更为重要的原因在于, 建立在对历史演进臆解基础上的"道德形而上学"的确具有令人心灵平静的功能, 但同时也产生了"抽象的词句填平了社会发展不平衡的历史沟壑, 思辨的铁幕遮蔽了革命意识的光焰, 语言的死灰掩灭了进步观念的火花"④ 的后果, 误导无产者"在幻象、观念、教条和臆想的存在物的枷锁下日渐委靡消沉"。⑤ 马克思认识到, 道德形而上学可以通过两条路径将现存世界合理化。一是将社会弊端归因为人的道德观念出现了问题, 所以通过改变道德观念实现人类解放。在马克思看来, 持这种观点的德国思辨哲学家们, 或有意识地或无意识地试图承认和维护不合理的社会存在, 欺骗性地掩盖或转移变革方向。二是通过在概念和观念中解决问题, 实现对不合理世界的维护。马克思、恩格斯一针见血地指出, 由于这些思辨哲学家"只是用词句来反对这些词句; 既然他们仅仅反对这个世界的词句, 那么他们就绝对不是反对现实的现存世界"。⑥ 这样只需要进行观念变革或道德变革就行了, 根本不用进行社会变革。因而, 道德形而上学像是"用思辨的蛛丝织成的、绣满华丽辞藻的花朵和浸透甜情蜜意的甘露的外衣"⑦, 不可能提出改造这个世界的合理方式, 更不可能激发人们改造世界的实际行动。

在马克思、恩格斯看来, 施蒂纳"要作为一个真正的道德学家硬把

---

① 《马克思恩格斯全集》第 3 卷, 人民出版社 1960 年版, 第 141 页。
② 〔法〕雅克·德里达:《马克思的幽灵》, 何一译, 中国人民大学出版社 1999 年版, 第238 页。
③ 《马克思恩格斯文集》第 1 卷, 人民出版社 2009 年版, 第 506 页。
④ 胡潇:《"从实践出发来解释观念"——马克思解释学思想片论》,《马克思主义研究》2006 年第 8 期。
⑤ 《马克思恩格斯文集》第 1 卷, 人民出版社 2009 年版, 第 509 页。
⑥ 《马克思恩格斯文集》第 1 卷, 人民出版社 2009 年版, 第 516 页。
⑦ 《马克思恩格斯文集》第 2 卷, 人民出版社 2009 年版, 第 60 页。

所有其他的人捆在他的普罗克拉斯提斯床上"①，用概念的自我规定超验地表述历史，结果把观念统治世界的看法直接"变成思想家对世界的统治"②。而实际上，"在思辨终止的地方，在现实生活面前，正是描述人们实践活动和实际发展过程的真正的实证科学开始的地方"③，对道德的理解必须放弃黑格尔式的范畴推演，将黑格尔的辩证法物质化，下降到道德理论产生的根源，即对象化劳动、感性劳动、革命的实践等，把道德观念的辩证理解为现实世界斗争实践的反映，"从市民社会出发阐明意识的所有各种不同的理论产物和形式，如宗教、哲学、道德等等，而且追溯它们产生的过程"④，不触动现实的道德理论永远是空洞的形而上学。正是如此，马克思、恩格斯提出"共产主义者不向人们提出道德上的要求，例如你们应该彼此互爱呀，不要做利己主义者呀等等；相反，他们清楚地知道，无论利己主义者还是自我牺牲，都是一定条件下个人自我实现的一种必要形式"。⑤ 包括道德形而上学在内的所有形而上学，以抽象的主体、自我和精神为逻辑基础，而不是以现实的具体的劳动为逻辑基础，无法真正解开社会历史之谜，实现人类的真正解放。

总之，马克思批判道德形而上学的主要原因在于它是书斋里的革命。道德形而上学把社会问题归结为道德和精神问题，去追溯"作为积极的精神的少数杰出个人与作为精神空虚的群众、作为物质的人类其余部分相对立"。⑥ 马克思从未怀疑，是现实世界使得观念有其意义，而不是如黑格尔所认为的那样，观念世界为现实世界理出意义。工人阶级所真正需要的，是对社会矛盾的科学分析。马克思通过对包括道德形而上学在内的形而上学的批判，完整地瓦解了近代形而上学的基本建制，巩固了马克思的哲学革命，开启了由之而来的历史科学纲领的建构。

三 道德意识形态批判

马克思、恩格斯在《共产党宣言》《德意志意识形态》以及马克思

---

① 《马克思恩格斯全集》第 3 卷，人民出版社 1960 年版，第 321 页。
② 《马克思恩格斯全集》第 3 卷，人民出版社 1960 年版，第 135 页。
③ 《马克思恩格斯文集》第 1 卷，人民出版社 2009 年版，第 526 页。
④ 《马克思恩格斯文集》第 1 卷，人民出版社 2009 年版，第 544 页。
⑤ 《马克思恩格斯全集》第 3 卷，人民出版社 1960 年版，第 275 页。
⑥ 《马克思恩格斯文集》第 1 卷，人民出版社 2009 年版，第 291 页。

在《哥达纲领批判》中多次把道德作为一种意识形态去批判，这一点，"分析的马克思主义"学者伍德和米勒等看得很清楚，认为马克思非常坦率地指出道德就是意识形态。其中，蒲鲁东（Proudhon）的"永恒正义"观念是马克思道德意识形态批判的典型对象。蒲鲁东提出"永恒正义"是人类社会的永恒真理，未来的完美社会应奠基于"永恒正义"之上。马克思非常反对对正义概念做抽象的理解，更拒绝所谓"永恒正义"一类的说法，因为在他看来，正义作为一种道德规范，属于一定社会结构的上层建筑，不具有独立的外观，反而会成为虚幻性和欺骗性的意识形态。马克思之所以认为"永恒正义"是一种意识形态，主要基于两点原因。一是"永恒正义"犯了认识论的颠倒性错误，"作为世俗化了的神圣性或神圣化了的世俗生活的道德被描写成精神统治世界的最高形式和最后形式"。① 二是"永恒正义"观念具有迷惑性和欺骗性，"法律、道德、宗教在他们看来全都是资产阶级偏见，隐藏在这些偏见后面的全都是资产阶级利益"。② 当然，两者之间具有相关性，颠倒道德观念与经济基础的位置之后，更易于完成思想的普遍化，"把它们描绘成唯一合乎理性的、有普遍意义的思想"③，从而达到对普通民众的迷惑与欺骗。由于马克思对"永恒正义"的批判主要集中在《哲学的贫困》中，所以本书以《哲学的贫困》为文本阐释马克思是如何在以上两个方面展开道德意识形态批判的。

客观地讲，蒲鲁东在其著作《什么是所有权》中将财产权作为一个独立问题提出，起到了划时代的作用，对马克思产生了重要影响。可惜蒲鲁东没有进步，在《贫困的哲学》中不满足于财产权本身的批判，转身追求用黑格尔"概念与历史统一"的方法"重建那个被社会弄成似乎是孤立的、互不联系和无政府的社会经济发展阶段的系列"。④ 在对黑格尔的拙劣模仿中，蒲鲁东对财产权发展进程的历史追寻，借助的却是观念的历史，因而"无法探索出历史的实在进程"。⑤ 与黑格尔一样，其

---

① 《马克思恩格斯全集》第3卷，人民出版社1960年版，第189～190页。
② 《马克思恩格斯文集》第2卷，人民出版社2009年版，第42页。
③ 《马克思恩格斯文集》第1卷，人民出版社2009年版，第552页。
④ 〔法〕蒲鲁东：《贫困的哲学》下卷，余叔通、王雪华译，商务印书馆1998年版，第806页。
⑤ 《马克思恩格斯文集》第10卷，人民出版社2009年版，第44页。

结局只能是在绝对观念的神秘怀抱中把现有体制理解为抽象永恒的范畴，遗忘了其历史性和暂时性。蒲鲁东通过付诸理性的假设和概念的自身运动去理解经济问题，带来的是对资产阶级经济关系永恒性的肯定，为了说明这种永恒性，抛出所谓的"永恒正义"，提出"正义是位居中央的支配着一切社会的明星，是政治世界绕着它旋转的中枢，是一切事务的原则和标准"。① 最终，蒲鲁东的社会主义理论演化为伦理—经济的混合，所以费尔巴哈批判蒲鲁东提出"人注定要在没有宗教的情况下生活；然而道德法则是永恒的和绝对的。今天有谁敢于攻击道德"② 是其思想逻辑发展的必然结果。蒲鲁东的社会主义思想腹背受敌，施蒂纳批判蒲鲁东没有实现伦理的彻底化，而马克思批判蒲鲁东没有将经济彻底化，缺乏对可以实践其道德法则的经济体系的思考。也就是说，蒲鲁东试图用价值理论来解决整个社会的经济问题，不论现实社会如何变化，总能适应他的价值理论。蒲鲁东甚至提出："比之上百条法律，只要有下面这一条就足够了。这个法律是怎么样的呢？那就是己不所欲勿施于人。或者己所欲施将于人。这是其法律，亦是预言者。/不过，很明显这已非一条法律，而是正义的基本方式，一切行为的准则。"③

马克思对"永恒正义"的批判，最初是由于蒲鲁东从逻辑范畴出发解释现实的真正进程，颠倒了认识论的基础。马克思在《哲学的贫困》中提出，蒲鲁东虽然肯定了劳动是财产的来源，提出废除私有制，但他唯心地将人类的活动视为包含意识、智力等因素的精神活动，把社会中人与人的关系看作人们思想之间的关系，从人的价值原则出发对资本主义社会的私有制进行批判，把人类理性确立为决定人类社会发展的最高精神。这样，在蒲鲁东那里，平等是人的天性，所以要提倡平等工资，现存的资产阶级私有制存在对平等的侵害，违背了人类天性，所以资本主义制度必定灭亡。蒲鲁东认为，理想社会应该是一个符合人的天性的社会，遵循正义和公平的人道主义原则。可见，蒲鲁东在历史以外寻求

---

① 〔法〕蒲鲁东：《什么是所有权》，孙署冰译，商务印书馆1982年版，第52页。
② 〔德〕麦克斯·施蒂纳：《唯一者及其所有物》，金海民译，商务印书馆1989年版，第50页。
③ 转引自〔日〕柄谷行人《跨越性批判——康德与马克思》，赵京华译，中央编译出版社2011年版，第132页脚注。

正义，与康德先验唯心主义一脉相通。人类社会的发展进程在蒲鲁东那里就被简单地归结为善和恶的对比，归结为消除恶的任务，人类社会的辩证发展最后被归结为最纯粹的道德。这样的观念，马克思在青年时期或许还能接受，但在马克思已经从生产力与生产关系的互动中看清了人类社会发展规律的时候，把人性论当作理论基础，只是充满激情地控诉资本主义社会是一个非人的、违背人性的社会，从而对资本主义在应当的层面展开道德诉求的观点，他是绝对不会认同的。此时的马克思特别反感这种在"文字形式表现的社会运动"中形成的对抽象平等和"永恒正义"的盲目向往。根据马克思的理解，"有血有肉的个人是我们的'人'的真正的基础，真正的出发点"①，而蒲鲁东从概念和范畴出发理解社会经济关系，最后必然走向把特殊历史形式抬高为绝对的标准，进而将资产阶级财产看作财产最卓越的范式，最终把财产权理解为慷慨、乐意与人分享等抽象德性。

随着蒲鲁东从彻底批判所有权转向部分肯定资产阶级的经济体系，进而反对任何形式的革命，否定罢工和工人联盟的有效性，甚至把共产主义界定为乌托邦，马克思惊奇地发现，在蒲鲁东那里，资本对剩余价值的占有竟然是正义的，这颇具讽刺意味。所以，马克思对"永恒正义"的批判这时也发生了转向，认为它不仅犯了认识论颠倒性的错误，还具有迷惑性和欺骗性，成为"天赋人权的真正伊甸园"②。"永恒正义"的旗帜让工人认为他们所处的地位是公平的，他们的收入是应得的，被权利和正义的意识形态废话迷住了双眼。这一点，连施蒂纳都感受到了，他在蒲鲁东构想的"自由联合"那里，闻到教会和强迫性道德的味道。这样，在默认现实关系的前提下，权益人承担返还道德之债的财产权就成为"永恒正义"，遵循回馈正义的德性，资产阶级的财产权就具有合法性，资产者和无产者之间实际上的奴役关系非常巧妙地被转换成了伦理关系，资产阶级没有交换等价物就占有无产者劳动的事实就这样被掩盖了。所以，"永恒正义"实现了历史的终结，现实的个人利益被阐释成普遍利益，而且阐释的语言"愈加虚伪、愈加道德化、愈加神圣化"，

① 《马克思恩格斯文集》第10卷，人民出版社2009年版，第25页。
② 《马克思恩格斯文集》第5卷，人民出版社2009年版，第204页。

最后下降为"唯心的词句、有意识的幻想和有目的的虚伪"。① 尽管马克思并没有把蒲鲁东看作资产阶级意识形态的代言人，但由于他把财产权带入了其逻辑局限，难免会认为资产阶级有兴趣将其特殊利益泛化为一种普遍形式，并缓和资本和劳动之间的对抗。

所以，所谓的"永恒正义"在马克思思想体系中根本不具有关键的合理效力。"与资本主义制度的欺骗性外表一道，这种正义概念使得资本主义的社会秩序能够平稳运行。"② 实际上，马克思在对"道德在阶级社会通常怎么运作，它为什么会这样运作"进行道德社会学式的思考之后，发现道德在一定的时候与法律、宗教一样，"凭借广泛而具有欺骗性的蒙蔽方式从事意识形态的工作并具备一种支持现存制度的保守功能"。③ 正是建立在"永恒正义"观念的功能性思考的基础之上，马克思认为"永恒正义"是意识形态的胡说，以伪装的方式服务于资产阶级的利益。

更为严重的是，"永恒正义"这样的类似观念"用言辞的蒙蔽来替代针对工人处境及其前景的科学分析"④，会造成无产者失去解放的意识。通过理念建构的"永恒正义"由于排除了赋予经验以内容的外部性和实践的主体性，无法在历史中实现自身，只能停留在同语反复的玄思中，指责现实的矛盾，而无所作为地沾沾自喜。在马克思看来，这是天真幼稚的，缺乏对统摄人类社会关系的动力机制的理论把握。而且"绝对真理、理性和正义在每个学派的创始人那里又是各不相同的"，必然带来思想的混乱无序，"得出一种折中的不伦不类的社会主义"⑤，这样就容易混淆工人的头脑，令他们难以获得革命意识。"永恒正义"的观念热衷于以"它应该如何存在"的方式去看待现实，认为通过诉诸人性就可以把"永恒正义"的道德劝导灌输给社会。这样，工人只需要沉溺于概念体系中研究社会规律，然后遵循社会规律就可以了，而不需要培养

---

① 《马克思恩格斯全集》第 3 卷，人民出版社 1960 年版，第 331 页。
② 〔美〕罗尔斯：《政治哲学史讲义》，杨通进等译，中国社会科学出版社 2011 年版，第 375 页。
③ 〔加拿大〕凯·尼尔森：《马克思主义与道德观念——道德、意识形态与历史唯物主义》，李义天译，人民出版社 2014 年版，第 154 页。
④ 〔加拿大〕凯·尼尔森：《马克思主义与道德观念——道德、意识形态与历史唯物主义》，李义天译，人民出版社 2014 年版，第 304 页。
⑤ 《马克思恩格斯文集》第 9 卷，人民出版社 2009 年版，第 22 页。

批判的意识和能力去反对现存世界。在马克思看来，这是极其危险的，这样会让工人阶级搞不清楚自己的利益是什么，时间久了就会钝化无产者反抗各种不人道状况的那种决心所具有的天生锋芒。

概括地讲，马克思对道德意识形态批判是因为它充当了为不道德的社会秩序谄媚的辩护士，企图用道德来为现状辩护，从而给工人阶级带来迷惑和欺骗。当然，马克思对道德意识形态的批判，既不是批判意识形态本身，也不是批判道德本身，而是批判唯心主义和旧唯物主义对意识形态和道德的理解方式。正如尼尔森理解的那样，马克思并非反对所有的道德，只是反对阶级社会代表剥削和统治阶级利益却声称代表人类普遍利益的规范体系的虚假图像和作为统治阶级意识形态的道德。

马克思对道德意识形态批判的独特之处就在于他看到了道德是反映特定阶级利益的特定意识形态。"永恒正义"把统治阶级的利益说成普遍的利益，很容易在工人中造成有害影响。通过对蒲鲁东"永恒正义"观念的批判，马克思不再单纯从道德或法学观念中引申出对未来社会的设想，而是基于人类历史发展的一般规律展开对资本主义的批判和对社会主义的阐发，"彻底明确了自己的新的历史观和经济观的基本点"①，实现了科学世界观、历史观与新政治经济学的初次结合，《哲学的贫困》也成为马克思主义政治经济学的开端之作。

四　小结

马克思之所以在其理论文本之中多次进行道德批判，根本原因在于他看到道义的谴责与批判虽然对于揭露资本主义社会的不正义性和激发人们改变社会现状的情绪具有一定作用，但是一般性的道义谴责往往是软弱无力的，如果找不到克服不人道社会现状的现实途径，找不到推翻资本主义社会的有效方式，根本不可能彻底改变工人阶级的悲惨处境与屈辱地位。

马克思尽管对资本主义社会多次进行严厉的道德谴责和正义批判，但他非常反对依靠道德论证改变世界，以及对世界的变迁方式抱以简单的道德理想主义。马克思尤其强调在资产阶级占主导地位的社会里要保

---

① 《马克思恩格斯全集》第21卷，人民出版社1965年版，第205页。

持对道德的警觉，道德作为一种意识形态，不可避免地具有阶级性、依附性和脆弱性，它往往会被伪装成迷惑性的超阶级话语。正如法国学者塞伏指出的那样，在马克思那里"道德理想绝不是有着超验根源的一种法典，不是生活以外的一种规则，不是一种先验的价值论，它永远不过是现实的一种反映，物质条件在观念上的表现而已"。① 由于马克思的旨趣在于解放全人类，而且认为人类的解放必须依赖于无产阶级的觉醒，所以马克思对道德说教、道德形而上学和道德意识形态的批判都指向了这样一个根本性问题：革命的发生和发展不依赖于人的道德，更应关注道德产生的实践基础。

但是，马克思并没有一般性地反对道德，我们不能将马克思对道德说教、道德形而上学和道德意识形态的批判曲解为对所有道德的拒斥。实际上，马克思的思想体系中内蕴深厚的道德实践品质、道德批判意蕴和终极关怀诉求，他不仅强调真理的力量，同时也强调道义的力量，对无产阶级抱有道德深情，只不过马克思主张道义性要以科学理论为基础，在唯物主义的框架内理解道德，把道德奠基于"现实的东西"之上，重视道德产生的社会经济基础，深入强大的经济事实和鲜活的生产活动中批判"不道德的社会根源"，探寻真实的道德理解方式，在实践活动的解释视野中彰显道德的意义。我们也必须清醒地认识到，由于马克思的道德批判主要是在同形形色色的社会主义思潮的辩驳和论争中完成的，其观点大都是在特定背景下的特殊阐释，批判性表述方式是马克思道德理论的重要特点，因而不能随意发挥和无限抽象其特殊含义，否则就会曲解其原意。

第二节　马克思正义批判的思想逻辑

一　问题的提出

诚如本书导言所言，塔克尔在 20 世纪 60 年代撰文指出"马克思主义创始人的主要激情并非对正义的激情，他们对资本主义的谴责也不是

---

① 〔法〕塞伏：《马克思主义责任观》，载商务印书馆编辑部编《人道主义、人性论研究资料》第 3 辑，丁象恭等译，商务印书馆 1963 年版，第 114 页。

出于对非正义的抗议，他们也没有把未来的共产主义社会展望成正义的王国"。① 伍德后来发表《马克思对正义的批判》一文支持塔克尔的观点，认为马克思"不仅根本没有打算论证资本主义的不正义，甚至没有明确声称资本主义是不正义或不平等的"。② 布坎南把塔克尔和伍德在马克思正义问题上的一致观点即马克思反对正义命名为"塔克尔—伍德命题"。后来，佩弗进一步把认为马克思并未以不正义来谴责资本主义或以正义来赞扬社会主义的总体观点称为"塔克尔—伍德命题"。"塔克尔—伍德命题"提出的结论是以下面两个观点为基础的。

①正义是一种意识形态的法权概念。正义概念只是"从法权观点出发，对社会事实的合理性采取的最高表述"。③

②正义概念不是一个规范性概念，而是一个描述性或经验性的概念。

换句话说，"塔克尔—伍德命题"关于"马克思没有把资本主义谴责为不正义的"结论是以马克思谴责资本主义时并没有依据正义的价值观为前提推导出来的，所以，马克思是否用正义谴责资本主义才是认识马克思的正义观念乃至道德理论特性的关键性问题，也是回应马克思没有把资本主义谴责为不正义的这一问题的前提。因而，对于马克思是否用正义谴责资本主义这一问题不容忽略，需要重新审视。需要强调的是，马克思是否谴责资本主义并不是要讨论的关键问题，这在关于马克思是否谴责资本主义是非正义的争论的双方阵营中已经达成了共识，而焦点在于，马克思虽然谴责了资本主义，但是否运用的是正义这一价值规范。而如果否定马克思是用正义谴责资本主义，就意味着认为马克思没有正义理论。

而"塔克尔—伍德命题"认为马克思反对用正义谴责资本主义或者说马克思没有正义理论的依据主要有三个方面。

第一，马克思多次批判蒲鲁东和拉萨尔等"社会主义思想家"，反对他们对"正义"的一般看法——正义是所有社会制度的首要美德，而

① Robert Tucker, *The Marxian Revolutionary Idea* (New York: Norton, 1969), p. 37.
② 〔美〕伍德：《马克思对正义的批判》，林进平译，载李惠斌、李义天编《马克思与正义理论》，中国人民大学出版社2010年版，第3页。
③ Allen Wood, "The Marxian Critique of Justice," *Philosophy & Public Affairs*, 1972, 1 (3): 254.

不正义是对社会制度最严重的指控。塔克尔由此得出结论"劳动所得的公平分配并不是马克思的道德目的。分配正义的理想在马克思的精神世界里完全是一个陌生的东西"[1]，马克思谴责资本主义不是根据正义标准，最经常被提到的是自由、自我实现、福利和社会。[2]

第二，正义作为一种道德规范，属于一定社会结构的上层建筑，并不具有独立的外观，当然不会成为马克思谴责资本主义的标准。

第三，马克思担心把人们的注意力指向含混而抽象的正义理念，导致远离具体的革命目标。正义并不是人类生活所固有的，如果宣扬"永恒正义"就会带来现有社会秩序永恒化的意识形态幻觉，从而造成阶级妥协、延迟革命性变革。这点从马克思对"永恒正义"的多次批判中就可以看出。有些学者认为，马克思强调以正义展开的道德说教不但对唤醒无产阶级的阶级意识是无效的，反而会造成无产者的自我欺骗，使其丧失斗志。如果把正义抬高到历史进步的决定性力量的高度，带来的不是抬高人们对正义的尊崇与敬畏，而是对正义的毁灭。

应该说，"塔克尔—伍德命题"列举的三点主要论据大致是正确的，基本把握了马克思关于正义问题的主要思路，意识到了正义在马克思那里是一个受批判的概念，马克思不是从正义角度批判资本的。[3] 如果执着于马克思的具体言论，"塔克尔—伍德命题"并没有太大问题，但是"塔克尔—伍德命题"走向了极端，马克思虽然批判正义，但对正义并没有采取虚无主义的态度，我们不能从马克思把正义看作一个法权概念，就得出他没有坚守实质性的正义原则这样的结论。"塔克尔—伍德命题"从大致正确的论据出发，却得出了一个错误的结论。一个要把资本主义推进历史旋涡中淹没的批判家，怎能为资本主义设计正义的方案？在马克思那里，不是正义的缺席，而是正义的批判性构建。他对资本主义的正义批判，恰恰揭示了未来正义社会的历史根基。[4] 所以，对于马克思

---

[1] Robert Tucker, *Philosophy and Myth in Karl Marx* (Cambridge: Cambridge University Press, 1969), p. 19.

[2] Robert Tucker, *The Marxian Revolutionary Idea* (New York: Norton, 1969), p. 50.

[3] 冯颜利：《基于生产方式批判的马克思正义思想》，《中国社会科学》2017 年第 9 期。

[4] 徐斌、巩永丹：《从马克思的正义批判看资本主义的二重性——基于对"塔克尔—伍德命题"的反思》，《现代哲学》2017 年第 1 期。

有无正义理论的问题，我们只需要透彻理解马克思为何批判正义，批判了什么样的正义论。正是基于这样的逻辑思路，本书拟从三个角度阐释马克思对正义的批判——一是对应得正义论的批判，二是对权利正义论的批判，三是对市民社会正义论的批判，并以此为思路重新审视"塔克尔—伍德命题"。需要说明的是，应得正义论、权利正义论和市民社会正义论并不是三种类型或派别的正义理论，而是对马克思所给予批判的正义理论从不同视角进行的审视。通过分析马克思从不同视角展开的对当时流行的正义理论的批判，我们就会比较清醒地认识到马克思不仅没有缺席对资本主义社会的正义性批判，反而建构了批判性、实践性和革命性的正义理论。

二　应得正义论批判

正义是个古老的概念，自柏拉图到罗尔斯，正义都是指给人以应得之物，或根据应得原则对善品进行公平分配，应得成为正义的基本含义，应得者没有得到应得之物，或不应得者得到不应得之物，都是非正义的。有学者把这种以应得为基本内涵的正义理论称为应得正义论。① 历史上正义论的分歧实际上就是"怎么才算应得"的分歧。亚里士多德强调应得与德性或功绩相关，一个人只有具备与功绩相匹配的德性，才能称得上他的应得。他认为"政治权利的分配必须以人们对于构成城邦各要素的贡献的大小为依据。所以，只有人们的具有门望（优良血统）、自由身份或财富，才可以作为要求官职和荣誉（名位）的理由"。② 古代的"应得"概念更接近英文"merit"，就是因为"merit"在词义学上更接近拉丁语"axia"（道德所得），所以古代以"德性"为应得标准分配"善品"非常广泛，包括权利、荣誉、职位、财富等内容。启蒙运动之后，随着人权斗争的展开，西方社会对"人"的理解较传统有了较大改变，也带来了应得观念的转变。一是应得由德性和功绩标准转向人之为人的标准，即只要是社会成员的理性个体，都应获得自由权、私有财产所有权等基本权利；二是善品的分配从权利、荣誉、职位、财富等内容转向

---

① 王新生：《马克思正义理论的四重辩护》，《中国社会科学》2014 年第 4 期。
② 〔古希腊〕亚里士多德：《政治学》，吴寿彭译，商务印书馆 1965 年版，第 46 页。

政治权利，即人人享有平等的政治权利成为现代社会的普遍观念和政治制度的基本法则。可以说，启蒙时代以后，建立在人人生而平等的抽象人性论的基础之上，确立了每个人都有平等的政治权利的应得观，扩展了自柏拉图以来将政治权利仅限于一部分人的应得范围，实现了人类的政治解放。

但柏拉图以降，应得正义观一直是以私有财产制度为前提对社会的公平分配进行设计的，它要说明的只是在私有财产不平等的前提下为什么不平等的分配是公平的。① 布莱恩·巴里的评价可谓一针见血："在柏拉图的时候，如同我们的时代一样，任何正义理论的核心问题都是对于人与人之间不平等关系的辩护。"② 同样，启蒙时代的"应得正义观"只是局限于政治权利的分配，对于私有制本身是否正义的问题避而不谈，或者根本不是其议题。由于马克思明确提出"共产党人可以把自己的理论概括为一句话：消灭私有制"③，所以，以抽象平等理念和人性论为基础，以私有制为前提的应得正义观，是难以获得马克思的认同的，相反，马克思对以私有制为前提的正义观念是持批判态度的。

马克思很清楚，虽然应得正义观声称提供了客观原则，具有普遍的效力，服务于社会全体成员的利益，但是应得正义观存在内在悖论，即它只是观照了政治权利上的平等，却忽略更为关键的、基础性的经济上的平等；它只是重视形式上的平等，却对实质上的不平等视而不见，最终只能是平等商品交换的正义假象，具有欺骗性和虚幻性。阿隆（Raymond Aron）看得很清楚，他说"在政治上或形式上的平等和社会地位上不平等之间形成的这个矛盾是马克思考虑问题的出发点"。④ 伍德也认为，"根据马克思和恩格斯的观点，从根本上讲，'正义'乃是一个法权概念或法定概念，是一个与法律和依法享有的权利相联系的概念"。⑤ 的确，马克思把"应得正义"看作法权性概念，认为"宗教、家庭、国

___

① 王新生：《马克思正义理论的四重辩护》，《中国社会科学》2014 年第 4 期。
② 〔英〕布莱恩·巴里：《正义诸理论》，孙晓春、曹海军译，吉林人民出版社 2004 年版，第 3 页。
③ 《马克思恩格斯文集》第 2 卷，人民出版社 2009 年版，第 45 页。
④ 〔法〕阿隆：《阶级斗争：工业社会新讲》，周以光译，译林出版社 2003 年版，第 10 页。
⑤ 〔美〕伍德：《马克思对正义的批判》，林进平译，载李惠斌、李义天编《马克思与正义理论》，中国人民大学出版社 2010 年版，第 4 页。

家、法、道德、科学、艺术等等，都不过是生产的一些特殊的方式，并且受生产的普遍规律的支配"①，"道德、宗教、形而上学和其他意识形态，以及与它们相适应的意识形式便不再保留独立性的外观了……不是意识决定生活，而是生活决定意识"②，马克思提出应从市民社会，从生产方式中寻找应得正义的基础。遗憾的是，在现实中不少人由于把应得正义看作"国家颁布的法律，或是通过明智的政府调控公民行为而进行的娴熟运作"③，并没有看到应得正义所依赖的现实基础，导致应得正义论一方面被神秘化，被当作一套独立评价社会关系的合理标准；另一方面被神圣化，被理解为一套客观规则，一套规划某种社会的天然合理方式。由于应得正义论并不具有独立性和客观性，马克思担忧应得正义论有可能成为意识形态观念，从而具有阶级性、依附性和脆弱性。

应该说，"塔克尔—伍德命题"看到了马克思的担忧。伍德提出："假定马克思对资本主义的批判必然会植根于某种特定的道德理想或社会原则，这是不对的。"④ 只不过，某种特定的道德理想或社会原则是特指应得正义，而不是一般性正义。马克思在经典著作中的确批评了正义，但马克思批判的是应得正义观，对应得正义理论的前提进行了彻底颠覆和翻转。在这种情况下，如果还像"塔克尔—伍德命题"那样用说明一般正义理论的方式对马克思的正义理论加以阐释，自然容易得出马克思没有正义理论的结论。通过马克思对应得正义理论的批判，我们能够感觉到马克思要建构的正义理论与应得正义理论具有完全不同的前提。应得正义论以抽象平等理念和人性论为基础，以私有制为前提，认为私有者拥有私有财产是合乎正义的，私有财产是私有者的应得。这一点，马克思说得很清楚："国民经济学从私有财产的事实出发。它没有给我们说明这个事实。它把私有财产在现实中所经历的物质过程，放进一般的、抽象的公式，然后把这些公式当做规律。它不理解这些规律，就是说，

---

① 《马克思恩格斯文集》第 1 卷，人民出版社 2009 年版，第 186 页。
② 《马克思恩格斯文集》第 1 卷，人民出版社 2009 年版，第 525 页。
③ 〔美〕伍德：《马克思对正义的批判》，林进平译，载李惠斌、李义天编《马克思与正义理论》，中国人民大学出版社 2010 年版，第 5 页。
④ 〔美〕伍德：《马克思对正义的批判》，林进平译，载李惠斌、李义天编《马克思与正义理论》，中国人民大学出版社 2010 年版，第 37 页。

它没有指明这些规律是怎样从私有财产的本质中产生出来的。"① 马克思认为，资本主义不正义的根源恰恰来自私有财产制度，私有者与私有财产之间并不存在天然合理的应得关系，其正义基础并不像当时的一些思想家认为的那样牢靠。基于此，马克思通过提出"共产党人可以把自己的理论概括为一句话：消灭私有制"②，通过否定私有制和私有财产，颠覆了应得正义理论的立论前提，也就从根本上否定了私有者与私有财产之间的应得关系的正义性。③

因而，对应得正义理论的批判，是马克思建构其正义理论的前提。应该说，马克思正是从应得正义理论的内在矛盾和悖论这一逻辑起点出发，揭示资本主义本身的矛盾，说明资本主义的非正义性，开启其正义理论的。选择一种起点或入口进入正义的讨论，是各种正义理论建构的通常做法，柏拉图选择了"各安其位"、洛克选择了"权利平等"、罗尔斯选择了"无知之幕"，而马克思则选择了解构永恒私有制。马克思在其建构正义理论的入口处就对传统正义观进行了翻转，把对私有财产本身正义性的考察作为主要问题。可以说，马克思对"应得正义观"的批判，不是直接的理论批判，而是一种制度批判，旨在阐明资本主义剥削制度的本质，因而传统正义理念所谈及的问题，似乎在马克思那里都找不到表述，但如果我们理解了马克思正义理论的特殊入口，就不会认为马克思反对以正义谴责资本主义。

从这个意义上讲，伍德提出的"那些试图从马克思对资本主义的诸多谴责中重构'马克思正义理念'的人，顶多只是把马克思对资本主义的批判，转换成被马克思本人一贯视为虚假的、意识形态的或'神秘的'形式"④，并不是一个合理的结论。马克思经常用一种讽刺的语气揭示传统应得正义观的规范功能和标准化含义，并对之做出"内在的"和"内涵的"批判，是因为马克思并不赞同应得正义观这种道德理想或社会原则，他渴望超越这种正义理念，创造出具有实质意义的正义理论。

---

① 《马克思恩格斯文集》第 1 卷，人民出版社 2009 年版，第 155 页。
② 《马克思恩格斯文集》第 2 卷，人民出版社 2009 年版，第 45 页。
③ 王新生：《马克思正义理论的四重辩护》，《中国社会科学》2014 年第 4 期。
④ 〔美〕伍德：《马克思对正义的批判》，林进平译，载李惠斌、义天编《马克思与正义理论》，中国人民大学出版社 2010 年版，第 29 页。

三　权利正义论批判

权利一直都是西方自由主义理论的核心概念之一，也是近代以来西方规范性政治哲学的一个重要理论前提和具有轴心意义的范畴。不仅如此，权利既被认为是现代社会正义观念的必然结果，也被认为是社会正义的判断标准。前者像佩弗认为的那样，"社会正义原则将产生权利，因为它们将具体规定所提出的哪一种主张是有效的，并且因此规定我们拥有什么权利，即我们应当授权追求、或自由地追求什么行动和利益、或在此追求过程中享有获得帮助的权利"。① 对于后者，近代以来更成为人们的普遍观念，不少人认为自由、平等和所有权是法律规定的基本政治权利，所有人都平等地享有这些权利，资本家和工人之间缔结的劳动契约是建立在平等权利的基础之上的，因此签订契约的工人获得了应得的工资，资本家得到了其应得的利润，因而这一切都是正义的。在这样的背景下，是否拥有权利思想是西方学者判断一个理论家是否进入正义领域的一个重要标准，也被西方学者认为是检验政治合法性的当然前提。本书把以权利范畴为轴心的正义理论称为权利正义论。

"权利正义论"孕育于文艺复兴时期，最终形成于18世纪启蒙运动和法国大革命时期。从理论形态来看，权利正义论的历史形成主要由洛克和康德完成，除此之外，孟德斯鸠、卢梭等也对此产生过较大影响。概括地说，洛克的权利正义观建构是从自然状态—自然法—自然权利的理论逻辑中展开的。在洛克看来，人人平等、自由和平的美好图景是人的自然状态，"人们既然都是平等和独立的，任何人就不得侵害他人的生命、健康、自由和财产"②，所以生命、自由和财产是应该受到自然法保护的，是神圣不可剥夺的。那么，怎么才能实现权利正义呢？洛克为此提出了社会契约论，他认为自然状态缺乏评判正义的标准，很难保证公平和正义，所以人们需要联合起来，签订契约组建政府来保护他们的生命、自由和财产。这样，政府的存在"只是为了人民的和平、安全和公

---

① 〔美〕佩弗：《马克思主义、道德与社会正义》，吕梁山等译，高等教育出版社2010年版，第389页。
② 〔英〕洛克：《政府论》下篇，叶启芳、瞿菊农译，商务印书馆1997年版，第6页。

众福利"。① 至此，洛克从政治哲学的维度完成了权利正义论的建构，为后来正义问题的讨论设定了基本理论框架。应该说，相对于以义务和服从为核心的正义理论，权利正义论具有一定的历史进步性，它把正义的视角由社会秩序转向了个人权利，对此施特劳斯给予了高度评价："洛克的财产学说以及他整个的政治哲学，不仅就《圣经》传统而言，而且就哲学传统而言都是革命性的。通过将重心由自然义务或责任转移到自然权利，个人、自我成了道德世界的中心和源泉，因为人——不同于人的目的——成为了那一中心和源泉。"②

在洛克的基础上，康德站在欧洲启蒙运动和法国大革命的潮流中，从理性原则出发，从道德哲学的维度论证了权利正义的道德合法性根源，提出道德在于不是把人当作手段，而是当作目的。与洛克略微不同的是，他对人的权利持一种神圣的先验性的态度，认为正义原则与道德原则一样是一种客观的、纯粹的理性原则，它脱离了人的一切目的和特殊需求而存在，值得拥有尊严和尊重。因此，个人的权利不仅是天赋的，更在于人的内在尊严和个人价值的诉求，一切价值的终极含义是满足和实现人的个性。这样，权利的合法性来源就由洛克的自然权利说过渡到人的道德的内在性，赋予了权利正义观鲜明的人本主义色彩和坚实的道德底蕴。

综上可见，洛克用天赋人权的命题论证了个人权利在正义中的神圣性，康德则立足于道德哲学，为权利正义提供了道德形而上基础。而不论是洛克还是康德，在他们看来权利和自由就体现在每个人的资质、禀赋、抱负、贡献等具体要素当中，完全遵照这些要素来分配社会基本善品，无异于让权利和自由成为社会分配的唯一有效准则和指令。所以，平等是一个正义社会的本质特征，正义的真正内涵应是根据人们的资质、禀赋、抱负、贡献等平等分配自由、机会、荣誉、权利及财富等基本善品，个人的权利和自由是正义的支撑和基石。这样，权利正义渐次居于西方正义谱系的核心地位，牢牢地掌控着正义话语权。

---

① 〔英〕洛克：《政府论》下篇，叶启芳、瞿菊农译，商务印书馆1997年版，第80页。
② 〔美〕施特劳斯：《自然权利与历史》，彭刚译，生活·读书·新知三联书店2003年版，第253页。

　　洛克和康德自然也影响到了青年马克思，他早期对资本主义的批判多以对权利平等的分析为主，强调人的自我意识，主张权利平等的天然合理性等，显然继承了洛克、康德等的权利正义论。但成熟时期的马克思，摒弃了这种正义理论，并多次批判这种正义理论，将平等的权利作为意识形态的呓语来加以反对。如马克思在《哥达纲领批判》里提出：

　　　　这个平等的权利总还是被限制在一个资产阶级的框框里。生产者的权利是同他们提供的劳动成比例的；平等就在于以同一尺度——劳动——来计量。但是，一个人在体力或智力上胜过另一个人，因此在同一时间内提供较多的劳动，或者能够劳动较长的时间；而劳动，要当做尺度来用，就必须按照它的时间或强度来确定，不然它就不成其为尺度了。这种平等的权利，对不同等的劳动来说是不平等的权利。它不承认任何阶级差别，因为每个人都像其他人一样只是劳动者；但是它默认，劳动者的不同等的个人天赋，从而不同等的工作能力，是天然特权。所以就它的内容来讲，它像一切权利一样是一种不平等的权利。权利，就它的本性来讲，只在于使用同一尺度；但是不同等的个人（而如果他们不是不同等的，他们就不成其为不同的个人）要用同一尺度去计量，就只有从同一个角度去看待他们，从一个特定的方面去对待他们，例如在现在所讲的这个场合，把他们只当做劳动者，再不把他们看做别的什么，把其他一切都撇开了。其次，一个劳动者已经结婚，另一个则没有；一个劳动者的子女较多，另一个的子女较少，如此等等。因此，在提供的劳动相同，从而由社会消费基金中分得的份额相同的条件下，某一个人事实上所得到的比另一个人多些，也就比另一个人富些，如此等等。要避免所有这些弊病，权利就不应当是平等的，而应当是不平等的。①

　　显然，马克思在这里批评"权利正义论"是基于这样的理由：人们因为在禀赋、家庭等自然性和社会性因素上存在巨大差异，所以平等的

① 《马克思恩格斯文集》第3卷，人民出版社2009年版，第435页。

权利这个前提所导致的恰恰是不平等的结果，在此意义上，平等的权利说到底是不平等的权利。而在马克思看来，由偶然的天赋和负担的不同所导致的，进而言之，由非选择的偶然因素所导致的人们实际所得的不平等是不正义的。实际上，权利正义论毫不隐瞒地认为一种平等权利，也容许了一种分配结果不平等的存在，甚至于这种分配结果的不平等就是其题中应有之义。例如洛克在《政府论》中就认为："所有的人生来都是平等的，却不能认为我所说的包括所有的各种各样的平等。年龄或德性可以给一些人以正当的优先地位。高超的才能和特长可以使另一些人位于一般水平之上。出生可以使一些人，关系或利益使另一些人，尊敬那些由于自然、恩义或其他方面的原因应予尊敬的人们。"① 但在马克思看来，权利正义论有两个"缺点、欠缺或不足"：一是它默认了因劳动者个人天赋不同导致的所得不平等，二是它使劳动者个人因家庭负担不同而实际所得不平等。所以，马克思意识到针对平等的物品和权利的普遍要求是错误的观念，并不适合"充当用于判定社会安排的主要标准"②，虽然这是一种不同于"剥削是不正义的分配"的正义要求，也与马克思对应得正义论的批判不同，但马克思显然认为权利正义论并没有区分由偶然的天赋和负担的不同所导致的、由非选择的偶然因素所导致的人们实际所得的不平等这个问题，而这种不平等则是非正义的。

马克思认为，权利正义论之所以带来的是"结果的不平等"，原因在于权利正义论是建立在抽象的理念之上的，其实质是以诸如"平等是人的一种道德权利"，"每一位公民在政治上都是平等的"这样的理念世界的普遍原理来反观、规约和审察现存世界的。如"在康德看来，通过一种理性——自由的同一性语言就可以重新找到人类团结一致的形而上学基础，认清一个完美人类的社会的结构和必然性，从而使尘世向天国的上升成为可以期待的"。③ 这样，权利正义论实质就成为由自由、主体、精神、概念等范畴组成的结构，这一系列概念都源于理念，缺乏"现实的困境"的实践基础，因而"平等的权利"容易变成意识形态的

---

① 〔英〕洛克：《政府论》下篇，叶启芳、瞿菊农译，商务印书馆1997年版，第34页。
② 〔加拿大〕凯·尼尔森：《马克思主义与道德观念——道德、意识形态与历史唯物主义》，李义天译，人民出版社2014年版，第240页。
③ 张盾、田冠浩：《黑格尔与马克思政治哲学六论》，学习出版社2014年版，第162页。

呓语。在马克思看来，正义、人道、自由、平等、博爱、独立等"在历史和政治问题上却什么也证明不了"①，根本在于基于权利正义的抽象理念根本不关注这样一个问题：凭借权利和自由的价值而得到合法性证明的平等权利，是否包裹了某些压迫性的、不应得的、不平等的因素。马克思通过经济活动的检视与审理，认为权利平等虽然在市民社会中完成了政治解放，但又以更加隐秘的方式制造了新的社会压迫，资质、禀赋、抱负、贡献等参与分配的正义条件，是在新的社会压迫的统摄之下发生作用的。诸如当时流行的观念认为，工人拥有对自己劳动力这种特殊商品的所有权，成为法律上具有权利和自由的人，在市场中遵从所有权规律和等价交换规律获得工资，实现了与资本家的权利平等。然而，在马克思看来，工人与资本家之间的"权利正义"是虚幻的，因为他们之间的交换关系遵循的不是所有权规律和等价交换规律，而是资本主义占有规律，即"所有权对于资本家来说，表现为占有他人无酬劳动或它的产品的权利，而对于工人来说，则表现为不能占有自己的产品"②。资本主义占有规律实际上是给权利正义增加了一个压迫性的前提。如果在权利关系中存在压迫性因素，就注定不会达及平等的权利，按照权利平等完成的分配，不可能是真正的正义分配，最多是形式的正义分配。

应该说，能够看到权利平等掩盖下可能出现的不正义，其思考的深邃性远远超越了当时流行的正义观，所以马克思在致恩格斯的信中，表达出在《国际工人协会共同章程》中采纳义务和权利这两个词，以及真理、道德和正义等词的"策略性"和"不得已而为之"的苦恼："不过我必须在章程导言中采纳'义务'和'权利'这两个词，以及'真理、道德和正义'等词，但是，对这些字眼已经妥为安排，使它们不可能造成伤害"，因为"要把我们的观点用目前水平的工人运动所能接受的形式表达出来，那是很困难的事情"③。

马克思在这里已经清楚地揭示出，在权利正义中为什么存在不应得的压迫性因素并由此走向应得和平等的反面，我们可以看到马克思的以上分析与《1844 年经济学哲学手稿》时期已经有很大不同，当时的马克

---

① 《马克思恩格斯全集》第 6 卷，人民出版社 1961 年版，第 325 页。
② 《马克思恩格斯文集》第 5 卷，人民出版社 2009 年版，第 674 页。
③ 《马克思恩格斯文集》第 10 卷，人民出版社 2009 年版，第 215～216 页。

思还是用权利正义的预设、前提和旨归，来说明应得权利之不应得和不平等的问题。直截了当地说，根据马克思的分析，正是因为工人作为法律上的自由人拥有对自己劳动力应得的所有权，才会发生其与资本家之间以剩余价值的生产为实质的雇佣劳动关系；而也正是因为这种雇佣劳动关系的发生，应得权利才在资本统治中成为一种无论对工人阶级还是对资本家来说都不应得的权利。而要超越权利正义论，在马克思看来，则需要对权利正义论做出重要改造：强调所有人都拥有平等获得和使用社会生产资料的权利。马克思认为，由于特定的生产方式分配的基础是它的生产关系，所以马克思从来没有提出仅仅通过政治权利改革分配就能消除工人受剥削的情况，而是提出"分配的结构完全决定于生产的结构。分配本身是生产的产物，不仅就对象说是如此，而且就形式说也是如此。就对象说，能分配的只是生产的结果，就形式说，参与生产的一定方式决定分配的特殊形式，决定参与分配的形式"，而"在所谓分配问题上大做文章并把重点放在它上面，那也是根本错误的"。① 在这点上，塔克尔的理解是对的，他认为马克思多次强调，简单地改良工资水平根本无法消灭剥削②，剥削产生的根源在于生产资料的阶级垄断。

当然，马克思对权利正义论并不是无条件地批判，而是认为"权利决不能超出社会的经济结构以及由经济结构制约的社会的文化发展"。③权利正义在一定时期具有革命作用，所以马克思认为权利在"今天在差不多所有国家的社会主义运动中仍然起着巨大的鼓动作用"④，例如"共产主义社会第一阶段"基于权利的"按劳分配"原则虽然有许多弊病，但在"共产主义社会第一阶段"仍然应当发挥其历史作用。他说："这些弊病，在经过长久阵痛刚刚从资本主义社会产生出来的共产主义社会第一阶段，是不可避免的。"⑤ 应该说，马克思对权利正义论是持一种辩证的态度的，认为：

---

① 《马克思恩格斯文集》第 3 卷，人民出版社 2009 年版，第 436 页。
② Robert Tucker, *The Marxian Revolutionary Idea* (New York: Norton, 1969), p. 50.
③ 《马克思恩格斯文集》第 3 卷，人民出版社 2009 年版，第 435 页。
④ 《马克思恩格斯文集》第 9 卷，人民出版社 2009 年版，第 108 页。
⑤ 《马克思恩格斯文集》第 3 卷，人民出版社 2009 年版，第 435 页。

无产阶级所提出的平等要求有双重意义。或者它是对明显的社会不平等，对富人和穷人之间、主人和奴隶之间、骄奢淫逸者和饥饿者之间的对立的自发反应——特别是在初期，例如在农民战争中，情况就是这样；它作为这种自发反应，只是革命本能的表现，它在这里，而且仅仅在这里找到自己被提出的理由。或者它是从对资产阶级平等要求的反应中产生的，它从这种平等要求中吸取了或多或少正当的、可以进一步发展的要求，成了用资本家本身的主张发动工人起来反对资本家的鼓动手段；在这种情况下，它是和资产阶级平等本身共存亡的。①

马克思也认识到了，在一定的社会阶段，权利正义在一定程度上的结果不平等也需要接受，这是历史进程中的无奈选择。

我们不能因为马克思对"权利正义论"的批判而推出马克思没有正义理论，实际上马克思并不一概拒斥、批判无产阶级的平等权利要求，他之所以反对以个人权利为基础的权利正义论，并不是因为人们不应当或者不值得获得这些权利，而是因为在现有的制度下无法获得它们。实际上，从逻辑上讲，马克思对权利正义论的批判恰恰反映了在马克思那里具有一个关于权利的正义准则，"因为只有当我们拥有一个用以判断人们拥有什么权利是正义的原则时，我们才能够说剥夺这些权利是不正义的。马克思的全部经济学说都是在揭露资本家对工人的剥削。如果马克思认为现实的权利不值得拥有，或者拥有这些权利与正义无关，他就不可能主张剥夺工人的这些权利是不正当的，不可能认为争取这些权利是正当的"。② 更合乎逻辑的结论应是：马克思并没有反对正义，而是尽可能地将其引导到历史唯物主义的方向，达到消灭阶级的目标，使真实的正义能够落实。在这个意义上，马克思提出"无产阶级平等要求的实际内容都是消灭阶级的要求。任何超出这个范围的平等要求，都必然要流于荒谬"。③

---

① 《马克思恩格斯文集》第 9 卷，人民出版社 2009 年版，第 112～113 页。
② 王新生：《马克思正义理论的四重辩护》，《中国社会科学》2014 年第 4 期。
③ 《马克思恩格斯文集》第 9 卷，人民出版社 2009 年版，第 113 页。

四 市民社会正义论批判

马克思在《关于费尔巴哈的提纲》第十条提出："旧唯物主义的立脚点是市民社会；新唯物主义的立脚点则是人类社会或社会化的人类。"① 对于这句话，学界大都是从"两种哲学观"的区分进行阐释和思考的。实际上，马克思在此也区分了两种不同类型的社会概念："市民社会"和"人类社会"。而"市民社会"和"人类社会"是我们理解马克思为什么批判正义以及马克思的正义理论的重要视角，包含着马克思考虑正义问题的基本逻辑。

在马克思那里，"市民社会"是一个什么样的社会？对于这个问题，《关于费尔巴哈的提纲》并没有展开解释，但我们可以回溯到一年之前的《1844年经济学哲学手稿》来理解，在此马克思指出：

> 在国民经济学家看来，社会是市民社会，在这里任何个人都是各种需要的整体，并且［XXXV］就人人互为手段而言，个人只为别人而存在，别人也只为他而存在。正像政治家议论人权时那样，国民经济学家把一切都归结为人，即归结为个人，从个人那里他抽去一切规定性，把个人确定为资本家或工人。②

而黑格尔看来，所谓的市民社会，就是指单个社会成员的联合体，这个联合体是通过成员的相互需要，通过保障成员的人身和财产权利的法律制度，通过维护他们的特殊利益和公共利益的外部秩序而建立起来的，与政治国家相区分的独立领域。③ 由此，可以看出市民社会的基本轮廓。

一是一种需要的体系。需要的体系是黑格尔给市民社会的定位，马克思基本认同这一观点。黑格尔认为，需要—劳动—享受或需要的满足是市民社会辩证法的逻辑底蕴，在这样一种社会模型中，每一个人都通过市场化的交换获得自己需要的满足，也通过满足他人的需要而满足自

---

① 《马克思恩格斯文集》第1卷，人民出版社2009年版，第506页。
② 《马克思恩格斯文集》第1卷，人民出版社2009年版，第236页。
③ 王新生：《现代市民社会概念的形成》，《南开学报》2000年第3期。

己的需要。但不同的是，马克思并不认同黑格尔对需要的体系的评价，即在这种相互满足对方需要的联系中，每一个人都各安其位，社会就会和谐运转，正义于是便自动实现。

二是一种人人互为手段的社会。由于市民社会是以私有制为前提的自由市场社会，所以"在市民社会中，每个人都以自身为目的，其他一切在他看来都是虚无。但是，如果他不同他人发生关系，他就不能达到他的全部目的，因此，其他人便成为特殊的人达到目的的手段。但是，特殊目的通过同他人的关系就取得了普遍的形式，并且在满足他人福利的同时，满足了自己"。① 市民社会中的个体虽然具有独立性，却是以自身为目的，追求自身的特殊利益的独立个体。

三是一种历史性的社会存在。由于市民社会中人人互为手段，所以市民社会的核心矛盾就是公与私之间的深刻对立，即私人和公共之间、个人和社会之间、个人利益与公共伦理之间、个人激情与公共考虑之间的矛盾对立。对于这种矛盾，斯密认为可以通过社会的自然发展而达到自然的和谐。但马克思认为，市民社会中的内在矛盾与人类理想的道德目标之间存在极大的紧张，这种内在紧张在特定的历史条件下不可能被超越，人类理想的存在只有在人类社会中才能实现。所以，市民社会的存在具有历史性，只有在市场社会的发展中才能超越市场社会而达到人类的理想目标。

由于西方近代思想家的正义理论是建立在市民社会的基础之上的，而市民社会又被看作从人的自利本性中推导出来的天然合理的社会模型，所以对于西方近代思想家而言，以特殊私人占有制为基础，对私有财产以及其他社会善品进行公平分配也是天然合理的。但马克思的过人之处在于他看到了西方近代思想家的正义理论所依赖的社会基础本身就是需要批判的。马克思认为，建立在满足自利个人需要基础之上的市民社会，以相互满足为纽带将人们联结在共同生活之下，会造成生产活动与生产对象的分离，进而使满足需要的活动成为一种异化劳动。所以，马克思在《1844年经济学哲学手稿》中，以思辨哲学的形式还原了资产阶级的法权根基——异化劳动。在异化劳动中，"产品的最大部分属于从来不劳

---

① 〔德〕黑格尔：《法哲学原理》，范扬、张企泰译，商务印书馆1961年版，第197页。

动的人，次大部分属于几乎只是名义上劳动的人，而且劳动越艰苦和越不愉快，报酬就越少，最后，从事最劳累、最费力的体力劳动的人甚至连得到生活必需品都没有保证"。① 所以，以异化劳动为主题的社会怎么可能是一种正义和谐的社会呢？马克思在《论犹太人问题》中指出，基于市民社会和政治国家相分离的事实，市民社会的成员沦为脱离社会整体的个人，自由主义正义所推崇的自由和平等，成为孤立的、抽象的人的自由和平等。要摆脱自由主义正义的法权概念，必须克服其赖以存在的基础——人的异化和私有财产。正是在此意义上，马克思认为：

> 任何一种所谓的人权都没有超出利己的人，没有超出作为市民社会成员的人，即没有超出封闭于自身、封闭于自己的私人利益和自己的私人任意行为、脱离共同体的个体。在这些权利中，人绝对不是类存在物，相反，类生活本身，即社会，显现为诸个体的外部框架，显现为他们原有的独立性的限制。②

所以，立足于市民社会的正义理论根本无法解释人的特性以及根据人的特性所需要的社会正义，以个人权利为核心的市民社会的正义原则是利己主义的个人所奉行的正义原则，即使它获得完全的实现也不能使社会成为真正正义的社会，相反却只能成为反对真正正义的社会现实化的意识形态。马克思认为，关于正义的真实理解，必须从这种利己主义的原则下解放出来，立足于"人类社会或社会化的人类"。

应该说，马克思对市民社会正义论的批判承继了黑格尔的某些观点，例如二者都认为任何抽象的概念即便没有错误，也不能单凭其自身就成为真的，而是必须在现实世界中有一个实现其自身的过程，这样的概念才有资格被称为"理念"。在这个意义上，马克思认识到了"所有从具体的历史境域中抽象出来的、形式的正义思辨原则都是空洞和无用的……当它们被运用到具体语境时，它们就会造成歪曲和误导"。③ 但黑

---

① 《马克思恩格斯文集》第 5 卷，人民出版社 2009 年版，第 705 页。
② 《马克思恩格斯文集》第 3 卷，人民出版社 2009 年版，第 42 页。
③ 〔美〕伍德：《马克思对正义的批判》，林进平译，载李惠斌、李义天编《马克思与正义理论》，中国人民大学出版社 2010 年版，第 15 页。

格尔认为，法权可以提供一种制度化框架，使市民社会中相互破坏的力量受到限制，可是在马克思看来，支配市民社会的法权关系根源于生产关系和阶级关系。所以，马克思通过对"国民经济学"的批判开始了正义理论的建构。在马克思看来，"国民经济学"根本无法解释人的特性所需要的正义，相反却会成为资产阶级的意识形态，只有超越了市民社会，立足于"人类社会或社会化的人类"，才能真正把握正义的问题。在这个意义上，伍德认为马克思反对使用诸如平等的权利和公平的分配，并把革命实践建立在法权观念基础上企图当作意识形态的胡言乱语的理解是对的。

可见，马克思在其著作中的正义批判是站在人类社会的立足点上展开的，通过正义批判，他表达了对私有制和市民社会的否定，阐释了私有制和市民社会的反人性特性。当然，马克思有时也会立足于市民社会本身的正义原则去揭示国民经济学自身的理论矛盾，例如马克思提出：

> 法的关系正像国家的形式一样，既不能从它们本身来理解，也不能从所谓人类精神的一般发展来理解，相反，它们根源于物质的生活关系，这种物质的生活关系的总和，黑格尔按照18世纪的英国人和法国人的先例，概括为"市民社会"，而对市民社会的解剖应该到政治经济学中去寻求。①

从中我们看到的是，立足于市民社会正义论这种低位阶的正义理论，工人和无产者并没有按照应得的原则得到其应该得到的分配，因而必须由低位阶的正义理论过渡到更高位阶的正义理论。当然，与对权利正义论的态度一样，马克思是以历史主义的态度看待市民社会和市民社会正义论的，相对于封建社会，市民社会正义论具有历史进步性。

五　小结

马克思的确没有为市民社会条件下的"应得正义"和"权利正义"提供建构性理论，但不能因此认为马克思缺乏正义理论，更不能判定马

---

① 《马克思恩格斯文集》第2卷，人民出版社2009年版，第591页。

克思轻视正义原则。实际上马克思的著作充满了正义精神，对资本家掠夺工人剩余价值给予了强烈谴责，对资本主义社会中存在的财富分配极端不公平现象表现出了强烈的愤怒，正义精神甚至是马克思早期理解一切问题的基本着眼点。马克思即便没有站在市民社会的立场上为应得的正义和权利正义进行系统的辩护，也认为它们具有历史合理性。"塔克尔—伍德命题"显然是片面地理解了马克思的思想体系。我们不能将马克思对正义的批判曲解为对所有正义的拒斥，马克思对正义问题的消极性表达，原因不在于正义本身，而在于他反对资本主义正义观对正义的理解方式，反感用正义来为现状辩护的企图，担心正义可能会迷惑和欺骗工人阶级。

马克思通过对应得正义论、权利正义论和市民社会正义论的三大正义批判扭转了正义的讨论方向，原来被应得正义论、权利正义论和市民社会正义论当作不容置疑的前提的私有制、权利平等、市民社会等问题，成为马克思正义理论的核心问题和高位阶问题，而以私有制、权利平等、市民社会为基础的公平分配问题反倒变成了边缘问题和低位阶问题。所以，马克思正义理论的重要特点就是用高阶正义原则说明和批判低阶正义原则，马克思是站在人类解放的高位展开对市民社会中应得、权利等正义原则的批判的。马克思在高位阶上通过对当时流行的正义理论前提的批判，建构了全新的、具有革命性和实践性的正义理论。"塔克尔—伍德命题"之所以是错误的，根本原因在于它没有理解马克思的历史主义方法。

在"塔克尔—伍德命题"那里比较重要的分配正义问题并没有成为马克思关注的重点，也没有赢得马克思的青睐，根本原因在于马克思认为分配正义从属于生产正义，生产正义和人类正义才是应被重视的对象。在许多情况下，由于正义作为一种分配价值，没有任何合理的强制力，工人被剥削的秘密在生产领域，无产阶级状况的改变关键在于财产所有权改变，而不是分配正义，所以马克思正义理论多次反对将工人运动引向分配领域，强调不要因为关注眼前的目标而忘记了根本目标。当然，这并不表明马克思认为在现实条件下分配正义毫无意义，更不能证明马克思认为资本家剥削工人是正义的。

马克思深入经济领域，在"国民经济学"提供的事实中发现了私有制、权利平等、市民社会的内在矛盾，发现了无产者被剥削的制度性秘密和经济根源，并以此证明资本主义的非正义和社会主义的正义性，从而建构了实现经济利益的实质性正义所需要的经济条件和制度设计。马克思认为，社会正义与否，不应该依据表面的标准，而应该从经济的制度根源中寻找，从现实的生产力和生产关系之间的矛盾冲突中寻找。社会正义的实现关键在于突破资本主义制度，这样才能真正找到实现社会正义的终极原因和现实手段。

当今中国正处于重大的社会转型期，在我国社会主要矛盾已经转化为人民日益增长的美好生活需要和不平衡不充分的发展之间的矛盾的新时代，正义问题越来越显示出其重要性，应当成为现代社会制度安排的基本价值理念，社会发展应当以"促进社会公平正义、增进人民福祉为出发点和落脚点"。① 为了达到这一目标，我们首先需要从马克思正义批判的思想逻辑中找到马克思正义理论的根本前提和重要关切，进而从马克思考察正义的基本原则和方法出发，建构新时代中国特色社会主义正义理论。习近平新时代中国特色社会主义思想提出共享发展理念，为建构新时代中国特色社会主义的正义原则奠定了重要的思想基础。共享发展既符合马克思正义理论的根本要求，也契合了新时代中国社会发展的新实践，是马克思正义理论在中国特色社会主义新时代背景下的理论发展，是马克思正义理论的中国话语新表述，因而是我们当前深入理解马克思正义理论的重要命题。

第三节　马克思道德理论的实践转向

通过以上分析，我们可以得知马克思道德理论不同于传统意义上的规范伦理学，二者在根本宗旨上有着明显的不同。马克思道德理论无意像规范伦理学那样对个体的行为提出道德要求，以合乎既定社会的道德标准。正如高兆明教授理解的那样，马克思"不满意于一般停留于对资本主义社会的道义谴责，不满足于一般的道德要求，而是要揭示产生这种现象的社会结构与制度原因，主张坚持无产阶级的或人民大众的道德，

---

① 习近平：《切实把思想统一到党的十八届三中全会精神上来》，《求是》2014 年第 1 期。

主张通过革命实践改变旧世界，创造出一个合乎人性生长的新世界"。①
之所以说马克思道德理论超越了传统规范伦理学的基本框架，根本在于
马克思道德理论实现了三个方面的实践转向：以实践的方式把握了道德
问题，从思辨道德理论转向实践道德理论；从生产出发理解正义，从分
配正义转向生产正义；以自由全面发展引领道德，深化了实践道德理论
的基点，从抽象道德理论转向自由全面发展的道德理论。

一　以实践的方式把握道德：从思辨道德理论走向实践道德理论

自从有了自我意识以后，在"认识你自己"和"自我致思"的过程
中，道德便成为思想家思考问题的指向，但在历史发展的不同阶段，人
类对于"什么是道德"的思考却呈现不同的内容和形式。从总体上看，
西方道德观在很长一段时间呈现出"形而上学"的特征，以思辨道德理
论的面目呈现。当然这与西方世界对"观念与经验"的关系认识传统相
关，诸如"柏拉图认为世界是影子，只有哲学真实。基督徒相信世界皆
虚幻，唯上帝真实。卢梭认为世界背叛了正义的理念等等"②，这些观念
的共同之处就在于用思想来评判世界，以应然规约实然。虽然黑格尔通
过辩证法，部分解决了实然与应然的关系问题，但在观念与世界何为本
质的问题上，并没有给出圆满的答案。众所周知，在启蒙运动时期，西
方道德理论形成了经典范式，即表现为对绝对道德理念的诉求。这种形
而上学的道德范式以道德的理性建构为出发点，将所谓善、公平、正义、
权利作为道德理论的目标，并强调将道德问题逻辑化，以抽象化、概念
化、一般化的"理性人"为前提探究、推演、解释道德世界，以逻辑思
辨为基础构造道德学说。这样的道德理论建构实际上延续了黑格尔在政
治上的寂静主义：人类的问题能够在意识里解决，世界的改变必须依赖
于观念的改变，等待观念上的改变渗入一般人的意识之中。思辨道德理
论表面上把道德看得很高，其实是道德的贬值和道德价值的颠覆。

思辨道德理论的主要特征有以下几个。

一是把道德单纯作为理论问题而不是现实问题，在理性中建构道德，

---

① 高兆明：《马克思的唯物史观与道德观三问》，《道德与文明》2007 年第 3 期。
② 〔英〕麦克里兰：《西方政治思想史》下册，彭淮栋译，中信出版社 2014 年版，第
551 页。

对道德只作抽象的、逻辑的探讨，并用道德的概念来规约社会的现实存在，在逻辑中寻找道德的合法性，将道德的本质简约化。这种方式实际上是把道德抽象为一种纯粹的精神实体。

二是在对道德的分析中，割裂科学因素和价值因素的统一，片面强调道德的应然性和指向性，没有从人的、活动的以及人本身的社会历史条件等方面去面对道德，忽略道德实现的经济基础和道德生成的实践性。

三是离开道德的具体语境来解释道德问题，把道德看成一种既定的、静态的"存在物"，一种被解释的、被认识的客体，总之是一种"现成"存在者，是一种摆在眼前的，可以用理性的、概念的方式来予以静观的对象。将道德研究的范围普遍化、泛化，不愿意揭示道德的特殊性与历史维度。

马克思在青年时期，也非常认同思辨道德理论，即把抽象的人性作为人类社会赖以建立的阿基米得点，并把从抽象人性出发所推导出来的平等、自由和权利等作为衡量道德的标准。但是马克思在《莱茵报》时期开始转向从现实问题出发思考道德问题，如对农民利益的关注，虽然这时的马克思仍然局限于法权论道德，但它推动了马克思实践道德观的转向。马克思在《黑格尔法哲学批判》中谈到德国解放的实际可能时，提出"这个领域不要求享有任何特殊的权利，因为威胁着这个领域的不是特殊的不公正，而是普遍的不公正，它不能再求助于历史的权利，而只能求助于人的权利"。[1] 从道德的视角来看，《黑格尔法哲学批判》"是马克思对自己正义观念的反思与批判的开始……它批判了那种把正义作为社会首要价值的观念预示了他后期何以要批判思辨正义……蕴含了对近代自由主义的批判，《德法年鉴》中对自由主义正义观的批判可以作为这一批判的展开"。[2] 后来马克思进一步反思，并在《关于费尔巴哈的提纲》中明确指出"从前的一切唯物主义（包括费尔巴哈的唯物主义）的主要缺点是：对对象、现实、感性，只是从客体的或者直观的形式去理解，而不是把它们当做感性的人的活动，当做实践去理解，不是从主体方面去理解"[3]，这时马克思已经认识到了实践是道德的存在根基。

---

① 《马克思恩格斯文集》第 1 卷，人民出版社 2009 年版，第 17 页。
② 林进平：《马克思的"正义"解读》，社会科学文献出版社 2009 年版，第 87 页。
③ 《马克思恩格斯文集》第 1 卷，人民出版社 2009 年版，第 499 页。

　　这样，马克思在认识到旧唯物主义与唯心主义均未看到主客体之间的"实践关系"，从而造成了它们的一系列错误之后，开始扬弃对道德的思辨式理解态度，改变了传统规范道德理论形而上学地理解道德的思维方式，从实践和生存出发去思考和审视道德。这根源于马克思实践观念的生成，即生活制约思想，改变思想观念的唯一途径是改变人类的环境，或者更确切地讲，观念对世界的关系是辩证的。也就是说，人的生存实践活动是一切人类面临的前提性问题，实践是人类存在的界域，也是人特有的存在方式，因而理解道德需要一种实践态度，而不是一种静观式的认识论态度，人类是在活动（最基本的活动形式是生产）中解决自己面临的道德问题的。可以说，马克思扭转了以往把道德当作思辨问题进行理解的倾向，指出道德是一个关系利益调节的实践问题，"是历史问题、现实问题和理想问题的有机统一"。① 实践活动不但创造了属人的自然界，而且推动了道德问题生成和主题转换，实践是道德理念的本质，实践的内在逻辑在于它蕴含着历史本质和价值取向两个层面的统一，历史通过实践而展开，道德理念通过实践而获得其本质规定并实践其价值和目的，实践并不单纯是一种改变对象的物质性活动，它还蕴含着人、自然、社会、人类历史等要素的相互关联性。所以马克思在《德意志意识形态》中开门见山地表明："思想、观念、意识的生产最初是直接与人们的物质活动，与人们的物质交往，与现实生活的语言交织在一起的。人们的想象、思维、精神交往在这里还是人们物质行动的直接产物。表现在某一民族的政治、法律、道德、宗教、形而上学等的语言中的精神生产也是这样。"②

　　给人以生存实践性的理解，是马克思理解和阐释道德的哲学基础。在马克思看来，"整个所谓世界历史不外是人通过人的劳动而诞生的过程，是自然界对人来说的生成过程"③，人作为实践的生存者，通过实践展开生存活动，在改造外界对象的同时，不断进行改造自身的活动，提高人的主体能力，由人的片面和不自由发展向全面而自由发展转变。另外，人通过实践生存活动，能动地作用于外界对象，使之按人的目的发生变化，从而适合于人、服务于人，成为人的本质力量的直观和确证。

---

① 冯颜利：《基于生产方式批判的马克思正义思想》，《中国社会科学》2017 年第 9 期。
② 《马克思恩格斯文集》第 1 卷，人民出版社 2009 年版，第 524 页。
③ 《马克思恩格斯文集》第 1 卷，人民出版社 2009 年版，第 196 页。

正是人的生存实践活动的存在方式构成了"世界"、"人"以及人与世界
关系的奥秘和深层根据，人的实践性生存活动构成了世界最本源的"原
理"和"原因"。正是"这种活动、这种连续不断的感性劳动和创造、
这种生产，正是整个现存的感性世界的基础"①，人现实的生活世界完全
是由人的实践活动所"构造"或"组建"而成的，生存实践活动通过把
人的生命力量对象化，把自然界转化为自己的无机身体，把自然关系变
换为属人关系，从而使整个世界活化起来并拥有了生命的光辉，它是一
个超越主客抽象的对立，把人与对象融为一体，并不断地把人与世界推
向更高层次与境界的能动的过程。当然，马克思并不是抽象地理解实践
概念或抽象地把道德置入实践的基础之下，而是讨论劳动、物质生产等
具体的实践形式对道德的基础性影响。

　　马克思道德理论以实践把握道德问题，实质上是一种现实的研究道
德的致思原则和研究方法，这是对以往思辨地研究道德的反叛。而现实
的研究道德包括两层含义：研究现实的道德和研究道德的现实。研究现
实的道德，即道德不是抽象、孤立和形而上的形象，而是一种多样性和
实践丰富性的观念。这是找寻现实道德的前提，道德是现实的社会的道
德。按照实践观点，实践是一种集物质与精神、个人与社会、目的性与
因果性、过去与未来等矛盾于一身的活动，现实的道德就是马克思按照
实践的观点理解道德的必然起点。在马克思看来，对道德的实践性理解
不能把道德看成既定的存在物，道德是具有改造世界功能的人的生存实
践活动的产物，把道德设置为神圣形象就是缺乏实践观念的结果。正是
在此意义上，马克思提出："从直接生活的物质生产出发阐述现实的生产
过程，把同这种生产方式相联系的、它所产生的交往形式即各个不同阶
段上的市民社会理解为整个历史的基础，从市民社会作为国家的活动描
述市民社会，同时从市民社会出发阐明意识的所有各种不同的理论产物
和形式，如宗教、哲学、道德等等，而且追溯它们产生的过程。"② 物质
实践活动会改变社会固有的秩序，把原来只有单一性质的世界即自然关
系的世界，变成了双重关系的矛盾世界，从而使道德观念和道德问题显

---

① 《马克思恩格斯文集》第 1 卷，人民出版社 2009 年版，第 529 页。
② 《马克思恩格斯文集》第 1 卷，人民出版社 2009 年版，第 544 页。

现。道德既是实践的物质活动，同时也是价值性的活动；道德既来自物质实践，同时也会对物质生产关系提出变革要求。马克思道德理论依据实践性理解认识到了道德的多重存在和矛盾本性，以实践活动为基础，实现了否定性的统一。

研究道德的现实，就是要关注人，特别是无产阶级的现实需要、现实矛盾、现实生存境遇，这是马克思思考道德问题的落脚点。道德问题首先要面对人的现实生存，诸如无产阶级生存环境的性质与特点、无产阶级的生存方式和要求等，这是马克思思考道德问题的基础性命题，是市民社会的基本性质对无产阶级的生存提出的道德问题。以哲学方式表述，就是研究和理解道德不能把其当作抽象或普遍意义上的概念或范畴，而是要看到道德背后是活生生的生命状态，是人的自我实现，道德活动在特定的时间和空间内具有真实性、生动性和经验性。因此，要防止海德格尔提出的那种问题，即存在者对此在的遮蔽，用实体化的观念世界遮蔽人类社会的道德现实。对于这一点，尼尔森和胡萨米认识得比较清楚，他们认为马克思显然更关注道德在阶级社会中的功能，而不是很关心道德的本体论和形而上学。这是因为马克思清楚地认识到，以追求某种抽象道德为理论旨趣的道德哲学，以及因其而形成的形而上学思维方式所固有的种种局限，决定了它无论在理论上还是实践上都不能为人，特别是为无产者的解放提供指导。马克思道德理论通过实践把握无产阶级的生存，批判私有制度的不合理，揭示资本家剥削工人的经济秘密，实现了道德的革命性变革，使道德找回了现实的道德和道德的现实，找回道德的同时也找回了属于无产阶级自己的道德理论，找回了关注无产阶级的生存与发展、现实命运的基本理论。因而从根本上说马克思道德理论实质上是一种科学的实践道德理论。对此，布坎南给出了中肯的评价，他认为"如果那些把对马克思的兴趣局限于道德问题的哲学家对正在迅速发展的理性选择与制度分析理论视而不见，那将是危险的。这就等于忽视了马克思的一个重要洞见——任何值得考虑的道德观念都必定不是乌托邦式的"。① 作为一种对道德问题的全新理解与解读方式，它实

---

① Alien E. Buchanan, "Marx, Morality, and History: An Assessment of Recent Analytical Work on Marx," *Ethics*, 1987, 98 (1).

现了对近代自由主义思辨道德理论的超越，以实践的思维方式取代了形而上学的思维方式，从而确立了现实主体（无产阶级）的生存维度，为道德的现代转型奠定了深刻的基础。

二　从生产出发理解正义：从分配正义转向生产正义

马克思道德理论是实践道德理论，这已经成为学界的共识。但是实践道德理论同样可以成为形而上学，即实践的形而上学。与康德把实践本身理解为一种神性不同，马克思是从人的生存出发理解实践的，认为不能把实践视为某种抽象的"客观活动"。一些"分析的马克思主义"学者把马克思道德理论解读为单纯的道德规范建构，实际上仍然是把马克思道德理论悬置于半空中。刘奔先生曾指出，实践精神不能仅停留在呼吁与实践概念上，否则，哲学只能成为人性玄谈，面对实际问题束手无策。也正像马克思所批判的："尽管这种变革的观念已经表述过千百次，但这对于实际发展没有任何意义。"① 所以，我们不能简单把实践道德解读为马克思道德理论的最后坐标，马克思为了避免实践成为一种空谈而使之真正实践化，提出实践结构具有双重关系：一是主体对客体的关系，即主体对客体的改造；二是主体的社会物质交往关系。可见，马克思看到了经济活动、物质生产和交往活动是市民社会的人的生存面临的前提性问题，无产阶级最终要在生产领域解决自己的生存问题。所以，马克思是从生产出发理解实践的，同时也主要地在生产实践领域谈论道德问题。这一点在正义问题上尤其明显，可以说，马克思对正义的理解主要是在生产领域完成的，改变了以往在分配领域理解正义的范式，从分配正义转向生产正义，从而实现了正义观念的真正实践化。

从苏格拉底（Sokrates）、柏拉图、亚里士多德开始，哲学的目标就不再停留于对外部自然世界的玄思苦想，而转向对社会正义的关注、思索与引领。对社会的和谐、财富的分配、权利平等等问题进行颇具启发性的探索是传统西方政治哲学的理论旨趣，提供一种对于什么样的社会才是合理的终极性的理解与阐释是传统西方政治哲学的根本目的。在各种不同的西方哲学流派之间的一切争论中，这个目标始终未被改变和动

---

① 《马克思恩格斯文集》第 1 卷，人民出版社 2009 年版，第 545 页。

摇，它已被证明是一切西方政治哲学思想牢固不可动摇的中心，即使最极端的怀疑论思想家也不否认认识正义的可能性和必要性。但政治哲学的历史告诉我们，政治哲学以探求社会正义为目标，并不意味着它总是能找到通向社会正义的现实道路。在西方政治哲学史上，满怀实现社会正义的雄心壮志，却以大量非正义的事件为结局的现象屡见不鲜。归根结底，西方政治哲学的纷争在历史长河中的起伏，是由于它始终在抽象的层次上旋舞，致力于寻找一种超验的实体主义方式去一劳永逸地捕获世界的"最终真理"，这使整个西方政治哲学呈现无规则的特点和杂乱景象。

马克思的政治哲学，作为一种哲学思潮，也始终伴随着对正义问题不懈的探索和追求。但是，人们一直习惯于把马克思政治哲学当作辩证唯物主义和历史唯物主义，而忽视了马克思政治哲学的一个重要组成部分：马克思正义理论。马克思正义理论的遮蔽使得马克思政治哲学长期被误读，如"分析的马克思主义"中的不少学者指责马克思没有正义理论，患上了"道义贫血症"。马克思政治哲学对正义的关切长期被唯物主义标签所替代，导致正义的价值一直得不到真正彰显。实际上，马克思结合社会现实及其条件变化，在对传统正义理论批判性反思的基础上，对正义问题进行了独特的研究，开创了崭新的实践正义理论的新景象。在马克思的正义理论中，正义不是抽象、孤立和形而上的理论，而是一种多样性和实践丰富性的存在。以此为研究的基点，马克思审度了正义的经济基础及历史形成，并在综合性的社会历史视野中整体把握正义的发展，开拓性地确立了自己的正义理论。

马克思之前的正义思想，不论是古典主义、自由主义，还是空想社会主义，都把正义看成一种永恒的道德价值观，而忽视了正义与生产方式的内在联系。而马克思从生产方式入手，超越了主观德性的视野局限，探寻正义背后的物质动因与经济根源。从这个意义上讲，马克思正义理论是一种生产正义理论，这是马克思正义理论的特质所在，也开创了正义理论的新向度。生产正义理论的本质特征在于它的实践性、批判性和开放性，在于它随着时代的变化和实践的发展而不断创新。实践性使其保持同现实社会生活的紧密联系；批判性使其批判的锋芒不仅指向外在的对象，而且指向自身，使其能超越自身的局限，"在批判旧世界中发现新世界"；而开放性使其能容纳百川而成大海。这种实践性、批判性和开放性，是马克思正义理论的生命力所在，是其当代性和当代价值具体的、集中的表现。

马克思的政治经济学理论提出了经济领域的生产—分配—交换—消费四个环节，马克思的正义理论也主要是在这四个环节中展开的。在这四个环节中，马克思最重视生产领域的正义问题，认为生产决定分配，而不是相反。以往的正义理论基本会把正义理解为决定社会存在和发展的最高准则，引导和促进社会发展的重要因素。但马克思认为，生产是社会发展的动力之源，一个社会发展与进步的源泉在于物质生产，它既决定着社会的发展方向，也决定着该社会的生产方式，"一切社会变迁和政治变革的终极原因，不应当到人们的头脑中，到人们对永恒的真理和正义的日益增进的认识中去寻找，而应当到生产方式和交换方式的变更中去寻找；不应当到有关时代的哲学中去寻找，而应当到有关时代的经济中去寻找"。① 所以，在马克思那里，正义处于"派生和下位"，它只是在特定经济基础之上对自身利益的一种诉求和期许，而绝不是左右人类社会发展的动力。林进平等也在此意义上指出，"仅是从抽象的正义原则出发，脱离物质生产去谈论空洞的正义，并把它预设和提升为社会进步的动力与社会发展的归宿，从实质上就颠倒了物质生产与作为上层建筑和社会意识的正义之间的关系"。② 可见，马克思的实践正义理论是有明确所指的，即在唯物史观的基础上，坚持生产力决定生产关系、经济基础决定上层建筑的历史唯物主义原理，在生产领域思考正义问题，把正义重点放在生产正义之上。这样既从根本上否定了抽象正义是社会进步的动力的观点，同时也更加明确正义的实践空间。对于这样的思考，马克思在《资本论》第3卷有清楚的阐述：

　　　　生产当事人之间进行的交易的正义性在于：这种交易是从生产关系中作为自然结果产生出来的。这种经济交易作为当事人的意志行为，作为他们的共同意志的表示，作为可以由国家强加给立约双

---

① 《马克思恩格斯文集》第 3 卷，人民出版社 2009 年版，第 547 页。
② 林进平、徐俊忠：《历史唯物主义视野中的正义观》，《学术研究》2005 年第 7 期。

方的契约，表现在法律形式上，这些法律形式作为单纯的形式，是不能决定这个内容本身的。这些形式只是表示这个内容。这个内容，只要与生产方式相适应，相一致，就是正义的；只要与生产方式相矛盾，就是非正义的。①

在马克思同时代的空想社会主义者看来，通过改变分配方式就能实现社会主义的正义，比如《德国工人党纲领》第一条强调"劳动只有在社会中和通过社会才是可能的，所以劳动所得应当不折不扣和按照平等的权利属于社会一切成员"②，第三条强调"劳动的解放要求把劳动资料提高为社会的公共财产，要求集体调节总劳动并公平分配劳动所得"。③可见，空想社会主义认为可以通过改变分配方式来改变受压迫群体的生活状况，进而实现正义和理想的现实王国。但在马克思看来，现实的经济运行过程是由生产、分配、交换、消费等诸多环节构成的一个整体，各个环节之间密切联系、互相制约，分配仅仅是整个经济运行过程的一个环节，生产是社会发展的动力之源，生产决定了分配正义的内容与实质。因此，单纯将分配从整体中抽离出来并孤立地对它加以研究，根本不能得出科学的结论。辩证地看，"生产直接是消费，消费直接是生产。每一方直接是它的对方"。④ 分配实质上就是现实意义上的分工，因为"在分配是产品的分配之前，它是（1）生产工具的分配，（2）社会成员在各类生产之间的分配（个人从属于一定的生产关系）——这是同一关系的进一步规定。这种分配包含在生产过程本身中并且决定生产的结构，产品的分配显然只是这种分配的结果"。⑤ 马克思在此强调了生产是分配的前提，甚至在一定程度上构成了决定生产的力量，生产将分配从自然的东西变成了历史的东西，也就是说生产作为分配的前提构成了生产的要素，在一定时期内表现为生产的自然前提，但这些自然前提本身会随着生产而发生变化，使生产工具和劳动者的社会分工成为社会的和历史

---

① 《马克思恩格斯文集》第 7 卷，人民出版社 2009 年版，第 379 页。
② 《马克思恩格斯文集》第 3 卷，人民出版社 2009 年版，第 428 页。
③ 《马克思恩格斯文集》第 3 卷，人民出版社 2009 年版，第 431 页。
④ 《马克思恩格斯文集》第 8 卷，人民出版社 2009 年版，第 15 页。
⑤ 《马克思恩格斯文集》第 8 卷，人民出版社 2009 年版，第 20 页。

的事实，也使其伴随着生产发生社会流动。于是，马克思得出结论，生产不是某种抽象的、永恒不变的东西，而是由特定的社会历史条件决定的。

因此，马克思强调"又一次显出了那些把生产当做永恒真理来论述而把历史限制在分配范围之内的经济学家是多么荒诞无稽"①，因为：

> 过程总是从生产重新开始。交换和消费不能是起支配作用的东西，这是不言而喻的。分配，作为产品的分配，也是这样。而作为生产要素的分配，它本身就是生产的一个要素。因此，一定的生产决定一定的消费、分配、交换和这些不同要素相互间的一定关系。当然，生产就其单方面形式来说也决定于其他要素……例如，随着资本的积聚，随着城乡人口的不同的分配等等，生产也就发生变动……不同要素之间存在着相互作用。每一个有机整体都是这样。②

日本学者田上孝一在这个问题上认识得比较清楚，他说："马克思之所以如此重视生产的一个原因是，他批判持乐观态度的资产阶级经济学，因为其否定生产方式的历史可变性，在把生产看作是不变的自然性的前提下，认为只要改善分配就可以解决问题。马克思认为只要不改变生产状态就不可能真正解决分配问题。资本主义不进行变革，就无法实现分配的正义。"③ 可见相对于分配，马克思更重视生产。如果非要说马克思也重视分配，那么分配的含义在马克思那里是扩大的，分配不仅是指消费品的分配，而且还指生产条件的分配。胡萨米在对伍德的批判中指出，每一种生产方式都包含着两种基本类型的分配，一是生产资料的分配，二是社会收入在人口中的分配。马克思反对在社会收入的分配上兜圈子，因为他把收入分配看作生产关系的后果；而指责一种未加批判的原因的必然后果，在政治上是误入歧途，在理论上是毫无意义的。④ 概而言之，马克思所谈论的分配正义乃是生产正义的一个注脚，在马克思看来，分

① 《马克思恩格斯文集》第8卷，人民出版社2009年版，第20页。
② 《马克思恩格斯文集》第8卷，人民出版社2009年版，第23页。
③ 〔日〕田上孝一：《马克思的分配正义论》，黄贺译，《国外理论动态》2008年第1期。
④ 余文烈：《分析学派的马克思主义》，重庆出版社1993年版，第191页。

配正义是私有制之下，对社会成员之间关系进行调节的规范性原则，而马克思的总体思想是要消除私有制，建立新制度，改变世界，从根本上改变人的生存样态。

三　以"自由全面发展"引领道德：从抽象道德理论转向自由全面发展的道德理论

实现人的自由全面发展，是马克思设置的美好理想与发展目标，也是其道德理论的核心，马克思认为"任何人的职责、使命、任务就是全面地发展自己的一切能力"。[①] 马克思之前，也有许多思想家提出人的自由全面发展的问题，但他们在探讨人的发展问题时，没有脱离自身固有的社会历史局限性和抽象人性论的窠臼，习惯于把人抽象化，"公然舍弃实际条件"，找不到从实际生活通向理想的现实道路，因而也没有能够揭示出人的自由全面发展的科学含义和人的自由全面发展的规律。直接导致了人的发展处于空洞、虚幻、抽象的状态，难以真正给予人的发展以现实观照。而马克思提出，必须站在生产力发展的高度把人的自由而全面的发展统一于生产力高度发达、重建个人所有制的共产主义社会。可见，马克思是从生产力高度来看待人的发展的。这样，马克思不仅把人的自由全面发展作为道德理论的核心指向，同时又实现了道德和人的发展从抽象状态向现实实践状态的双重转向，为我们认识道德和人的发展的历史性、超越性和发展性提供了理论基础。

一方面，马克思道德理论以人的自由全面发展为核心引领，以蕴含其中的生存实践性态度观照道德与人的发展，从抽象发展观转向自由全面的现实发展观，显示出马克思道德理论并没有停留在理论的言说上，而是深切地关注人的发展的实现方式和路径。马克思看到他那个时代的很多工人缺乏"社会活动场所来显露他的重要的生命力"[②]，从而造成"这些劳动条件作为独立的人格与工人相对立"[③]，"使工人畸形发展，成为局部的人"[④]。因而马克思多次阐述异化问题，明确指出实现人的自由

---

① 《马克思恩格斯全集》第3卷，人民出版社1960年版，第330页。
② 《马克思恩格斯全集》第2卷，人民出版社1957年版，第167页。
③ 《马克思恩格斯文集》第8卷，人民出版社2009年版，第498页。
④ 《马克思恩格斯文集》第5卷，人民出版社2009年版，第743页。

全面发展第一步就是要将人从异化状态中解放出来，改变不自然的分裂状态和被自己的创造所统治的状况。而人之所以出现异化状态，根本在于日益简单的劳动单方面、畸形地发展，以及工人在个人生产上的贫乏，导致劳动分工"从生命的根源上侵袭着个人"。① 如果再广泛一点讲，异化还与资本主义需求的刺激具有单一的强制性有关，与商品交易、资本交易、金钱交易的资本主义社会关系和社会制度有关，与生产力的不充分发展相关，"作为过去取得的一切自由的基础的是有限的生产力；受这种生产力所制约的、不能满足整个社会的生产，使得人们的发展只能具有这样的形式：一些人靠另一些人来满足自己的需要，因而一些人（少数）得到了发展的垄断权"。②

另一方面，马克思以"人的自由全面发展"为核心引领道德，体现了马克思道德理论的超越性，展现了马克思为终极价值寻找根据的勇气。在当时的政治哲学中，道德概念的使用基本上被限定在实有的甚至是现存的社会制度和启蒙运动的共享价值的范围之内。而根据启蒙理性的价值设定和制度设计，自利是人的本性，私有制是现代社会的基础，因此我们只能将人类社会理解为一种工具性的合作社群，而立宪民主制便是适合于这一合作社群的唯一合理的政治制度。在这种理解中，社会制度的道德性问题只是私有制基础上的立宪民主制怎样完善的问题，而超越这种社会制度去设想更完美的社会，只能是一种乌托邦，关于是否存在更高正义社会的追问，只能属于非法的知识形式。③ 所以，启蒙运动以后很长一段时间，道德被最终理解为现存政治体系中权利义务关系的落实，即只能被理解为自利的个人在私有制前提下得其所应得。而终极自由的含义从道德概念中排除出去，也就取消了人们超出现存社会秩序设想道德的可能。马克思不愿意在旧传统道德理论中打转，勇敢地把人的自我发展和自我实现作为人类道德发展和社会道德实现的理论核心，作为人类所孜孜追求的一种幸福。马克思提出：

> 培养社会的人的一切属性，并且把他作为具有尽可能丰富的属

---

① 《马克思恩格斯文集》第 5 卷，人民出版社 2009 年版，第 420 页。
② 《马克思恩格斯全集》第 3 卷，人民出版社 1960 年版，第 507 页。
③ 王新生：《马克思正义理论的四重辩护》，《中国社会科学》2014 年第 4 期。

性和联系的人，因而具有尽可能广泛需要的人生产出来——把他作为尽可能完整的和全面的社会产品生产出来（因为要多方面享受，他就必须有享受的能力，因此他必须是具有高度文明的人），这同样是以资本为基础的生产的一个条件。①

换言之，马克思认为人类社会道德发展的理想就是人的自由全面发展，人类的真正财富就在于人性的发展。这一理念，马克思、恩格斯在《德意志意识形态》中做了大胆的预见：

> 如果抛掉狭隘的资产阶级形式，那么，财富不就是在普遍交换中产生的个人的需要、才能、享用、生产力等等的普遍性吗？财富不就是人对自然力——既是通常所谓的"自然"力，又是人本身的自然力——的统治的充分发展吗？财富不就是人的创造天赋的绝对发挥吗？这种发挥，除了先前的历史发展之外没有任何其他前提，而先前的历史发展使这种全面的发展，即不以旧有的尺度来衡量的人类全部力量的全面发展成为目的本身。②

实际上，马克思经常站在人的发展状态的高度批判资本主义社会的不道德。他认为，私有制度本身的不道德造成了"人的内在本质的这种充分发挥，表现为完全的空虚化；这种普遍的对象化过程，表现为全面的异化，而一切既定的片面目的的废弃，则表现为为了某种纯粹外在的目的而牺牲自己的目的本身"。③ 在马克思看来，资本主义自身所创造的人类的诸种力量和能力已成为异化的力量，并压制了人性的发展，这本身就是一种不道德的表现，而社会主义社会之所以是道德的，就在于它把现代社会创造的财富充分用于人类自身需求的满足和人性的全面发展。

那么，以"人的自由全面发展"为引领的道德理论有什么意义和价值呢？

第一，强调了人是道德价值的主体。马克思认为，人是包括道德在

---

① 《马克思恩格斯文集》第 8 卷，人民出版社 2009 年版，第 90 页。
② 《马克思恩格斯文集》第 8 卷，人民出版社 2009 年版，第 137 页。
③ 《马克思恩格斯文集》第 8 卷，人民出版社 2009 年版，第 137～138 页。

内的一切价值产生的标准、根据和归宿，是包括道德在内的一切价值的实现者和享受者，任何事物的任何价值归根结底都是对于人的价值。正如卡曼卡（Eugene Kamenka）所指出的那样，马克思"所关心的完全不是把共产主义描绘成一个充足的社会，他所关心的是把共产主义描绘为一个充满人的尊严的社会，一个在其中劳动会得到尊严的社会，一个在其中劳动会得到尊严并变得自由的社会，因为它是由全面的、有意识的参与者在一个被赋予了合作和共同目标的共同体中所实施的"。① 在马克思的设想中，共产主义将会同时包含（马克思所认为的）直觉上本质是"人"的东西，尊重人的价值或尊严，并且使人的福利与自我发展最大化。② 因此，马克思道德理论强调把人作为发展的目的，在经济、社会的全面发展中逐步实现人的全面发展。当然，与以往思想家对人的重视不同，马克思认为人的自由全面发展是劳动者自我提出的历史任务，即劳动者在承受资本生产带来的贫困和经济危机的痛苦中逐渐认识到了，私有制已经成为社会化的生产力即劳动者自身力量的桎梏，劳动者要获得人的尊严，必须联合起来，以共同的努力，使人的需要而不是资本增殖成为生产的目的，从而从物质必然性中不断解放出人的自由。

　　第二，强调自由尤其是自由时间对于实现人的自由全面发展的重要性。马克思认为，人的生命活动是由劳动时间和自由时间两种时间要素决定的，劳动时间是第一性意义的时间要素，而自由时间是劳动时间以外可以自由支配、最能体现个性的时间。自由时间是"这种时间不被直接生产劳动所吸收，而是用于娱乐和休闲，从而为自由活动和发展开辟了用武之地"③ 的余暇时间，是全体社会成员本身发展所需要的时间，"自由时间——不论是闲暇时间还是从事较高级活动的时间——自然要把占有它的人变为另一主体"。④ 在这里，马克思把自由时间和人的全面发展结合起来，明确指出自由时间是人的全面发展的必要的基本条件，实际上是人的积极存在，它不仅是人的生命尺度，而且也是人的发展空间。

---

① 〔美〕佩弗：《马克思主义、道德与社会正义》，吕梁山等译，高等教育出版社 2010 年版，第 128 页。

② 〔英〕史蒂文·卢克斯：《马克思主义与道德》，袁聚录译，高等教育出版社 2009 年版，第 105～106 页。

③ 《马克思恩格斯全集》第 35 卷，人民出版社 2013 年版，第 229 页。

④ 《马克思恩格斯文集》第 8 卷，人民出版社 2009 年版，第 204 页。

"时间是人类发展的空间。一个人如果没有自己处置的自由时间，一生中除睡眠饮食等纯生理上必需的间断以外，都是替资本家服务，那么，他就还不如一头役畜"①，所以，"节约劳动时间等于增加自由时间，即增加使个人得到充分发展的时间"②。马克思之所以如此重视自由时间，原因有两个。一是自由时间标志着人从"外在目的"的压力下解放出来，从"自然的必然性，或者说社会义务"的东西中解放出来了，这样"劳动时间就不再是，而且必然不再是财富的尺度，因而交换价值也不再是使用价值的尺度"。③ 二是把社会必要劳动时间缩减到最低限度，就给人腾出更多时间创造了可能，这样，个人就会在艺术、科学等方面得到发展。所以，自由时间使人成为发展的主体，人类只有不断缩减劳动时间，增加自由时间，才能为自身的自由活动和发展开辟广阔天地，才能逐步由必然走向自由，才能"以一种全面的方式，就是说，作为一个完整的人，占有自己的全面的本质"。④ 可见，直接决定人的发展空间大小的是自由时间的多少，自由时间为人的潜能的发挥、人的本质力量的丰富和发展、人的个性的张扬等提供了广阔的发展空间，"自由王国只有建立在必然王国的基础上，才能繁荣起来。工作日的缩短是根本条件"。⑤

　　第三，强调生产力的提升对实现人的自由全面发展的重要意义。在马克思的观念里，随着生产方式的发展，将带来包括人的发展状况和社会道德在内的上层建筑的一种进步式发展。从一般意义上而言，马克思认为更发达的生产力能够让更多的人更充分、更平等地满足其需求，因而在伦理上也是更加优越的。正如尼尔森理解的那样，"马克思相信（虽然他实际上没有这么说），随着社会财富的更大增长，随着生产力的发展，随着经济关系转变为更加适应于发达生产力的经济关系，世界上将会出现正义的增长"。⑥ 马克思同时也强调，人的自由全面发展也只有在资本主义积累了充足的生产资料及与之相适应的技术知识之后才能真

---

① 《马克思恩格斯文集》第3卷，人民出版社2009年版，第70页。
② 《马克思恩格斯文集》第8卷，人民出版社2009年版，第203页。
③ 《马克思恩格斯文集》第8卷，人民出版社2009年版，第196~197页。
④ 《马克思恩格斯文集》第1卷，人民出版社2009年版，第189页。
⑤ 《马克思恩格斯文集》第7卷，人民出版社2009年版，第929页。
⑥ 〔加拿大〕凯·尼尔森：《马克思主义与道德观念——道德、意识形态与历史唯物主义》，李义天译，人民出版社2014年版，第85~86页。

正实现。正是如此，马克思在批判资本主义的同时，提出"资本的文明面之一是，它榨取这种剩余劳动的方式和条件，同以前的奴隶制、农奴制等形式相比，都更有利于生产力的发展，有利于社会关系的发展，有利于更高级的新形态的各种要素的创造"。① 所以，资本主义在取消自身的统治前，已经为人类自由的发展准备好了必要的条件。"资本的伟大的历史方面就是创造这种剩余劳动"②，而这种生产力条件，一旦被联合起来的自由劳动者占有，它所创造的剩余劳动时间就将直接转化为闲暇和自由时间，从而成为每个人发展自由个性和全面精神享受的物质基础。

总之，马克思的实践道德理论保持了其一贯的本色，直入道德的核心和前提问题，以道德产生的经济、生产这一人类最重要的实践领域为基础，以解放为目标，以现实的人的基本关切和现实的人的根本共同需要为关注的基点，以社会和历史的视角，实现了对人和道德的真实关切，构成了马克思道德理论的现代意蕴。

四　马克思道德理论实践转向的革命性意义

实践是人的特有的生存方式。生存与实践的关系，也就是生存和生存方式的关系。人通过自己的生存实践活动，不但创造了属人的自然界，而且创造了人本身。实践是人的生存的本质，是人的生存的根本维度。由此出发马克思建立了对道德的理解与说明，实践性成为马克思道德理论的基础、主题，也完成了对道德理解的革命性转变。

马克思认为，传统道德理论对道德的理解本质地颠倒了存在与思维、生活与理论、逻辑和生存的关系，没有认识到实践与生存活动是道德之"本源式"的存在方式。而马克思正是从感性活动的存在论根基处开启了全新的道德理解方式。新道德理论的旨趣不仅仅在于说明世界，更重要的乃是推翻那使人受屈辱、被奴役、遭蔑视的不合理的现存世界，从而把人的关系和人的世界还给人自己，把实现人的自由全面发展和"自由人的联合体"作为自己道德理论的旨归。简言之，马克思道德理论的革命性在于其根本性地超越了传统形而上学的边界，从实践论的根基处，

---

① 《马克思恩格斯文集》第 7 卷，人民出版社 2009 年版，第 927～928 页。
② 《马克思恩格斯文集》第 8 卷，人民出版社 2009 年版，第 69 页。

以人的"生存实践性"理解为基础，说出了道德理论与生活世界、生命存在关系的真理，让迷途的心灵觅到了回归家园的"林中路"，同时回归现实世界，关心人类的现实命运，在对当下存在的领悟中指向对人类未来命运的关怀。物质利益难题给马克思的世界观划出一道"流血的伤口"之后，马克思开始反思不能用应然的理念层面去消解实然的现实层面的问题，甚至加以歪曲或化为泡影。如果不能直面现实实践活动去理解道德，再"震撼世界的"道德词语都是无济于事的，反而会成为"最大的保守派"。应该说，马克思道德理论实现了从实存转向生存，从注重超验的世界转向注重现实的感性世界，从抽象转向具象，从彼岸转向此岸，从关注群体、类、国家、民族的宏大概括和普遍性价值转向关注个体、个人的微小叙事和独特价值，从抽象理性转向理性与非理性的统一。通过强调现实的人类实践活动，马克思决定性地超出了概念、逻辑、范畴占支配和统治地位的世界，对思辨道德理论进行了批判，实现了对传统道德形而上学的清算和超越，开拓了新的道德理解范式，奠定了对道德认识的革命基石。

第一，道德的实践转向为我们认识道德的生成本源提供了真实的基础。正如阿尔都塞所言，马克思"重新退回到起点，以便接触事物本身和真实历史，并正视在德意志意识形态的浓雾中若隐若现的那些存在"[①]，退回起点的马克思看到人的生存与实践是道德的基本规定性，人有什么样的实践性、从事何种实践活动，道德也就有什么样的状态和特性。道德也正是从人自身创造性的生存活动中生成的，道德根源于人的生存实践活动，人的实践活动是道德的真正创造者。因此，先验实体不是道德生成的根据，道德也不存在既定的本质。因而人是道德的主人，并随着人类的实践活动不断地实现着向未来的敞开，在实践与生存中不断更新内涵。从实践与生存的视角理解道德，道德并不具有"自我规定"的本性，人的活动是"自由自觉的"，道德并不是。马克思对道德的理解方式，把道德从先验实体和既定命题的窠臼中解放了出来，使得道德的内涵随着人类的实践活动得以历史地展开。

第二，道德的实践转向为把握道德的具体存在方式提供了真实的基

---

① 〔法〕阿尔都塞：《保卫马克思》，顾良译，商务印书馆2006年版，第65页。

础。马克思将道德从思辨方法中解放出来，逐渐用纯粹经验的方法和实证科学的研究方法，把道德放在经验性序列结构中，为理解道德的存在方式提供了路径指向。在马克思看来，道德的生成是随着人类社会在实践与生存中展开的，因而道德具有丰富性和多样态的存在方式，这是因为实践本身就蕴含着丰富性。不仅如此，人类双重的实践本性，使得道德成为一种集物质与精神、个人与社会、目的性与因果性、过去与未来等矛盾于一身的概念，可以说人类实践活动改变了道德事件固有的秩序。传统道德理论由于缺乏对人的实践与生存的关注，而认识不到道德多样而丰富的存在样态，往往以一种"非此即彼"的两极对立的思维方式把丰富的、充满矛盾的存在样态还原为某种单一的绝对样态。马克思依靠实践理念认识到了道德的多重和矛盾本性，以实践活动为基础，实现了对道德理解的否定性统一。

第三，道德的实践转向为我们认识道德的历史性、超越性和发展性提供了理论基础。实现了对道德以纯粹经验和实证科学的理解方式变革之后，马克思看到任何从观念出发构筑的普遍性规范都是一种意识形态的逻辑，因而要批判任何基于道德观念的虚假普遍性规范。应该看到，道德命题也会随着人的自我创生和自我生成活动不断地自我超越和自我否定，并因此实现自身的发展。由于发展是人的实践与生存过程中的必然要求与趋势，是内在于人的生命活动中的必然本性，所以人通过实践活动也会逐渐改变道德观念，以实现对道德的历史性、超越性和发展性认识和理解。也正是在此意义上，马克思提出"抽象本身离开了现实的历史就没有任何价值。它们只能对整理历史资料提供某些方便，指出历史资料的各个层次的顺序……它们绝不提供可以适用于各个历史时代的药方或公式"[1]，而对道德的历史性发展只能从"对每个时代的个人的现实生活过程和活动的研究中产生"[2]，自 20 世纪 80 年代末期开始，美国几乎所有自由主义政治哲学著作都在讨论道德问题，例如"自由主义与道德生活""自由主义与善""自由主义的德性"等。在此，道德变成了一个实践性问题。

---

[1] 《马克思恩格斯文集》第 1 卷，人民出版社 2009 年版，第 526 页。
[2] 《马克思恩格斯文集》第 1 卷，人民出版社 2009 年版，第 526 页。

第三章 马克思道德理论的历史生成

前文回应和批判了"分析的马克思主义"对马克思道德理论的误读，辨析了马克思为什么批判道德和正义，梳理了马克思道德理论的实践转向。当然，为了更好地厘清马克思道德理论的内在理路和思想逻辑，我们还需要追溯马克思道德理论的发展进程，梳理其道德理论的重要论述。马克思道德理论是在不断地向现实挑战、向其他错误思想挑战、向自身思想观念的挑战中形成的，是在同工人阶级一起参加斗争的艰苦实践中产生的。本章以马克思哲学思想史为考察视角，尝试从三个阶段对马克思道德理论的历史发展进程进行概括和总结。第一阶段：马克思道德理论的初发时期（1841~1844年），这一时期可以概括为激进自由主义和革命人本主义的道德理论时期。第二阶段：马克思道德理论的形成时期（1845~1848年），这一时期可以概括为马克思道德理论研究范式的变革时期。第三阶段：马克思道德理论的成熟时期（1849~1875年），这一时期可以概括为政治经济学深处的道德理论时期。而如果从马克思道德理论内涵的视角进行划分的话，大体呈现出三个不同的发展时期——激进自由主义时期、革命人本主义时期和历史唯物主义时期。在这三个时期马克思道德理论的侧重点也是有所不同的。激进自由主义时期，马克思侧重谈论的道德维度是自由；革命人本主义时期，马克思侧重谈论的道德维度是自我实现；历史唯物主义时期，马克思侧重谈论的道德维度是共同体。

第一节 激进自由主义和革命人本主义的道德理论

初发时期又可以分为两个时期：激进自由主义时期和革命人本主义时期。前者是指马克思从柏林耶拿大学获得哲学博士学位到他辞去《莱茵报》编辑一职这一时期，学界通常把这一时期称为《莱茵报》时期。

革命人本主义时期通常是指"巴黎时期"。

一　激进自由主义道德理论的形成

1841 年春，马克思完成了博士学位论文《德谟克利特的自然哲学和伊壁鸠鲁的自然哲学的差别》。这篇论文虽然是基于黑格尔唯心主义的立场，但马克思选择了相对而言更重视实践的唯物主义者伊壁鸠鲁，并对伊壁鸠鲁辩证观点给予了高度的评价，应该说马克思在此已经隐含了革命的民主主义立场，以及对专制主义制度的批判。但由于偏爱康德式的道德概念，《莱茵报》时期的马克思与同时期的许多学者一样，康德式的道德观和黑格尔式的伦理表述随处可见，习惯于或不自觉地提出道德或伦理要求，换言之，很自然地对社会现实进行"道德叙事"。如马克思在《评普鲁士最近的书报检查令》一文中对书报检查制度谴责的理由就是它"破坏了所有宗教的最普通的基本原则——主观思想的神圣性和不可侵犯性"[1]，书报检查制度"追究思想的法律是以无思想和不道德而追求实利的国家观为基础的。这些法律就是龌龊的良心的不自觉叫喊"[2]等。因此，马克思遵循黑格尔的观点，提出"国家是一个庞大的机构，在这里，必须实现法律的、伦理的、政治的自由，同时，个别公民服从国家的法律也就是服从他自己的理性即人类理性的自然规律"。[3] 从这段话可以看出，马克思此时是认同黑格尔把国家看成道德理性的最高实现这一观点的，并把社会改造和实现正义的理想寄托于理性、法律和道德之上。可以说，马克思在这个时期对自由、平等、权利、道德、正义等价值观的论证明显带有典型的黑格尔法哲学模式和唯心史观色彩，还囿于自由主义的哲学观和话语体系之中，与当时的启蒙思想相一致。如马克思在对宗教与道德的区分中，对道德的理解完全是康德的表述方式，这种表述方式在下面一段话中体现得尤为明显：

　　根据这一检查令，书报检查应该排斥像康德、费希特和斯宾诺莎这样一些道德领域内的思想巨人，因为他们不信仰宗教，并且要

---

[1]　《马克思恩格斯全集》第 1 卷，人民出版社 1995 年版，第 123 页。
[2]　《马克思恩格斯全集》第 1 卷，人民出版社 1995 年版，第 122 页。
[3]　《马克思恩格斯全集》第 1 卷，人民出版社 1995 年版，第 228 页。

损害礼仪、习俗和外表礼貌。所有这些道德家都是从道德和宗教之间的根本矛盾出发的，因为道德的基础是人类精神的自律，而宗教的基础则是人类精神的他律。①

这段话就很清楚地显现了马克思与卢梭、康德等理性意志传统之间的亲缘关系。当然，马克思的学术活动与理论积淀都根植于德国古典哲学，从意识哲学出发理解道德，可以说是必然要经历的思想阶段。吴晓明教授提出，"在德国哲学的背景中，全部理论围绕着旋转的枢轴——主体及其活动的表达，首先表现为'自我意识'的概念"。② 自我意识是此时马克思的主要理论立足点，形成激进自由主义的道德观也就是自然而然的事情了。应该说，马克思此时基本上从"内在观点"出发理解道德，道德起源于理性的自律性，而不是他律性，用道德的自律性去区分宗教与道德。换言之，道德起源于理性意志，而非经验意志，所以个体必须关注他们的"伦理特性"。在此意义上，马克思提出"在衡量事物的存在时，我们应当用内在观念的本质的尺度"③ 的主张，认为道德是一个独立的、自律的、不从属于宗教的领域，是以一个人的理性反思为基础而不应从属于任何外在的权威。可以说，马克思这时对道德的理解恰恰是后来马克思反对的规范性道德命题，即把道德理解为纯粹理性指向先验终极性的追求。

这一点，在马克思这一时期所写的、包含最多道德语言和道德主张的《论离婚法草案》中更加明显。马克思在此文中提出："立法者应该把自己看作一个自然科学家。他不是在创造法律，不是在发明法律，而仅仅是在表述法律，他用有意识的实在法把精神关系的内在规律表现出来。"④ 这表明马克思此时遵从的仍然是伦理理性主义传统。马克思在这篇文章中用"自觉地服从伦理的自然的力量"去反对宗教关于"婚姻的本质不是人的伦理性，而是宗教的神圣性，因而以上天注定代替自己做主，以超自然的恩准代替内心的、自然的奉献，以消极地顺从那凌驾于

① 《马克思恩格斯全集》第 1 卷，人民出版社 1995 年版，第 119 页。
② 吴晓明：《马克思早期思想的逻辑发展》，云南人民出版社 1993 年版，第 56 页。
③ 《马克思恩格斯全集》第 1 卷，人民出版社 1995 年版，第 166 页。
④ 《马克思恩格斯全集》第 1 卷，人民出版社 1995 年版，第 347 页。

这种关系的本性之上的戒律代替忠诚地服从这种关系的本性"① 的观点，其目的仍然是想强调道德原则的选择必须以一个人的理性反思为基础，而不是从属于外在权威。对自主性选择的强调，表明了马克思对康德哲学思想的深刻关注。正如佩弗认为的那样，"我们能找到进一步的证据来证明马克思在这一时期作过实质性的道德判断，并且证明他对于道德的看法以及这些实质性的道德观点稳固地根植于康德主义和后康德主义德国哲学的道德论和理性意志传统之中"。②

之所以说马克思此时遵循的是激进自由主义的道德观，在于马克思此时认为"任何伦理关系的存在都不符合，或者至少可以说，不一定符合自己的本质"③，所以国家应最大限度地认识自己的本质，成为合乎人性的国家，保证公民的思想自由、出版自由、公共事务的平等积极参与，法律也应该是人民自由意志的自觉表现，由人民意志所创立。总之，国家、法律等应该服从于人民意志，"即使公民起来反对国家机构，反对政府，道德的国家还是认为他们具有国家的思想"。④ 实际上，除了受康德式道德自律的影响，马克思还在黑格尔巨大的身影之中，认为道德、法律等精神力量对人类历史起着决定性作用。同时，马克思还受启蒙运动和法国大革命的影响，自由、平等、博爱和自我实现等价值观念都是马克思所认同和接受的。

但是，不能忽略的是，马克思这时虽然遵从的是康德式的道德观，但与康德"书斋里的革命"不同，马克思并不是在书斋中从事抽象的哲学理论研究，而是尝试突破德国思辨哲学的空泛模式，用道德理论直面社会现实问题，批判普鲁士国家的官僚政治和封建等级代表制等，并为贫困劳动者的民主权利和物质利益大声呼吁。同时还应该看到的是，正如卢卡奇所言，"马克思在他的博士论文里，比黑格尔更具体、更坚决地实现了从存在问题及其意义的层次问题向历史的现实的领域，向具体实践的领域的过渡"。⑤ 应该说，在《关于林木盗窃法的辩论》中马克思已

---

① 《马克思恩格斯全集》第 1 卷，人民出版社 1995 年版，第 315 页。
② 〔美〕佩弗：《马克思主义、道德与社会正义》，吕梁山等译，高等教育出版社 2010 年版，第 44 页。
③ 《马克思恩格斯全集》第 1 卷，人民出版社 1995 年版，第 348 页。
④ 《马克思恩格斯全集》第 1 卷，人民出版社 1995 年版，第 121 页。
⑤ 〔匈〕卢卡奇：《历史与阶级意识》，杜章智等译，商务印书馆 1996 年版，第 199 页。

经看到不同等级的思想受一定物质利益的制约，所以此时的马克思看到了社会底层民众的穷困，也确立了维护"政治上和社会上备受压迫的贫苦群众"利益的立场。马克思在林木盗窃法辩论的评论中对普鲁士的道义观进行了深入剖析，尖锐地抨击了议会维护林木所有者等级特权、背离法理和道义的行径，第一次公开维护贫苦民众的物质利益。尽管这时马克思对于林木统治人这一"拜物教"的批判，还仅仅停留在凌驾于特殊利益之上的普遍的国家的理性和道义的观点上，并没有从经济学的角度来说明为什么要保护林木所有者的利益而牺牲法的理性原则，但已经产生"苦恼的问题"，即为什么国家对广大贫困农民的基本权益不闻不问而乐于制定让那些有产者更加有产的法律。正是这种"苦恼""难事"，再加上摩泽尔农民状况和自由贸易、保护关税的辩论，"促使我去研究经济问题"。[1]　由此，可以说，"在马克思从事哲学的入口，已经存在对黑格尔哲学内在的批判与反叛的可能倾向"。[2]

二　革命人本主义道德理论的形成

如上所述，在《莱茵报》时期，虽然马克思看到了德国哲学脱离实际，敏于抽象思辨的现象，但这一时期特别是前期，马克思对道德和伦理问题的理解还是黑格尔主义和理性主义的。只不过关于林木盗窃法和摩泽尔地区的辩论这两件事情使马克思逐渐认识到了当时的普鲁士政府被物质利益集团直接左右而与广大贫苦民众的利益完全背离，这时马克思对黑格尔的国家哲学和法哲学产生了怀疑，开始对之进行批判性的分析。受费尔巴哈的影响，马克思逐渐用"尊严""非人化"等人本主义术语来表达他的道德观点，这一点在1843年马克思写给卢格的信中就已经显现出来了。在谈到如何复兴和促进社会时，马克思写道："首先必须重新唤醒这些人心中的人的自信心，即自由。这种自信心已经和希腊人一同离开了世界，并同基督教一起消失在天国的苍茫云雾之中。只有这种自信心才能使社会重新成为一个人们为了达到自己的崇高目的而结成

①　《马克思恩格斯文集》第2卷，人民出版社2009年版，第588页。
②　刘同舫、陈晓斌：《青年马克思政治哲学思想研究》，中国社会科学出版社2018年版，第36页。

的共同体，成为一个民主的国家"①，"我们的全部任务只能是赋予宗教问题和哲学问题以适合于自觉的人的形态，像费尔巴哈在批判宗教时所做的那样"。② 多年后，马克思写道：

> 为了解决使我苦恼的疑问，我写的第一部著作是对黑格尔法哲学的批判性的分析，这部著作的导言曾发表在 1844 年巴黎出版的《德法年鉴》上。我的研究得出这样一个结果：法的关系正像国家的形式一样，既不能从它们本身来理解，也不能从所谓人类精神的一般发展来理解，相反，它们根源于物质的生活关系，这种物质的生活关系的总和，黑格尔按照 18 世纪的英国人和法国人的先例，概括为"市民社会"，而对市民社会的解剖应该到政治经济学中去寻求。③

而马克思批判黑格尔国家和法的观念的凭借则是费尔巴哈式的人本主义哲学逻辑和术语，借助费尔巴哈式的人本主义，马克思考察了政治异化和劳动异化问题，并提出异化扬弃的原则——革命的人本主义。借用弗罗姆（Erich Fromm）的表述，人本主义是"一种把人及人的发展、完善、尊严和自由放在中心位置上的一种思想和感情的体系"。④ 而马克思的革命的人本主义道德理论主要是在《论犹太人问题》、《〈黑格尔法哲学批判〉导言》和《1844 年经济学哲学手稿》中完成的。而这几部著作的理论意图和思路也都是围绕着查明阻碍人们通往解放道路的原因，引导人们摆脱偏见和错误，为走向真正的人类解放做好准备而展开的，"人本主义"是这一时期马克思道德理论的主体色彩。

在《论犹太人问题》中马克思首次对自己"人的解放"观进行系统阐述，表达了革命人本主义道德观。"犹太人问题"的实质是人的问题，即少数人如何从市民社会的自私自利和金钱至上中解放出来，以自己的

---

① 《马克思恩格斯全集》第 47 卷，人民出版社 2004 年版，第 57 页。
② 《马克思恩格斯全集》第 1 卷，人民出版社 1956 年版，第 418 页。
③ 《马克思恩格斯文集》第 2 卷，人民出版社 2009 年版，第 591 页。
④ 〔美〕弗罗姆：《马克思关于人的概念》，载复旦大学哲学系现代西方哲学研究室编译《西方学者论〈1844 年经济学哲学手稿〉》，复旦大学出版社 1983 年版，第 79 页。

方式有尊严地生存的问题。我们知道，马克思关于"人的解放"是从鲍威尔"毫无批判地把政治解放和普遍的人的解放混为一谈"① 问题谈起的，马克思认为鲍威尔的"政治解放"虽然把国家从宗教中解放出来，但在这个过程中，宗教却下降入市民社会之中，成为一种市民精神，政治精神从市民社会中上移到国家之中，"宗教来到世间，政治上升到国家"。这样一来，"市民"与"公民"呈现出分裂状态，而这种分裂实质是人的"公共体生活"与"私人生活"的分裂，随之而来的是市民社会堕落为纯粹私人利益的牙城，市民成为不愿意承担政治义务和为共同体负责的利己的人。马克思认为，这是政治解放所带来的异化和人的本性的颠倒。正是如此，马克思认为人的解放关键不在于废除宗教，而在于人本身得到解放，而人本身的解放关键在于政治解放的批判这一"当代的普遍问题"，将政治解放带来的人的分裂重新统一起来，将被抽象出去的政治精神再收归于自身，将私民与公民结合起来。也就是：

> 只有当现实的个人把抽象的公民复归于自身，并且作为个人，在自己的经验生活、自己的个体劳动、自己的个体关系中间，成为类存在物的时候，只有当人认识到自身"固有的力量"是社会力量，并把这种力量组织起来因而不再把社会力量以政治力量的形式同自身分离的时候，只有到了那个时候，人的解放才能完成。②

由上可以看出，此时的马克思认为"任何一种解放都是把人的世界和人的关系还给人自己"③，因而犹太人在现代民主政治中并没有获得实质的解放，充其量是形式的解放，所以政治解放是一种不彻底的解放，政治解放只是走向人类解放的一个阶段。那么，这是什么原因造成的呢？马克思认为，宗教来到市民社会，成为一种世俗宗教，犹太教的世俗基础是"实际需要""自私自利""做生意""货币"④ 等。由于"货币"成为神，人成为利欲熏心、自私自利、尔虞我诈的商人，所以市民社会

---

① 《马克思恩格斯文集》第1卷，人民出版社2009年版，第25页。
② 《马克思恩格斯文集》第1卷，人民出版社2009年版，第46页。
③ 《马克思恩格斯全集》第1卷，人民出版社1956年版，第443页。
④ 《马克思恩格斯文集》第1卷，人民出版社2009年版，第52页。

成为"扯断人的一切类联系，代之以利己主义和自私自利的需要，使人的世界分解为原子式的相互敌对的个人的世界"。① 也就是说，在市民社会中，政治沦为经济的奴仆，人成为货币的奴隶，所以"人的解放"绝对不仅是从宗教中解放出来，而是要从"货币"中解放出来，推翻使人成为被侮辱、被奴役、被遗弃和被蔑视的东西的一切关系，不仅仅是宗教关系，还包括政治关系、文化关系和经济关系。所以，这个时期的马克思认为市民社会对于"人的解放"是一种异己的消极存在。

应该说这时的马克思关于规范性的政治主张已悄然发生改变，从一个资产阶级民主国家的支持者变成了一个沿着卢梭关于善的社会模式的思路而来的某种更为公共的社会的拥护者。② 所以，当法国启蒙思想家遭到左派黑格尔主义成员的攻击时，马克思对此进行了辩护。他说：

> 既然人是从感性世界和感性世界中的经验中获得一切知识、感觉等等的，那就必须这样安排经验的世界，使人在其中能体验到真正合乎人性的东西，使他常常体验到自己是人。既然正确理解的利益是全部道德的原则，那就必须使人们的私人利益符合于人类的利益……既然是环境造就人，那就必须以合乎人性的方式去造就环境。③

而且马克思在这篇文章中引用了霍尔巴赫（Claude Adrien Helvetius）、爱尔维修（Heinrich Diefrich）以及边沁的伦理著作中的许多句子，可见启蒙思想中的人本主义对他的影响。

而马克思典型的革命人本主义道德观在《〈黑格尔法哲学批判〉导言》中体现得最为明显。在这篇文章中，马克思提出理论的批判应该从宗教批判转移到对政治现实的批判，如德国人的解放就是推翻封建专制，实现"人是人的最高本质这样一个学说"，"必须推翻使人成为被侮辱、被奴役、被遗弃和被蔑视的东西的一切关系，一个法国人对草拟中的养

---

① 《马克思恩格斯文集》第 1 卷，人民出版社 2009 年版，第 54 页。
② 〔美〕佩弗：《马克思主义、道德与社会正义》，吕梁山等译，高等教育出版社 2010 年版，第 44 页。
③ 《马克思恩格斯文集》第 1 卷，人民出版社 2009 年版，第 334~335 页。

犬税发出的呼声，再恰当不过地刻画了这种关系，他说：'可怜的狗啊！人家要把你们当人看哪！'"① 从这句话我们就能清楚地看到，马克思此时的道德理论基于固有的人类尊严或价值概念，而非人类利益的满足。同样的观念在马克思对宗教批判的根据中也明显显现：

> 人创造了宗教，而不是宗教创造人。就是说，宗教是还没有获得自身或已经再度丧失自身的人的自我意识和自我感觉。但是，人不是抽象的蛰居于世界之外的存在物。人就是人的世界，就是国家，社会。这个国家、这个社会产生了宗教，一种颠倒的世界意识，因为它们就是颠倒的世界……人的自我异化的神圣形象被揭穿以后，揭露具有非神圣形象的自我异化，就成了为历史服务的哲学的迫切任务。于是，对天国的批判变成对尘世的批判，对宗教的批判变成对法的批判，对神学的批判变成对政治的批判。②

值得一提的是，马克思对政治现实的批判，此时已经找到使命的完成者，那就是市民社会中的"无产阶级"。马克思在回答"德国解放的实际可能性到底在哪里"的问题时提出：

> 就在于形成一个被戴上彻底的锁链的阶级，一个并非市民社会阶级的市民社会阶级，形成一个表明一切等级解体的等级，形成一个由于自己遭受普遍苦难而具有普遍性质的领域，这个领域不要求享有任何特殊的权利，因为威胁着这个领域的不是特殊的不公正，而是普遍的不公正，它不能再求助于历史的权利，而只能求助于人的权利，它不是同德国国家制度的后果处于片面的对立，而是同这种制度的前提处于全面的对立，最后，在于形成一个若不从其他一切社会领域解放出来从而解放其他一切社会领域就不能解放自己的领域，总之，形成这样一个领域，它表明人的完全丧失，并因而只有通过人的完全回复才能回复自己本身。社会解体的这个结果，就

---

① 《马克思恩格斯文集》第 1 卷，人民出版社 2009 年版，第 11 页。
② 《马克思恩格斯文集》第 1 卷，人民出版社 2009 年版，第 3～4 页。

是无产阶级这个特殊等级。①

　　马克思之所以认为无产阶级能够承担人的解放的使命，在于他认为无产阶级是最有可能彻底否定市民社会的力量，而且由于没有特殊利益，因而具备了革命的普遍性。但是，马克思此时还只是认为无产阶级所具有的普遍性是政治性的，并没有看到经济普遍性这一后来被马克思当作决定国家、政治和道德基础的东西。所以，从整体上看，《〈黑格尔法哲学批判〉导言》写作时期的马克思在道德理论上重点强调"人的解放"，但对"人的解放"的理解还停留在"这个解放的头脑是哲学，它的心脏是无产阶级"②的水平，或者说还只是在法哲学角度考察道德，还不是从经济学的角度考察道德。可以说，马克思还非常重视启蒙理性"哲学的实现"或"自我实现"的价值观，认为哲学和新闻批判足以带来社会变革。正是如此，马克思后来在批判蒲鲁东时进行了自我反思，认为自己的认识水平与"不能用咒骂来回答，而只能通过对现代'政治经济学'的分析来回答"③还有相当大的差距。

　　应该说，在《〈黑格尔法哲学批判〉导言》中马克思看到了现实世界中无产阶级普遍的生存苦难，提出了"对天国的批判变成对尘世的批判，对宗教的批判变成对法的批判，对神学的批判变成对政治的批判"。④马克思通过宗教批判和法哲学批判，匡正了道德与实践两个世界的根本颠倒。由此，马克思主义通过对宗教、道德的批判引申出对资本主义的批判，完成了走向成熟的、革命的、实践的道德理论建构的第一步。此时的马克思开始从市民社会矛盾的角度考察道德——尽管这时他还没有完全达到黑格尔和斯密的水平。结束《德法年鉴》的工作以后，马克思终于意识到"市民社会的解剖应该到政治经济学中去寻求"⑤，这意味着马克思即将开启道德理论的新阶段。对于这个开端，恩格斯有一段精彩的概括：

---

① 《马克思恩格斯文集》第1卷，人民出版社2009年版，第16~17页。
② 《马克思恩格斯文集》第1卷，人民出版社2009年版，第18页。
③ 《马克思恩格斯文集》第2卷，人民出版社2009年版，第616页。
④ 《马克思恩格斯文集》第1卷，人民出版社2009年版，第4页。
⑤ 《马克思恩格斯文集》第1卷，人民出版社2009年版，第591页。

马克思从黑格尔的法哲学出发，得出这样一种见解：要获得理解人类历史发展过程的锁钥，不应当到被黑格尔描绘成"大厦之顶"的国家中去寻找，而应当到黑格尔所那样蔑视的"市民社会"中去寻找。但关于市民社会的科学，也就是政治经济学，而当时要切实地研究这门科学，在德国是不可能的，只有在英国或法国才有可能。①

来到巴黎的马克思，通过大量的经济学著作的阅读，形成了7本《巴黎笔记》和3本《巴黎手稿》，开始建构原创的马克思主义学说，包括对古典政治经济学的批判和资本主义体系的批判，也开始了对自己人本主义道德观的更为详细的说明，并由此踏向了历史唯物主义基础上的道德理论。在《1844年经济学哲学手稿》写作时期，马克思通过哲学研究和政治经济学研究的结合，穿过国民经济学的迷雾，发现了资本主义社会里劳动者受压迫和奴役的异化状态，并提出了异化劳动的概念和实现人性复归的目标，也完成了以人本主义异化史观为构架的思想逻辑，正是如此，卢克斯倾向于把马克思理解为一个"亚里士多德式的伦理学家"②，旨在弘扬人性中至善的一面，关注人的完善和自我实现。只不过马克思认为只能通过生产和交换方式的变更，而不是通过人们头脑中对永恒真理和正义的追求才能达到完善。《1844年经济学哲学手稿》中最具特色的部分是马克思从当时的国民经济的事实出发，创造性地运用费尔巴哈异化概念，从异化劳动的角度对工人阶级的劳动和"人的类本质同人的异化"的四种表现进行了阐发，揭示了资本主义的不合理性和非人性。《1844年经济学哲学手稿》中第一次在其规范性政治理论中明确地拥护共产主义，解释共产主义的可能性和必然性。

异化概念是这一时期马克思人本主义道德理论的核心范畴。与以往不同，马克思在巴黎时期很少使用道德或伦理术语来进行社会价值分析与评价，代替道德概念的是异化这样的术语，以及诸如贫穷、不幸、退化、非人、残酷、粗鲁等这些更为具体的道德表达。也就是说，马克思

---

① 《马克思恩格斯全集》第16卷，人民出版社1964年版，第409页。

② 〔英〕史蒂文·卢克斯：《马克思主义与道德》，袁聚录译，高等教育出版社2009年版，第105页。

这时更多的是用异化去描述一个建立在私有制、利益和劳动分工基础上的社会的非理想的、有害的结果。那么，在《1844年经济学哲学手稿》中马克思是怎样用异化范畴隐晦地表达他的道德理论的呢？我们知道，马克思认为，在统治阶级和被统治阶级相对立的社会，人会异化于生产过程、产品、他人以及人自身，因而，人与这些对象相分离和疏远，成为无法控制的敌对力量。马克思认为，人与生产产品相异化，实际上是异己力量对生产者的支配，造成了人的自由的缺失；而人与生产过程的异化会造成劳动意义的丧失；与他人相异化，会带来共同体的缺失；与类存在相异化，导致人的潜能无法实现。这样，自由、人类共同体、自我实现由于异化都无法实现。异化会阻碍人的两种本质能力的实现，一种是社会性、创造性的能力，另一种是整体存在，或"类"的存在能力。也就是说，马克思认为异化阻碍了人们实现自身本质的人性，或妨碍了人的"类存在"，这样就导致：

> 工人生产得越多，他能够消费的越少；他创造的价值越多，他自己越没有价值、越低贱；工人的产品越完美，工人自己越畸形；工人创造的对象越文明，工人自己越野蛮；劳动越有力量，工人越无力；劳动越机巧，工人越愚笨，越成为自然界的奴隶。[①]

另外，马克思不再把道德说成一个自律的领域，而是更多从外在的、社会学角度思考道德。相对于过去从内在的、评价性的角度思考道德而言，马克思道德理论开始呈现转变，这个转变可以通过《1844年经济学哲学手稿》中的一段话加以印证：

> 如果国民经济学家同道德的关系，并非任意的、偶然的因而并非无根据的和不科学的，如果这种关系不是装装样子，而是被设想为本质的，那么这只能是国民经济学规律同道德的关系；如果实际上并非如此，或者恰恰出现相反的情况，那么李嘉图对此又有什么办法呢？何况，国民经济学和道德之间的对立也只是一种表象，它

---

① 《马克思恩格斯文集》第1卷，人民出版社2009年版，第158页。

既是对立，又不是对立。国民经济学不过是以自己的方式表现道德规律。①

　　尽管这时的马克思道德理论还是人本主义的，尽管马克思宣称在《1844 年经济学哲学手稿》中费尔巴哈的人道主义居于完全核心的地位，尽管马克思认为"从费尔巴哈起才开始了实证的人道主义的和自然主义的批判。费尔巴哈的著作越是得不到宣扬，这些著作的影响就越是扎实、深刻、广泛和持久；费尔巴哈著作是继黑格尔的《现象学》和《逻辑学》之后包含着真正理论革命的唯一著作"②，但可以肯定的是，马克思开始有意识地抛弃他早期观点中所带有的黑格尔唯心主义，探寻生产方式和经济规律、统治阶级的阶级利益与道德观念体系之间的关系。正是如此，佩弗把马克思称为道德社会学的开创性人物之一。③

　　在《1844 年经济学哲学手稿》中，马克思探讨了道德的异化问题。他认为："在信贷关系中，不是货币被人取消，而是人本身变成货币，或者是货币和人合并为一体。人的个性本身、人的道德本身既成了买卖的物品，又成了货币存在于其中的物质。"④ 马克思大声疾呼："请想一想，在信贷关系中用货币来估价一个人是何等的卑鄙"⑤，"人不得不把自己变成赝币，以狡诈、谎言等手段骗取信用"⑥。由此，马克思渴望在新的经济、社会和政治条件里，形成一种新人，消除自身的异化，"他的"意识由一个属于"他的"世界塑造，以一个已经是"他的"世界为中介，形成本身的意识。从这些话语的表述方式上看，马克思此时还比较多地用道德愤慨和道德批判来揭露异化现象。同时，马克思此时对道德的理解还是抽象的、哲学的，虽然相对于过去，道德阐释的经验性成分在增加，但马克思仍然假定任何异化的事物都力图抛弃其异化，趋向本质。

---

① 《马克思恩格斯文集》第 1 卷，人民出版社 2009 年版，第 229 页。
② 《马克思恩格斯文集》第 1 卷，人民出版社 2009 年版，第 112 页。
③ 〔美〕佩弗：《马克思主义、道德与社会正义》，吕梁山等译，高等教育出版社 2010 年版，第 51 页。
④ 《1844 年经济学哲学手稿》（单行本），人民出版社 2000 年版，第 169 页。
⑤ 《1844 年经济学哲学手稿》（单行本），人民出版社 2000 年版，第 168~169 页。
⑥ 《1844 年经济学哲学手稿》（单行本），人民出版社 2000 年版，第 168~169 页。

第二节　道德理论的范式变革

1845 年 2 月，马克思一家被巴黎当局驱逐，被迫迁往比利时的布鲁塞尔，直至 1848 年。在马克思思想史中，这几年被称作布鲁塞尔时期。这一时期的马克思全身心投入政治经济学的系统研究之中，写出了《关于费尔巴哈的提纲》和《德意志意识形态》两部经典著作，在扬弃费尔巴哈的人本学唯物主义的基础之上，创立了科学的实践观和历史唯物主义的基本原理，获得了观察历史的正确的逻辑出发点和科学的方法论。在道德理论方面，在《神圣家族》中，马克思通过对自我意识的批判完成对以往唯心主义道德哲学的批判，又通过《德意志意识形态》完成了对旧唯物主义道德哲学的批判，奠定了道德理论的认识论基础。在《关于费尔巴哈的提纲》中提出"全部社会生活在本质上是实践的"[①]，"哲学家们只是用不同的方式解释世界，问题在于改变世界"[②]，不仅明确了道德理论的实践性基础，更提出了革命性与解放性的道德理想。而在《共产党宣言》中，马克思则在实践的基础上更清醒地看到资本主义残酷的经济剥削和殖民扩张给无产阶级带来的苦难。马克思写道："工人变成了机器的单纯的附属品，要求他做的只是极其简单、极其单调和极容易学会的操作"，所以，工人"不仅仅是资产阶级的、资产阶级国家的奴隶，他们每日每时都受机器、受监工、首先是受各个经营工厂的资产者本人的奴役。这种专制制度越是公开地把营利宣布为自己的最终目的，它就越是可鄙、可恨和可恶"[③]。由此，马克思在这一时期实现了从思辨的抽象的道德理论范式到实践的历史的道德理论范式的转换，奠定了科学的、唯物史观下的道德理论的初步框架，使道德理论有了科学的世界观和方法论的根基。正是在这一时期，马克思第一次把道德奠基于经验性的社会科学理论之上，表现为：①用解释社会历史现象的方法解释道德现象；②用社会历史变革的思想观照道德进步；③用阶级分析的理论把道德与意识形态关联起来；④用经济的和历史的眼界去审视资本

---

① 《马克思恩格斯文集》第 1 卷，人民出版社 2009 年版，第 501 页。
② 《马克思恩格斯文集》第 1 卷，人民出版社 2009 年版，第 502 页。
③ 《马克思恩格斯文集》第 2 卷，人民出版社 2009 年版，第 38 页。

主义，而不是像过去那样仅仅是道德谴责。当然，这一时期马克思著作的风格处于哲学性与经验性之间，只能说与之前的作品相比，更不具有哲学性，或者说更具有经验性。

一　《关于费尔巴哈的提纲》：实践式道德理论的创立

马克思在对黑格尔批判的过程中，越来越感觉到费尔巴哈"新哲学"的静止性和非历史性——因此也越来越觉得需要清算他"从前的哲学信仰"，以破除"对费尔巴哈的迷信"，对新的哲学世界观做一个总结。通过清算，马克思形成了自己的实践观，从而与费尔巴哈哲学实现了彻底剥离。

我们知道，费尔巴哈把人的本质放在意识一方，所谓"仅仅把理论的活动看做真正人的活动"，只是静态地把人视为对象性存在物，把实践理解为低俗的世俗活动，人的"本质只能被理解为'类'，理解为一种内在的、无声的、把许多个人自然地联系起来的普遍性"①，而没有动态地把人的活动视为在历史中展开的对象性活动。换句话说，费尔巴哈不能从社会关系上理解人的本质，而是撇开历史进程孤立地理解人的本质，从而走向建立抽象的以爱为主题的新宗教的归宿。"费尔巴哈把宗教的本质归结于人的本质。但是，人的本质不是单个人所固有的抽象物，在其现实性上，它是一切社会关系的总和"②，反之，马克思则是把实践理解为社会或者人的本质规定，从社会关系的整体及其历史发展中来分析和规定人的社会本质。此时的马克思也越来越不喜欢使用那些过分接近于黑格尔的唯心主义术语，语言表述也变得不那么热情奔放了。这明显影响了马克思对道德的理解，马克思开始强调道德不是独立的抽象存在，其实质也是实践的产物。

需要注意的是，马克思此时已不再从伦理道德如剥削的角度来审视人的社会活动，而是表达了如下观点：实践是人有意识地改变环境的活动，它的本性就是批判的、革命的。以实践观念为思维方式，马克思对道德理解的眼光和着力点也转向了道德生成的整体社会关系，并思考道

---

① 《马克思恩格斯文集》第 1 卷，人民出版社 2009 年版，第 501 页。
② 《马克思恩格斯文集》第 1 卷，人民出版社 2009 年版，第 501 页。

德生成的内在原因，从而开启了通往唯物史观指导下的道德理论的道路。全新的实践观的确立，标志着马克思道德理论的本质特征和基本精神，标志着马克思道德理论所特有的进行历史解剖和实践批判的革命的否定性力量。费尔巴哈批判黑格尔的哲学是思辨哲学，是用逻辑的眼睛来观察现实的事物，他要求用人的感性的眼睛来观察现实的事物，但"他没有把人的活动本身理解为对象性的活动……因此，他不了解'革命的'、'实践批判'活动的意义"。①

马克思强调人的实践活动，目的是强调工人阶级所肩负的历史使命，确立工人阶级这一新的社会历史主体伟大的实践品格，以建立人类解放的新世界。对于这一点，马克思表达得比较明确："全部社会生活在本质上是实践的。凡是把理论引向神秘主义的神秘东西，都能在人的实践中以及对这种实践的理解中得到合理的解决。"② 马克思把实践理解为感性的人的活动，并以这种感性的人的活动即实践的眼光看待社会生活、看待人类世界。自然，这也会影响马克思对道德的理解，道德也是人类社会实践的产物，而不能仅仅理解为观念论哲学，道德应该具有鲜明的实践性格和阶级性格，"哲学家们只是用不同的方式解释世界，问题在于改变世界"③ 的著名论断，表明他创立的哲学是一种争取无产阶级自由和人类解放的革命的实践哲学。批判与革命也成为马克思道德理论的关键词和重要主题。

《关于费尔巴哈的提纲》是《1844 年经济学哲学手稿》和《神圣家族》的后续工作，又具有《德意志意识形态》的大纲的性质。《关于费尔巴哈的提纲》的写作标志着马克思"实践唯物主义"的确立，初步呈现了马克思道德理论范式转向的逻辑意向，在马克思的道德理论脉络中是一个承上启下且带有里程碑性的环节。但它只是一个有待展开的思想萌芽，而更丰富、更明确、更有力的道德理论范式转换，则是在《德意志意识形态》中完成的。

二　《德意志意识形态》：历史唯物主义道德理论的确立

《德意志意识形态》标志着马克思的思想达到一个新的高度，与

---

① 《马克思恩格斯文集》第 1 卷，人民出版社 2009 年版，第 499 页。
② 《马克思恩格斯文集》第 1 卷，人民出版社 2009 年版，第 501 页。
③ 《马克思恩格斯文集》第 1 卷，人民出版社 2009 年版，第 502 页。

《巴黎手稿》、《1857—1858 年经济学手稿》和《资本论》一起构成了马克思最重要的大部头著作。马克思按照《关于费尔巴哈的提纲》所确定的提纲，在《共产党宣言》中继续剥离当时德国流行的哲学学说，并与鲍威尔、施蒂纳、费尔巴哈等以及格律恩（Karl Grün）代表的德国"真正的社会主义"展开论战。《德意志意识形态》将实践的历史性逻辑展现为一种完整的"历史科学"——历史唯物主义，包含着马克思对于历史唯物主义的观点、社会历史变革的理论以及制度的系统说明。通过这部著作，马克思实现了对资本主义由基于道义的、零散的谴责向系统的批判的转换。马克思在《德意志意识形态》中对唯物主义历史观的表述，既是历史唯物主义新哲学世界观，也是历史唯物主义新道德观。尤其是在《德意志意识形态》中马克思把他的规范性政治观点固定为对共产主义和共产主义革命的赞成。[①] 对于《德意志意识形态》和马克思的道德理论之间的关系，佩弗认为："尽管马克思在《德意志意识形态》中声言道德是意识形态的一种，但是或许马克思再没有哪部著作将他明确的道德观点表述得如此清楚。"[②]

　　在《德意志意识形态》中，马克思要解决的核心问题是：观照、理解和把握世界的方式"是从观念、精神和自我出发还是根源于现实、感性和实践"。围绕这个核心问题，马克思从三个方面开创了哲学革命，并实现了道德理论的范式转换。

　　第一，由"思辨形而上学"转向"现实的"和"感性世界"。马克思在第一章中明确提出："青年黑格尔派同意老年黑格尔派的这样一个信念，即认为宗教、概念、普遍的东西统治着现存世界。不过一派认为这种统治是篡夺而加以反对，另一派则认为这种统治是合法的而加以赞扬。"[③] 也就是说，以往的德国哲学是从精神、观念、理念和意识出发理解世界的，但马克思则开创性地提出"这是一些现实的个人，是他们的活动和他们的物质生活条件，包括他们已有的和由他们自己的活动创造

---

① 〔美〕佩弗：《马克思主义、道德与社会正义》，吕梁山等译，高等教育出版社 2010 年版，第 61 页。
② 〔美〕佩弗：《马克思主义、道德与社会正义》，吕梁山等译，高等教育出版社 2010 年版，第 61 页。
③ 《马克思恩格斯文集》第 1 卷，人民出版社 2009 年版，第 515 页。

出来的物质生活条件"① 才是现实前提。如果从精神、观念、理念和意识出发理解世界，必然会"完全合乎逻辑地向人们提出一种道德要求，要用人的、批判的或利己的意识来代替他们现在的意识，从而消除束缚他们的限制"②，但由于"人们的想象、思维、精神交往在这里还是人们物质行动的直接产物"，"人们是自己的观念、思想等等的生产者"③，社会的物质生产力和现存的社会关系状况才是理论、神学、哲学、道德等社会意识形态的最终基础，所以"道德、宗教、形而上学和其他意识形态，以及与它们相适应的意识形式便不再保留独立性的外观了"④，它们只是人们物质行动的直接产物。应该说，这是马克思主义道德理论的重大范式转换，马克思从此以后不再把精神、观念，也不再把直观的抽象的孤立的个人的行动当作前提和出发点，而是站在物质基础之上观照道德，把现实的个人、现实个人的物质生产及其条件当作前提和出发点。在《德意志意识形态》中，马克思、恩格斯也不再使用《1844 年经济学哲学手稿》中被大量使用的"类"和"人的本质"这样的术语，避免把道德理解为一种脱离感性世界、不着边际的形而上学的抽象侈谈和"醉心于自我直观"的玄思，已不再过分关注追求私利还是追求美德这种"完全次要的问题"，而是主动"揭示这个对立的物质根源"。⑤

第二，由"解释世界"的哲学转向"改变世界"的哲学。在《德意志意识形态》中马克思明确提出"全部问题都在于使现存世界革命化，实际地反对并改变现存的事物"。⑥ 这句话表明，哲学、思想、理论等不应是世界之外的遐想，而应该是现实的、时代的、社会的、人民群众的，人与世界的关系在哲学、思想、理论中应该被理解为现实的、实践的，哲学、思想、理论不仅包括对世界的理论解释，更包括对世界的实践改造。改变世界在马克思那里是有具体指向的，那就是对资本主义的批判和无产阶级的革命。后来马克思在其著作中多次批判为资本主义辩护的道德观念可能会弱化无产阶级革命的道德主张，原因皆在于此。这一点

---

① 《马克思恩格斯文集》第 1 卷，人民出版社 2009 年版，第 517 页。
② 《马克思恩格斯文集》第 1 卷，人民出版社 2009 年版，第 516 页。
③ 《马克思恩格斯文集》第 1 卷，人民出版社 2009 年版，第 524 页。
④ 《马克思恩格斯文集》第 1 卷，人民出版社 2009 年版，第 525 页。
⑤ 《马克思恩格斯全集》第 3 卷，人民出版社 1960 年版，第 275 页。
⑥ 《马克思恩格斯文集》第 1 卷，人民出版社 2009 年版，第 527 页。

在马克思对克利盖的批判中非常明显，在马克思看来，克利盖对利己主义的攻击和关于爱的高谈阔论，不过是其"渗透了宗教思想"的心情的表白，"一些华丽的标记如'全人类'、'人道'、'人类'等等；这只会使一切实际问题变成虚幻的词句"。① 在马克思看来，批判的武器不能代替武器的批判，人的解放没有物质力量和无产阶级的参与不行，物质力量只能用物质力量来摧毁。所以，必须取消以观念构建世界的德国青年黑格尔派哲学。《德意志意识形态》用辛辣的笔法表达了这一观点："为了正确地评价这种甚至在可敬的德国市民心中唤起怡然自得的民族感情的哲学叫卖，为了清楚地表明这整个青年黑格尔派运动的狭隘性、地域局限性，特别是为了揭示这些英雄们的真正业绩和关于这些业绩的幻想之间的令人啼笑皆非的显著差异，就必须站在德国以外的立场上来考察一下这些喧嚣吵嚷。"② 可以讲，马克思通过《德意志意识形态》不仅对黑格尔做了唯物论的批判，而且从黑格尔的问题构成本身走了出来，实现了一次根本性的思维转换。

第三，由对观念的颂扬转向对观念的虚假与统治形式的揭露。马克思一针见血地指出，每个时代占统治地位的思想都是该时代统治阶级的思想。由于精神一开始就受到物质的纠缠，意识一开始就是社会的产物，所以支配着物质资料的阶级，同时也支配着精神生产资料。这样，占统治地位的思想不过是占统治地位的物质关系在观念上的表现，不过是以思想的形式表现出来的占统治地位的物质关系。③ 那么，统治阶级是如何完成思想统治的呢？马克思认为主要是通过统治阶级的内部分工完成的，也就是说，在统治阶级内部出现了积极的、有概括能力的专业思想家，他们把编造这一阶级关于自身的幻想当作主要的谋生之道。道德命题也是"思想家"的编造对象，诸如在贵族统治时期提出忠诚、荣誉概念，在资产阶级统治时期则提出自由、平等等概念。不仅如此，专业"思想家"还会赋予自己的思想以普遍性的形式，并把它描绘成唯一合理的、有普遍意义的思想，目的是把统治阶级的利益说成社会全体成员

---

① 《马克思恩格斯全集》第4卷，人民出版社1957年版，第17页。

② 《马克思恩格斯文集》第1卷，人民出版社2009年版，第513页。

③ 聂锦芳：《批判与建构：〈德意志意识形态〉文本学研究》，人民出版社2012年版，第449页。

的共同利益。马克思此时看到道德具有一种意识形态的社会功能，在阶级社会里在很多时候被描绘成普遍的、永恒的，因而具有蒙蔽的功能，通过这样或那样的方式发挥作用，促使人们接受一种全新的、被设定为合理的社会秩序。因此，资本主义社会的道德、法律与宗教，都是伪装起来的资产阶级偏见的集中表现，掩饰了阶级社会的资产阶级统治并予以合理化。所以，马克思认为需要把道德从道德化所产生的一切蒙蔽中剥离出来，逐渐认清道德的本质，防止无产阶级受到道德意识形态的诱惑，将自己的被统治状态接纳为他们正当的或至少不可摆脱的、附有相应义务的地位，并认为应该让自己的要求和利益服从这种地位。① 马克思在对"真正的社会主义"的批评中，告诫人们尽量不要通过道德来论证社会主义，道德论证是一个会引致分裂的策略，资产阶级的专业"思想家"已经制造出了旨在为资本主义的自由和平等提供辩护的复杂的意识形态，如果把辩论引向道德，就会弱化无产阶级的革命行动。

三　《哲学的贫困》与《共产党宣言》：历史唯物主义道德理论的深化

　　1847 年，马克思以法文写就《哲学的贫困》一书。该书的目的，用马克思自己的话来讲，是为了消除蒲鲁东思想在工人中造成的有害影响。这部被梅林称为"科学史上的里程碑"的著作，在马克思主义思想史上到底处于什么地位，对于马克思道德理论有什么意义？对此，恩格斯给出了一个中肯的评价："那时候，马克思已经彻底地明确了自己的新的历史观和经济观的基本点。"② 如果要概括《哲学的贫困》在马克思主义思想史中的地位，可以讲它是马克思的科学世界观和历史观与新政治经济学的初次结合而产生的一部著作，是马克思主义政治经济学的开端之作。在这部著作里马克思对历史唯物主义原理进一步公开阐发，一个完整的世界观体系就此生成。

　　《德意志意识形态》对唯物史观的主要内容已经阐发，《哲学的贫困》在一些重要方面将《德意志意识形态》中的成果向前推进了一步。诸如提出一定的社会存在决定一定的社会意识，更加明确了生产力对于

---

① 〔加拿大〕凯·尼尔森：《马克思主义与道德观念——道德、意识形态与历史唯物主义》，李义天译，人民出版社 2014 年版，第 43 页。
② 《马克思恩格斯全集》第 21 卷，人民出版社 1965 年版，第 205 页。

历史发展的动力作用，"人们不能自由选择自己的生产力——这是他们的全部历史的基础，因为任何生产力都是一种既得的力量，是以往的活动的产物"。① 而基于这样的理解，马克思不再单纯从道德或法学观念引申出来的空想中，而是基于人类历史发展的一般规律展开对资本主义的批判和对社会主义的阐发。《哲学的贫困》对生产力与生产关系这两个唯物史观的重要范畴及两者的辩证关系的认识比《德意志意识形态》更加明晰，在《哲学的贫困》中生产力不再与物质生产和生产方式相提并论。

《哲学的贫困》在道德理论方面的推进，主要是对蒲鲁东陷入黑格尔的辩证唯心主义的批判。蒲鲁东把人类社会的任务简单地归结为消除恶，人类社会的辩证发展最后归结为最纯粹的道德，认为理想社会应该是一个符合人的天性的社会，遵循"正义"和"公平"的人道主义原则。马克思此时对道德的理解，已经远远超越了蒲鲁东"播撒我认为是道德世界规律的理论种子"② 的层次。此时的马克思已经特别反感这种在"文字形式表现的社会运动"中形成的对抽象平等和永恒正义的盲目向往。根据马克思的理解，蒲鲁东从概念和范畴出发理解社会经济关系，最后必然走向把特殊历史形式抬高为绝对的标准，进而将资产阶级财产看作财产的最卓越的范式，最终把财产权理解为慷慨、乐意与人分享等抽象德性。

《共产党宣言》是一份纲领性文件，其中关于道德的观点大多在《德意志意识形态》和《哲学的贫困》中已经表达过。如《共产党宣言》再次表达了"法律、道德、宗教在他们看来全都是资产阶级偏见，隐藏在这些偏见后面的全都是资产阶级利益"③，"人们的意识，随着人们的生活条件、人们的社会关系、人们的社会存在的改变而改变"④ 等。但是，马克思在《共产党宣言》中以更加激烈的表述方式提出"共产主义要废除永恒真理，它要废除宗教、道德，而不是加以革新"⑤，这句话引

---

① 《马克思恩格斯文集》第 10 卷，人民出版社 2009 年版，第 43 页。
② 中共中央马克思恩格斯列宁斯大林著作编译局《马列著作编译资料》编辑部编《马列著作编译资料》第 9 辑，人民出版社 1980 年版，第 66 页。
③ 《马克思恩格斯文集》第 2 卷，人民出版社 2009 年版，第 42 页。
④ 《马克思恩格斯文集》第 2 卷，人民出版社 2009 年版，第 50 ~ 51 页。
⑤ 《马克思恩格斯文集》第 2 卷，人民出版社 2009 年版，第 51 页。

发了后来关于"马克思与道德的关系"的争议，认为马克思是"反道德主义"的学者大都以此表达为依据。鉴于前文已经对此展开，在此不再赘言。《共产党宣言》在道德理论方面的最大推进在于两个方面：一是提出了"每个人的自由发展是一切人的自由发展的条件"，二是对正义的阐释。

"每个人的自由发展是一切人的自由发展的条件"是蕴含着马克思道德理论的一座金矿。如上所述，马克思道德理论有三个重要内涵：自由、自我实现与人类共同体。马克思在《共产党宣言》中已经认识到自由和自我实现只有在共同体中才能真正达到，如果没有真正的共同体，绝大多数人无法具备自我发展所需要的闲暇时间以及物质文化资源，也无法实现其基本的潜能。因而，马克思认为，共产主义社会才能使得每个人的完全、自由发展成为可能，而唯一有动机和能力去创造共产主义的阶级就是工人阶级。

《共产党宣言》正式开启了马克思对正义问题的思考。马克思通过对资本主义私人占有制的分析和批判，揭示了正义问题的阶级性，提出社会正义的真正实现一定要建立在消灭私有制、消灭阶级的基础之上。《共产党宣言》对资本主义的非正义性进行了批判，指出"它用公开的、无耻的、直接的、露骨的剥削代替了由宗教幻想和政治幻想掩盖着的剥削"[①]，资产阶级为了积聚社会财富而不断地加重对工人的剥削和压榨，这种生产关系占有和分配是绝对非正义的。可贵的是，马克思在宣言中已经明确提出私有制是导致非正义的根源这一马克思正义理论的核心思想。但马克思并没有简单否定私有制，而是认为如果社会没有创造出高度发展的生产力，私有制就不可能被废除。以这样的正义理念为基础，马克思在宣言中对各种社会主义流派展开了批判。可以这样讲，正义理论是这时期马克思规范理论的重要主题，马克思比较隐晦地提出正义是人们应该遵循的道德准则，正义也是马克思批判资本主义的武器之一，认为公平地分配社会全体成员所共同创造的社会价值才能体现正义，只不过马克思认为公平分配的实现关键在于改变私有制。

当然，当时的马克思对政治经济学的研究尚处于起步阶段，所以

---

① 《马克思恩格斯文集》第3卷，人民出版社2009年版，第363页。

《德意志意识形态》《共产党宣言》对资本的透视、对资本逻辑的揭示还与《资本论》的水准有一定的差距，而由于现代资本对道德有着深刻而强大的影响，所以马克思此时对道德的理解还显得有些抽象，对道德更为深刻的理解，则是在《资本论》中完成的。

第三节　政治经济学深处的道德理论

1848～1850年欧洲革命被镇压之后，马克思开始从政治的角度思考和分析这些事件，写了一些以政治为主题的作品。但之后的一段时间，马克思停止了大规模的理论写作，在伦敦集中从事政治经济学的研究，并完成了《1857—1858年经济学手稿》。这部著作是《资本论》的前身，它为政治经济学批判奠定了基础。但它又不像《资本论》那样专注于经济学，而是同时也关注个人与社会、消灭分工和增加闲暇、资本主义社会高级阶段的异化性质、资本主义的革命性及固有的普遍性问题等①，但正像麦克莱伦所理解的那样，正是这些主题才使得这部著作如此重要。

从《1857—1858年经济学手稿》开始，马克思更少关注哲学问题，更少使用异化概念，更少提出明确的道德主张，但我们不能因此说马克思自此缺少道德理论了，只能说马克思的道德判断和道德主张更多地隐含于其他观点和主张之中，或者说马克思关于资本主义社会中的人性思想在道德理论成熟时期逐渐变得不那么思辨和哲学，而是更具有经验性和科学性，但其思想背后的关注点和价值观实质上并没有真正改变。例如，马克思继续深化研究资本对劳动的剥削问题，明确区分了工资和价值产品，以及工资和价值产品之间的差额被资本家无偿占有的问题。同时，马克思在劳动二重性观点和劳动与劳动力概念区分的基础上提出了剩余价值理论，对资本的本质和矛盾、资产阶级生产过程的理解达到了真正科学的水平，而这也正是马克思道德理论走向成熟的表现。

1867年9月14日，《资本论》第1卷德文第1版问世了。可以说，作为马克思牺牲了"健康、家庭和幸福"的伟大巨著，《资本论》绝不

---

① 〔美〕佩弗：《马克思主义、道德与社会正义》，吕梁山等译，高等教育出版社2010年版，第69页。

仅仅是一部说明什么是商品、货币和资本及其运转、增殖和价格变化的经济学著作，更不是一部对人类历史只做抽象的、逻辑的和思辨的表达的纯粹哲学著作，在根本而重要的意义上，它是一部诉诸"政治经济学批判"来阐释资本主义社会发展规律及现实的个人的自由解放何以可能的政治哲学著作。① 马克思道德理论在这里得到了全面的论证。概括地说，《资本论》依据唯物主义历史观研究资本主义生产方式，通过对资本主义生产方式历史的追溯、对资本主义生产领域的剖析和剩余价值的发现把道德理论推向深入。这种深入，可以简单地概括为三个方面。

第一，道德批判与道德展望相统一。如果说以往的作品对道德的建构主要是以一种道德批判的方式完成的，而在《资本论》里，马克思深入资本逻辑运行过程之中，基于资本生产、运转和增殖的规律，系统地总结了以往的道德批判，又明确展望了未来社会的经济伦理状况。马克思主义经济学和伦理学、科学性与价值性在《资本论》中得到了最鲜明的统一。

第二，道德理论的集成式著作。《资本论》在已经建立的历史唯物主义世界观和方法论的基础上，在解剖资本主义经济和社会化发展规律的过程中，同时包含着对资本主义经济关系中的道德社会学性质的研究及精辟结论②，是马克思道德理论建构的集成式著作，完整阐明了马克思对道德的理解，完成了对道德理论建构的最后一步，马克思道德理论在这里得到最深刻、最全面和最详细的论证和阐释。

第三，推进了道德批判向更为具体的领域发展。在《资本论》中，马克思着重考察了道德理论的核心概念"生产劳动"，并且遵循了从"生产劳动一般"到"生产商品的劳动"，再到"资本主义的雇佣劳动"这一"从抽象上升到具体"的叙述逻辑。这样，也推动了道德理论从抽象上升到具体，道德就不再是抽象的概念，而是具有了丰富的历史性内涵。

一　资本主义的伦理关系批判

马克思以历史唯物主义的"现实的人"为出发点，在揭示资本主义

① 白刚:《马克思政治哲学的兴起》，中国社会科学出版社 2018 年版，第 178 页。
② 宋希仁:《马克思恩格斯道德哲学研究》，中国社会科学出版社 2012 年版，第 239 页。

社会的经济运动规律的基础之上，扬弃了早期的"人—异化"道德批判思路，转向分析批判资本与劳动的阶级对立和螺旋式上升关系，揭示资本主义社会中物与物背后所掩盖的人与人之间真实的不平等关系，实现对资本主义所产生的伦理关系的批判，同时在剩余价值规律之上回答现实的个人及其历史发展这一"自由之谜"和"历史之谜"。实际上，马克思在《资本论》中所批判的古典经济学，也是资产阶级道德哲学的集中体现，因而《资本论》中包含着马克思对资产阶级道德哲学的深刻批判，并在批判中形成了无产阶级的道德理论。

首先，揭露了资本主义原始积累过程中的"征服、奴役、劫掠、杀戮"，从所有权的源头批判了资本主义的非正义性和残暴性。关于资本原始积累，资产阶级的经济学家和道德卫士们视之为"田园诗"，如斯密就认为原始积累是"生产和生活基金的积累"，法国经济学家巴斯夏（Bastiat）认为"人类的进步与资本的迅速形成是同时出现的"①，等等。马克思曾描述了当时一些人的类似观点：

> 人们在解释这种原始积累的起源的时候，就像在谈过去的奇闻逸事。在很久很久以前有两种人，一种是勤劳的，聪明的，而且首先是节俭的精英，另一种是懒惰的，耗尽了自己的一切，甚至耗费过了头的无赖汉。……于是出现了这样的局面：第一种人积累财富，而第二种人最后除了自己的皮以外没有可出卖的东西。大多数人的贫穷和少数人的富有就是从这种原罪开始的；前者无论怎样劳动，除了自己本身以外仍然没有可出卖的东西，而后者虽然早就不再劳动，但他们的财富却不断增加。②

可见，当时流行着资产阶级政治经济学家的带有强烈道德色彩的资本积累学说，其中最为流行的当然属于所谓的资本积累源于资产阶级道德上的节约和禁欲，所以工人阶级为了过上好生活，应该培养节约禁欲的美德。马克思断然驳斥了这样的观点，他认为对工人提出节约和禁欲

---

① 〔法〕巴斯夏：《和谐经济论》，王家宝等译，中国社会科学出版社1995年版，第214页。
② 《马克思恩格斯文集》第5卷，人民出版社2009年版，第820～821页。

的要求完全是胡说。在这对关系中，工人为了维持生存，在当时的条件下只能限制自己的物质欲望，放弃工作之外的生活享受，这并不是工人自愿的要求，而此时向只有"黄油和面包"的工人提出勤劳节约之类的道德要求，是没有丝毫意义的，只能是资产阶级经济学家用来掩盖资本所有权的道德烟幕弹，是"乏味的儿童故事"。另外，虽然资本积累产生了自由工人阶层，但劳动者的自由并没有改变劳动者受奴役的状态，反而使其失去了生产资料，可以说，对农民土地的掠夺就是资本原始积累全过程的基础。马克思通过对劳动者和他的劳动条件的所有权分离过程的历史考察，看到资本主义原始积累同时伴随着资产阶级极其残暴的掠夺和无产者的苦难，"大家知道，在真正的历史上，征服、奴役、劫掠、杀戮，总之，暴力起着巨大的作用"①，"对直接生产者的剥夺，是用最残酷无情的野蛮手段，在最下流、最龌龊、最卑鄙和最可恶的贪欲的驱使下完成的"②。当然，这些道德批判，马克思并不是立足于单纯的道德愤慨之上，也不是一种情绪宣泄，而是在大量的事实材料和历史考察中得出的结论。正是如此，马克思才认为资本主义道德具有虚伪性，诸如资本主义一边掠夺美洲的丰富资源，一边向美洲输出基督教的"仁慈"，甚至宣称杀戮和剥头盖皮是"上帝和自然赋予它的手段"等。马克思是通过科学分析产业资本的资本主义生产过程来考察资本积累的实质的，科学地揭示了"资本来到世间，从头到脚，每个毛孔都滴着血和肮脏的东西"③，并指出勤劳节约等道德规范本来是正义的要求，在资本主义生产方式中就成为社会经济结构的要素和造成剩余价值的必要条件。

　　当然，马克思并非像过去那样仅仅是简单的道德谴责，而是遵循分析现代性的历史辩证法高度肯定资本的文明作用和伟大的历史方面，诸如资本原始积累累积了战胜封建主义势力的经济力量，使得"工业骑士"战胜了"佩剑骑士"，并塑造了自由、平等、理性、功利等现代观念，推翻了封建专制，争取了资产阶级的自由。

　　从这里我们可以看出，马克思认为对资本主义基于正义的道德批判是不够的，必须深入经济学之中，通过事实材料和历史考察揭示资本主

---

① 《马克思恩格斯文集》第 5 卷，人民出版社 2009 年版，第 821 页。
② 《马克思恩格斯文集》第 5 卷，人民出版社 2009 年版，第 873 页。
③ 《马克思恩格斯文集》第 5 卷，人民出版社 2009 年版，第 871 页。

义剥削的秘密。当然，这并不妨碍道德批判在马克思的思想中占有一席之地，"抢劫""盗窃"等词的表述意味着马克思并没有缺失对资本主义非正义的批判，只不过马克思同时认为正义的实现需要依赖于物质条件，否则就没有现实感。概而言之，马克思在对资本主义原始积累的批判中，实现了经济分析、历史分析和道德评价的有机统一。道德评价是经济分析和历史分析的有机组成，它给经济分析和历史分析增添了价值砝码，确定了原则立场；而经济分析和历史分析是道德评价的基础。三者不能互相替代，也不能互相剥离。

其次，揭露了资本主义流通领域所谓的平等的劳资交换只是形式上的平等。应该说，马克思一生都在为无产阶级摆脱压迫和剥削实现自由发展而著书立说，但在《资本论》时期马克思并不空谈平等自由，而是通过对资本在流通领域的考察，揭露资产阶级以平等的名义行不平等之事的事实。马克思在《资本论》第二篇第四章"货币转化为资本"中提出：

> 劳动力的买和卖是在流通领域或商品交换领域的界限以内进行的，这个领域确实是天赋人权的真正伊甸园。那里占统治地位的只是自由、平等、所有权和边沁。自由！因为商品例如劳动力的买者和卖者，只取决于自己的自由意志。他们是作为自由的、在法律上平等的人缔结契约的。契约是他们的意志借以得到共同的法律表现的最后结果。平等！因为他们彼此只是作为商品占有者发生关系，用等价物交换等价物。①

马克思认为，从简单流通过程中看，似乎资本主义社会存在主体的完全自由和物质上的没有任何差别的平等，这也是资产阶级"思想家"建构资本主义所谓的道德的平等和自由的经济基础。在当时的英国工人运动中也流行"做一天公平的工作，得一天公平的工资"的口号，但马克思却认为对于什么是公平的工作和工资，不能只有道德的呼声，还要有科学的理解。仅从经济伦理的角度进行分析远远没有反映出以资本主

① 《马克思恩格斯文集》第5卷，人民出版社2009年版，第204页。

义私人占有制为前提的商品交换关系的真实本质，资本主义经济学家建构的"流通中自然就会得出一个建立在这一规律基础上的资产阶级自由和平等的王国"① 的理论如果置入资本主义私有制的历史之中，"个人之间这种表面上的平等和自由就消失了"②，这是因为"丧失了生产资料，劳动条件的个人，迫于种种使他丧失这种私有权，从而丧失这些生产资料的原因，已经再也不能取得这种生产资料"③。丧失了生产资料所有权的劳动者，除了屈服于资本主义生产方式，出卖自己的劳动力，别无出路。在马克思看来，当劳动者初次与资本家接触的时候，他就已经失去真正的自由了。所以，资产阶级"思想家们"所津津乐道的平等、自由只是骗人的表面现象，这种自由实际上就是奴役。在这种假象之上，马克思非常形象地表述了真相：在商品交换之前，"我们的剧中人的面貌已经起了某些变化。原来的货币占有者作为资本家，昂首前行；劳动力占有者作为他的工人，尾随于后。一个笑容满面，雄心勃勃；一个战战兢兢，畏缩不前，像在市场上出卖了自己的皮一样，只有一个前途——让人家来鞣"。④ 因而，所谓自由只是自由地出卖劳动力而已，自由的背后隐藏着一种社会的压迫。马克思虽然清晰地揭露了自由、平等的假象，但他认为这是资本主义生产的总趋势，是一种客观历史，对它的认识只能基于经济关系和物质利益关系，不能完全奠定在道德呼吁和伦理呐喊的层面。

之所以如此，在于当时流行的道德学说认为，一个资本家勤奋地经营他的事业，则他是一个具有勤奋美德的人，即便他的勤奋是勤于剥削劳动者的劳动力，摧毁工人的健康，也是具有美德的人。所以，马克思认为资本家和工人之间本质上是雇佣关系，而不是伦理关系，不能用伦理关系掩盖雇佣关系，更不能用平等、自由、勤俭等虚伪的空话蒙蔽实质的剥削关系。

最后，揭露了资本家无偿占有剩余价值的过程。马克思一针见血地

---

① 《马克思恩格斯全集》第 31 卷，人民出版社 1998 年版，第 348 页。
② 《马克思恩格斯全集》第 30 卷，人民出版社 1995 年版，第 202 页。
③ 《马克思恩格斯全集》第 48 卷，人民出版社 1985 年版，第 121 页。
④ 《马克思恩格斯文集》第 5 卷，人民出版社 2009 年版，第 205 页。

指出，"资本主义生产——实质上就是剩余价值的生产"①，而"价值增殖过程不外是超过一定点而延长了的价值形成过程。如果价值形成过程只持续到这样一点，即资本所支付的劳动力价值恰好为新的等价物所补偿，那就是单纯的价值形成过程。如果价值形成过程超过这一点而持续下去，那就成为价值增殖过程"②。马克思看到，资本家不仅关心自己生产的商品能否卖出，更关心生产出的商品的价值是否大于生产该商品所需要的劳动力价值和生产资料价值的总和，所以资本家要延长劳动时间，以获得绝对剩余价值，而工人不仅再生产着由资本家付酬的劳动力的价值，还生产剩余价值，而剩余价值是被资本家占有的，并通过资本家在整个资本家阶级内部进行分配。因而资本家，和封建地主一样，实质上是靠剥削他人无酬劳动而发财的。资本家的生产活动是为了占有工人劳动，并通过此赚取剩余价值，而工人为了生存，把自己当作手段，把劳动力交给资本家使用。这是马克思通过对英国工业部门的考察得出的结论，他发现英国工厂在生产效率明显提高的情况下，仍然存在工作时间过长和非人道的强制规定，这表明"有产阶级胡说现代社会制度盛行公道、正义、权利平等、义务平等和利益普遍和谐这一类虚伪的空话，就失去了最后的立足之地"。③

　　通过以上分析可见，《资本论》对资本主义的道德批判不是通过法权批判与道德抨击完成的，而是从经济关系和剩余价值产生的生产过程中完成了揭露资产阶级所有制的非正义和非人道的性质的任务。通过社会经济关系，马克思看到了资本主义社会流行的道德命令，诸如应该互爱、不要自私等常以否定的形式出现，因为这样的道德命令不仅符合资产阶级的实践，还符合他们的希望，不要自私其实是要求工人"你不要加入工会，不要罢工，不要多索要工资"。马克思称这样的道德全集为诗的范围，而不是经验的科学。可见，这时的马克思是完全把道德现象作为社会结构和经济运行的重要组成部分去研究的，对人们的道德行为做社会的观察，通过实证研究重点思考决定道德形成的社会条件，把道德看作经济关系的规定，放到经济关系的发展过程中加以考察，任何对权

---

① 《马克思恩格斯文集》第 5 卷，人民出版社 2009 年版，第 307 页。
② 《马克思恩格斯文集》第 5 卷，人民出版社 2009 年版，第 227 页。
③ 《马克思恩格斯文集》第 3 卷，人民出版社 2009 年版，第 461 页。

利及义务等道德要素的讨论，都必须考虑人们的物质的生存形态。马克思这时已经坚定地认为，若谈道德必须依照人类物质的生存形态，资本主义的批判基础应是经济矛盾而非道德依据，对道德的阐释不能只立足于"应该如何"，重点是思考"事实如何"。

二　对拜物教的批判还原了道德的"真面目"

在马克思之前，经济学家或将资本解读为一种生产工具，或将资本与货币等同，或将资本视为积累起来的物化劳动。捷克学者科西克（Kosik）则认为《资本论》"不是一种关于资本的理论，而是对资本的理论批判或批判理论"。正是在此意义上，科西克指出，马克思把"资本主义描述为一个系统，一个由'无意识主体'的运动构成的系统。这个系统从整体上表现为一个剥削他人劳作的系统，表现为一个大规模地再生产自身的系统，亦即一个死劳动统治活劳动、物统治人、产品统治生产者、神秘的主体统治真实的主体、客体统治主体的机构。资本主义是一个总体物象化和异化的动力系统"。① 这样的分析无疑是精深的，也抓住了马克思在《资本论》中对拜物教进行批判的要害，概括了马克思借剖析商品、货币和资本的拜物教性质对资本主义社会惨无人道的剥削现象进行了"层层递进"的具体化批判。在此，我们可以把拜物教批判理论看作马克思道德理论具体化的重要成果。如果说青年马克思对资本主义的批判主要是借助异化劳动概念完成的，《资本论》时期的马克思对资本主义的批判则是借用拜物教这一比异化更具体的概念完成的——尽管这时还保留了异化概念。对此，日本学者广松涉认为："我们可以把这种从'早期马克思'到'后期马克思'的世界观的结构的飞跃用'从异化论的逻辑到物化论的逻辑'这一熟语作为象征性的表达。"②

拜物教概念并不是马克思的首创，之前它更多的是指人们对自然之物的崇拜。马克思通过经济学的分析发现，在资本主义经济体系中存在商品，即人生产的产品成为人的主人，而人作为劳动者成为一种没有对象的存在，商品成为主体间关系客观化的体现，即"商品形式在人们面

① 〔捷〕科西克：《具体的辩证法》，傅小平译，社会科学文献出版社1989年版，第40页注释。
② 〔日〕广松涉：《唯物史观的原像》，邓习议译，南京大学出版社2009年版，第35页。

前把人们本身劳动的社会性质反映成劳动产品本身的物的性质，反映成这些物的天然的社会属性，从而把生产者同总劳动的社会关系反映成存在于生产者之外的物与物之间的社会关系"。① 马克思把这种主观因素被实物化，将隐含在商品中的人的关系变成对象之间的关系形成的颠倒称为拜物教，概括地说，主要是指资本主义社会普遍存在的对社会之物（商品、货币、资本）的崇拜，商品拜物教、资本拜物教是拜物教的具体表现形式。

经济是人及其社会产品的客观性世界，而不是物的社会运动的客观性世界，所以马克思提出："资本不是物，而是一定的、社会的、属于一定历史社会形态的生产关系，后者体现在一个物上，并赋予这个物以独特的社会性质。"② 马克思把经济范畴的真实运动当作人的社会运动的物象化形式而理解，拜物教这一观念形式意味着，人们把这些物化的社会形式，把商品、货币和资本当成独立于个人的一种东西。而实际上，物的社会运动是人与人交往的一种历史形式，而物象化意识也只是人类意识的一种历史形式。可以说，马克思通过哲学透视镜在价格、商品、资本等各种"物"的运动背后揭示了客观的社会关系世界。

马克思发现，拜物教是资产阶级经济学家故意隐匿的结果，他们所要达到的效果就是告诉人们，商业利润好像完全是从流通中产生的，生息资本好像是一个能够自行增殖的物神，作为超额利润的转化形式的地租好像是土地的自然力的产物，总之，商品的价值好像由工资、利润和地租这三种收入构成。这样，所有劳动都得到了报酬，资本与雇佣劳动之间不存在剥削与被剥削关系，货币具有自行增殖的魔力，剩余价值是在贱买贵卖的交换关系中产生的。因而，马克思认为必须揭示物和物的关系掩盖下的人和人的关系，即在资本的生产过程、流通过程、资本主义生产的总过程中，剩余价值的真正来源及资本和雇佣劳动之间的真实关系。这时，马克思通过资本现象学还原被隐匿起来的真实关系，以揭示资本的秘密。

马克思认为，资本作为一种关系，是资本家与雇佣劳动者之间的剥

① 《马克思恩格斯文集》第5卷，人民出版社2009年版，第89页。
② 《马克思恩格斯文集》第7卷，人民出版社2009年版，第922页。

削与被剥削关系，前者无偿地占有了后者创造的剩余价值，不仅如此，资本拜物教还包含着一定的阶级关系，包含着雇佣劳动所具有的社会性质，所以资本拜物教的背后是一种强制的社会关系——为了获得更多的利润而迫使雇佣工人超出其自身需要的狭隘范围来从事强度更大、时间更长的劳动。马克思批判道：

> 资本由于无限度地盲目追逐剩余劳动，像狼一般地贪求剩余劳动，不仅突破了工作日的道德极限，而且突破了工作日的纯粹身体的极限。它侵占人体的成长、发育和维持健康所需要的时间。它掠夺工人呼吸新鲜空气和接触阳光所需要的时间。它克扣吃饭时间，尽量把吃饭时间并入生产过程本身，因此对待工人就像对待单纯的生产资料那样，给他饭吃，就如同给锅炉加煤、给机器上油一样。资本把积蓄、更新和恢复生命力所需要的正常睡眠，变成了恢复精疲力竭的有机体所必不可少的几小时麻木状态。①

为了更加详尽地揭露拜物教的秘密和实质，马克思还进一步指出："不是劳动力维持正常状态决定工作日的界限，相反地，是劳动力每天尽可能达到最大量的耗费（不论这是多么强制和多么痛苦）决定工人休息时间的界限。资本是不管劳动力的寿命长短的。它唯一关心的是在一个工作日内最大限度地使用劳动力。"② 这样马克思通过拜物教批判，实现了形而上学批判、意识形态批判和资本批判的融合。在形而上学层面揭露了古典经济学家把物在社会关系中获得的"形式规定性"归之于物的自然属性，从而驳斥了资本主义生产方式抽象化、永恒化的理论误区；在意识形态层面细致剖析了拜物教观念这一意识形态的具体形态的现实基础；在资本层面揭露了资本自行增殖的神秘的性质——建立在资本与雇佣劳动之间的剥削与被剥削关系。

可见，在《资本论》中，马克思对资本主义的道德批判是从科学分析资本逻辑的商品交换原则及其所导致的拜物教迷雾开始的。马克思认

---

① 《马克思恩格斯文集》第5卷，人民出版社2009年版，第306页。
② 《马克思恩格斯文集》第5卷，人民出版社2009年版，第306~307页。

为资本拜物教的奇异性所能找到的唯一比喻就是在宗教世界的幻境中"人脑的产物表现为赋有生命的、彼此发生关系并同人发生关系的独立存在的东西。在商品世界里，人手的产物也是这样。我把这叫做拜物教。劳动产品一旦作为商品来生产，就带上拜物教性质"①，资本拜物教的神秘性，也使得资本主义经济学家认为商品具有一些神秘的内在价值，具有超自然的力量，能让人超脱感性欲望。但马克思批驳了这一观点，认为拜物教恰恰是感性欲望的宗教，"欲望引起的幻想诱惑了偶像崇拜者，使他以为'无生命的东西'为了满足偶像崇拜者的贪欲可以改变自己的自然特性"。② 马克思看到了围绕在劳动产品周围的魔力和巫术，那就是"物对人的统治，死劳动对活劳动的统治，产品对生产者的统治"。马克思在1856年对宪章派的听众所做的演讲中也表达了同样的观点，"在我们这个时代，一切事物似乎都孕育着其反面……我们所有的发明和进步似乎导致了如下结果：物质力量被赋予了思想生命，而人的生命被消解为物质力量"。③ 这样，在资本主义社会生活的各个层面，人们像虔诚的信众匍匐在图腾面前一样匍匐在商品脚下，人类的精神世界看似得到了物质的充实，实则被其所崇拜的对象所掏空。所以，马克思一语中的地指出，拜物教把属于人的一切都消解为非人的客体，其结果是经济理性颠覆了传统社会的价值与道德，将原本作为目的的人像物件般抛到市场上，转化为经济理性的工具。资本主义既是造就创新与进步的引擎，也是带来危机、剥削和异化的源头。

需要指出的是，马克思对拜物教的批判并不是针对资本家个人的，而是认为工人被剥削的道德责任主体是资产阶级整体，资本家只是"经济范畴的人格化"，"不能要个人对社会关系负责的"。④ 这样，与以往的道德学家对资本家进行道德控诉不同，马克思更强调对资本主义制度的道德批判，拜物教是一种制度制造现象，个人（不论是资本家还是工人）都受制于必然性而没有选择的自由。

---

① 《马克思恩格斯文集》第5卷，人民出版社2009年版，第90页。
② 《马克思恩格斯全集》第1卷，人民出版社1995年版，第212页。
③ 〔英〕惠恩：《马克思〈资本论〉传》，陈越译，中央编译出版社2009年版，第79~80页。
④ 《马克思恩格斯文集》第5卷，人民出版社2009年版，第10页。

综上所述，马克思通过《资本论》中的拜物教批判理论严格地区分了生产的物质内容与社会形式，遵循从抽象上升到具体的逻辑，逐步还原被层层假象遮蔽的资本关系，揭示了资本拜物教性质的形成机制，发现了剩余价值规律，彰显了资本主义生产方式的历史暂时性，同时科学地、真实地还原了资本主义社会道德的"真面目"。

三　人的自由全面发展的社会道德理想及其实现途径

马克思在《评阿·瓦格纳的〈政治经济学教科书〉》这部评注类论战性作品中提出了"不是从人出发，而是从一定的社会经济时期出发的分析方法"① 这样的话，有学者以此为据，认为马克思在《资本论》中放弃了在《德意志意识形态》中"现实的人"的分析方式。事实上，马克思对资本主义社会的道德批判是统一于人的自由而全面发展这一理想目标的，马克思在《资本论》中确立了阶级自由和人类解放的伟大目标，这是"从一开始就致力于一种自由的理想，并将这种理想在未来的实现称为人类的解放"。② 换言之，马克思认为人类道德发展的理想就是人的自由全面发展，人类的真正财富就在于人性的发展。不同的是，马克思不是从哲学的角度，而是从经济学的角度，从生产力高度发达的角度来看待人的自由全面发展的道德理想。事实上，《资本论》是在经济学的基础上，在对社会生产和再生产过程的阐释中来揭示人类生活的社会存在论基础的。他认为建立在资本基础上的生产发展本身要求造就全面发展的人，只有这样的人才能使资本主义生产的进一步发展成为可能，这是一种客观趋势。"而物质生产的限制取决于物质生产对于个人的完整发展的关系"③，"表现为生产和财富的宏大基石的……是社会个人的发展"，"真正的财富就是所有个人的发达的生产力"。④ 由此可以看出，马克思通过《资本论》对未来社会做出了科学论证，而且把共产主义社会理解为自由人的联合体，其中就隐含了马克思的道德理想，即人

---

① 《马克思恩格斯全集》第19卷，人民出版社1963年版，第415页。
② 〔英〕史蒂文·卢克斯：《马克思主义与道德》，袁聚录译，高等教育出版社2009年版，第76页。
③ 《马克思恩格斯全集》第31卷，人民出版社1998年版，第11页。
④ 《马克思恩格斯文集》第8卷，人民出版社2009年版，第196、200页。

的自由全面发展。具体点讲，就是"建立在个人全面发展和他们共同的、社会的生产能力成为从属于他们的社会财富这一基础上的自由个性"。①

实际上，实现人的自由全面发展是马克思从事革命的历史和实践批判即哲学—经济学批判最深刻的思想和心理动机。马克思在 1846 年 12 月 28 日致安年科夫（AHHeHKOB）的信中提出，"历史随着人们的生产力以及人们的社会关系的愈益发展而愈益成为人类的历史。由此就必然得出一个结论：人们的社会历史始终只是他们的个体发展的历史，而不管他们是否意识到这一点"②，20 年之后又在《资本论》中提出要"重新建立个人所有制"，因而人的发展是始终贯穿在马克思的思想发展中的最深层次，但又常常是隐而不彰的内在主题和逻辑主线之一。③

从客观规律出发，马克思认识到劳动需要掌握人类生存的自然基质，人虽然很难从基本的生存需要中解放出来，但人可以将自己从使这些需要的满足变成一种丧失人性的苦役的进程中解放出来。所以，马克思提出："事实上，自由王国只是在由必需和外在目的规定要做的劳动终止的地方才开始；因而按照事物的本性来说，它存在于真正物质生产领域的彼岸……但是不管怎样，这个领域始终是一个必然王国……在这个必然王国的彼岸，作为目的本身的人类能力的发展，真正的自由王国，就开始了……但是，这个自由王国只有建立在必然王国的基础上，才能繁荣起来。"④ 马克思在此揭示了资本主义社会包括人类道德生活在内的全部生活的历史性，并以经济关系为基础分析了劳动主体在私有制和公有制两种不同所有制形式中所表现出来的经济伦理关系，之后提出"用那种把不同社会职能当做互相交替的活动方式的全面发展的个人，来代替只是承担一种社会局部职能的局部个人"⑤，即"个人——每一个个人——（a）具有任何一个其他人所具有的一切能力，且（b）将发展和运用所有这些能力"⑥，

① 《马克思恩格斯文集》第 8 卷，人民出版社 2009 年版，第 52 页。
② 《马克思恩格斯文集》第 10 卷，人民出版社 2009 年版，第 43 页。
③ 刘敬东：《理性、自由与实践批判：两个世界的内在张力与历史理念的动力结构》，北京师范大学出版社 2015 年版，第 330 页。
④ 《马克思恩格斯全集》第 25 卷，人民出版社 1974 年版，第 924 页。
⑤ 《马克思恩格斯文集》第 5 卷，人民出版社 2009 年版，第 561 页。
⑥ 〔美〕乔恩·埃尔斯特：《理解马克思》，何怀远等译，中国人民大学出版社 2016 年版，第 505 页。

构想了作为道德理想的人的自由全面发展。

从某种意义上讲，虽然马克思对未来社会个体的自由全面发展的道德理想之精确的制度设计是模糊的，但是马克思对人的自由全面发展道德理想的阐释和解释并不是纯粹的畅想，而是围绕资本主义的社会基础和发展规律而展开的，给人的自由全面发展和个性解放注入了具体的历史性内容。马克思认为，资本主义社会相对于封建社会，导致了自由和平等方面道德和政治的推进，工人集聚城市，眼界开阔了，社会意识和社会联系提高了，并走向了政治舞台——虽然它是以激烈的对抗和破坏性方式实现的，包含着悲惨和堕落的巨大代价。诸如，马克思看到，资本增殖具有集中的趋势，而这会造成生产规模的扩大和生产社会化程度的提高。随之而来的是，资本主义生产因此表现为只有通过劳动者的社会化、联合才能实现的生产，劳动者的组织性、训练程度、知识水平由此得到了锻炼，这样就为人的自由全面发展的实现提供了条件。

不仅如此，马克思也不想用一般原则对人的自由全面发展做出绝对超时空的描述，相反，他把人的自由全面发展看作正在运转中的现实资本主义内部力量和趋势发展的必然结果，并在此基础上来设想未来社会人的发展状态。这一点，马克思在《哥达纲领批判》中就已表明，他强调的人类解放和自由全面发展状态绝对不是"哥达纲领式"的道德理想，也不纯粹是某种道德原则，而是不断发展变化、逐渐完善的过程。当然，这并不意味着马克思在"人的自由全面发展"上悬搁了道德因素和价值判断，因为马克思主义并不只是一种历史理论，它还是一部政治纲领，它不仅预见社会主义的到达，同时也把社会主义作为无产阶级的奋斗目标。因而，人类解放和自由全面发展的未来指向除去历史唯物主义的基础之外，还包含着"进步观念""更高形态"等价值立场，只不过这种价值立场并不是一种主观价值，而是历史进程本身的客观趋势和直接目的。

总之，马克思的道德理想是建立在对资本运动规律分析的基础之上的，主要表现在两个方面。一是马克思在《资本论》中通过对资本的螺旋式上升的分析推演，论证了在资本关系中人与人关系对立基础上的人类道德状况、道德发展和道德变革的根源等问题。二是马克思在《资本论》中通过对劳动、分工、剩余价值生产、竞争、协作、科学等问题的历史分析来论证道德理想。

相对于提出人的自由全面发展的道德理想而言，马克思更重视人的自由全面发展道德理想的实现条件。毫无疑问，马克思最为重要的主张就是人类生产能力的发展是实现人的自由全面发展的根本条件和根本路径，从这个角度来讲，我们甚至可以说马克思确实是一种"生产主义"。尽管不少学者提出人类生产能力的提升并没有造福于人类，反而带来了生态恶化，虽然马克思并没有否认这些问题的现实性，但他始终认为人类不能退回到更简单的生产方式和更为落后的社会形态，而是要确保人类生产能力发展能够用于善的事业。除了生产力发展水平，马克思同时重视生产关系变革对于实现人的自由全面发展的作用，马克思认为当人的劳动不再从属于资本统治而获得解放，即以交换价值为基础的生产走向崩溃时，人的个性自由才能真正解放，这是一个彻底终结资本本身的内在限制、彻底扬弃资本与劳动对立的社会历史时代，在这个时代：

> 一旦直接形式的劳动不再是财富的巨大源泉，劳动时间就不再是，而且必然不再是财富的尺度，因而交换价值也不再是使用价值的尺度。群众的剩余劳动不再是一般财富发展的条件，同样，少数人的非劳动不再是人类头脑的一般能力发展的条件。于是，以交换价值为基础的生产便会崩溃，直接的物质生产过程本身也就摆脱了贫困和对立的形式。个性得到自由发展，因此，并不是为了获得剩余劳动而缩减必要劳动时间，而是直接把社会必要劳动缩减到最低限度，那时，与此相适应，由于给所有的人腾出了时间和创造了手段，个人会在艺术、科学等等方面得到发展。①

从这段话中可以看出，人的自由全面发展、个性解放只能在一个生产力水平更高、更加富裕的社会实现，不仅如此，它还需要建立在这样的条件之上：个人的社会产品和社会关系将不再作为异己的力量与他自己相对抗，并且在这种社会中，通过现存社会生产力的发展所产生的自我发展和自我实现的潜能都将得到实现。②

---

① 《马克思恩格斯文集》第 8 卷，人民出版社 2009 年版，第 196~197 页。
② 〔英〕塞耶斯：《马克思主义与人性》，冯颜利译，东方出版社 2008 年版，第 180 页。

第四章　马克思道德理论的现实观照

道德理论的生命力取决于其对现实的观照程度。马克思道德理论之所以具有重要价值就在于其面向现实，探索解决社会和人发展中的重大问题。因而对于马克思道德理论的研究不能止于其理论体系的建构（这恰恰是马克思极力反对的事情），必须深入社会发展的深层次问题，并为人的解放提供观照，这是马克思道德理论作为实践道德理论的根本旨归和现代意蕴。本章择取与马克思道德理论具有契合性的理论焦点与现实热点，包括人类命运共同体、美好生活、文化自信等进行探索式思考。

第一节　马克思共同体思想对人类命运
共同体思想的道德观照

近年来，中国提出构建人类命运共同体的主张，得到了国际社会的广泛认同，也激活了国内关于共同体的学术话语。而人类命运共同体思想是马克思共同体思想的创新性发展以及马克思主义中国化的最新成果，为了更好地建构人类命运共同体的道义基础，理解人类命运共同体的价值诉求，需要追根溯源，思考和研究马克思共同体思想所蕴含的道德意蕴和价值底蕴。

一　共同体的道德和价值维度

如同鲍曼（Zygmunt Bauman）总结的那样，"共同体总是好东西"，"共同体是一个'温馨'的地方，一个温暖而又舒适的场所"。[①] 的确，自柏拉图开始，至亚里士多德、霍布斯等，一直对共同体有完善性和至善的理想诉求，突出共同体的道德意义，共同体也比较多地被强调为"伦理共同体"。从词源上看，共同体的确具有共同伦理取向的群体生活

---

① 〔英〕齐格蒙特·鲍曼：《共同体》，欧阳景根译，江苏人民出版社2003年版，第2页。

方式这层含义。虽然康德在道德与政治层面对共同体做出了区分，提出不能仅从道德意义上考察共同体，还应深入政治共同体内部关注人的存在方式①，黑格尔又以律法作为共同体的重要补充，将共同体提升至国家层面，但后来包括赫尔德（Johann Gottfried Von Herder）、滕尼斯、韦伯和齐美尔等在内的德国历史主义学者，在反思启蒙思想家观点的基础上提出不能仅从理性政治的角度理解共同体，还应从文化道德角度理解共同体，认为共同体的本质正在于一套独特的道德理念。例如赫尔德认为共同体里的人应该是拥有整全个性、知情意合一的人，共同体精神最终依赖于道德问题的解决，即共同体中的个体拥有良知自由。滕尼斯同样持类似观点，认为共同体的基础内涵至少包括两条，一是道德性，二是共同性，两者的结合就构成了完善的统一体，因此，道德是共同体的核心和基石，对共同体的新生力量必须进行道德教育。后来丹尼尔·贝尔提出的共同体的三种构成中，两种都与道德相关，即共有一种有道德意义的历史的不相识的人的记忆性共同体和由信任、合作、利他主义意识支配的、面对面的人际交流的心理性共同体。②

　　正是建立在如此的理解之上，赫尔德以及受马克思影响深远的滕尼斯等对马克思的共同体思想提出了批评。我们知道，滕尼斯毕生奉马克思为师，曾评价马克思具有最引人注目的和最深刻的社会哲学思想③，但在共同体与道德的关系上，滕尼斯却保留了自己的见解，他认为"马克思思想体系最大的弱点是忽视了道德力量和道德意志"，"这是他的体系的内在特点"。④ 如果真如滕尼斯所批评的那样，在社会吸引力离不开情感和道义支撑的背景下，这等于宣布了马克思共同体观念缺乏亲和力。并且共产主义社会在马克思那里是人类"真正的共同体"，若是如此，

---

① 康德晚年又开始重视伦理共同体，认为如果人类不能形成某种伦理共同体，存在于每个人心中的善的原则也会不断受到恶的侵袭。在康德这里，伦理共同体就是遵循公共善和共同的德行法则的公民社会状态。

② 〔美〕丹尼尔·贝尔：《社群主义及其批评者》，李琨译，生活·读书·新知三联书店2002年版，第194页。

③ 〔德〕滕尼斯：《共同体与社会：纯粹社会学的基本概念》，林荣远译，商务印书馆1999年版，第15页。

④ 转引自林荣远《共同体与道德——论马克思道德学说对德国历史主义传统的超越》，《社会学研究》2018年第2期。

共产主义社会还有多大的吸引力？这样，道德维度在马克思共同体思想中到底占据什么位置，呈现什么形态，能否从马克思那里开掘出共同体的道德意蕴以丰富和发展人类命运共同体的道义基础等，就不仅仅是单纯的理论问题，还是关乎如何理解人类命运共同体的实践问题。

虽然马克思在其著作中从未明确定义过共同体，也没有特意建构过共同体理论体系，但在著作中频繁使用共同体（Gemeinwesen）一词，提出共产主义社会是人类"真正的共同体"。毫不夸张地讲，共同体是马克思理解人类历史的重要概念和思想体系的核心内容之一，也是马克思主义三个重要价值诉求（自由、共同体与自我实现）之一。在历史唯物主义的理论视野中，作为社会性动物的个体要想真正获得全面存在，一定无法脱离共同体，人只有在共同体中才能逐渐完善，二者共同生成。而深入了解马克思的共同体思想就会发现其中蕴含着事实与价值的双重要素，呈现"事实—价值"的辩证法。马克思以共同体为论域，在人类历史分析和未来社会价值建构两个层面思考个体与社会的关系，形成了这一兼具事实判断和价值取向双重意涵的概念，可以说，"在马克思那里，历史的尺度和道德的尺度、超越的层面和现实的层面从来都没有混淆过，也从来就没有机械地分离过"。① 作为事实判断，共同体是对人的存在方式的客观描述；作为价值取向，共同体既包含对市民社会、私有制、人的异化的批判，也包含个体追求自由全面发展的立场。

应该说，马克思首先遵循历史科学的态度，从政治学、经济学和历史学等角度阐释共同体，马克思通过对不同历史条件下个体与共同体关系深刻透彻的理论分析，展现了一种独特的观察共同体的历史视角。由于人们的偏见和既定的印象，好像马克思只是给共同体以历史科学的理解，主要基于历史评价优先视角，以至于得出马克思的共同体是道德中立或价值无涉的历史科学概念，道德批判和价值诉求在其中无立足之地。实际上，马克思既不认同韦伯提出的在价值诸神的时代重建共同体道德价值是徒劳无益的观点，也没有像涂尔干那样试图建构一种能把共同体重新凝聚起来的道德体系，而是把共同体中的道德指向建立在历史的维度上去分析，从实践活动出发，在人类社会实践之中理解共同体之中向

---

① 王新生：《马克思政治哲学研究》，科学出版社 2018 年版，第 223 页。

善的道德倾向和伦理指向，并基于经济活动的视角展望"真正的共同体"之中向善共生的价值憧憬和团结互助的道德诉求。为了还原马克思真实的共同体思想，我们需要从道德批判与道德关怀两个向度具体地探寻马克思共同体思想的道德意蕴，并以此为基础观照人类命运共同体的道义基础。

二 "虚假的共同体"的道德批判

我们知道，马克思在《1857—1858 年经济学手稿》中从历史的角度分析了共同体演变的过程：前资本主义社会的"自然形成的共同体"（表现为人的依赖关系）、资本主义社会的"虚假的共同体"（表现为物的依赖关系）以及共产主义社会的"真正的共同体"（表现为自由人的联合体）。而马克思着墨最多的是对"虚假的共同体"的批判，既有历史的、事实维度的批判，也有价值的、道德维度的批判。

马克思认为，在人类历史的早期阶段，个体缺乏独立个性，只有把自我融化在整体的行动中，"以群的联合力量和集体行动来弥补个体自卫能力的不足"[1]，这样才能够生存下去，于是"家庭和扩大成为部落的家庭，或通过家庭之间互相通婚［而组成的部落］，或部落的联合"[2] 等"自然的共同体"形成。"自然的共同体"是一种血缘、语言、习惯等的共同体，在共同体中人与人之间的交往都是直接的。虽然"自然的共同体"是个体个性发展的起点，但它只是自我封闭的联合形式，个体在其中仅仅是群体的一员，仅具有再生产的功能。随着生产力的发展和私有制的出现，"自然的共同体"逐渐被解构，人类社会进入了新的共同体阶段，但由于在新的共同体之中"个人自由只是对那些在统治阶级范围内发展的个人来说是存在的，他们之所以有个人自由，只是因为他们是这一阶级的个人。从前各个人联合而成的虚假的共同体，总是相对于各个人而独立的；由于这种共同体是一个阶级反对另一个阶级的联合，因此对于被统治的阶级来说，它不仅是完全虚幻的共同体，而且是新的桎梏"[3]，所以马克思称之为"虚假的共同体"和"冒充的共同体"。按照

---

① 《马克思恩格斯文集》第 4 卷，人民出版社 2009 年版，第 45 页。
② 《马克思恩格斯文集》第 8 卷，人民出版社 2009 年版，第 123 页。
③ 《马克思恩格斯文集》第 1 卷，人民出版社 2009 年版，第 571 页。

日本马克思主义学者望月清司的理解，市民社会就是这样的共同体，是"在全面转化为剩余价值生产之后，在劳动过程中又重新获得了共同劳动这一人类的结合形式"①，只不过"它采取了一种与人的本质力量相异化的形式而已"②。马克思认为市民社会这样的"虚假的共同体"只有利益共同体之名，而无利益共同体之实，由于这种共同体对人类的自由和解放具有太多侵害，马克思自《论犹太人问题》时期就开始对"虚假的共同体"从以下几个方面进行道德批判。

1. 异化现象的道德批判

我们知道，虽然马克思一直使用异化概念，但不同的阶段视角不同，在其思想发展史中也存在从道德评价优先向历史评价优先转换的过程。即使转向历史评价优先，马克思"一点也没减少其理想与批判的价值性和——从要解释的意义上说——道德性。而且，他整个一生的著作事实上都充满了这种批判性的评价，而这种评价只有在他显而易见的社会统一与个人自我实现的理想背景之下才有意义"。③ 对异化的道德批判是马克思异化理论的切入点，马克思多次依据无产阶级的道德标准，基于劳动者的凄惨现状，对异化现象展开批判。马克思一开始借用异化概念的主要目的就是从伦理和道德层面批判资本主义社会，借以表达他对无产者的同情和对剥削者的义愤，这一点通过马克思在对异化的批判中经常使用非人的、屈辱、奴役、无耻、冷酷、恐怖、残酷等道德性语言就可以看出。包括马克思后来用"对人的剥削""奴役人"等具体的概念替代异化概念也足以显现马克思对资本主义社会中的异化现象一直保持深刻的道德揭露。虽然后来马克思抛弃了对异化的道德评价优先的态度，但他并没有抛弃道德评价这一维度，也一直没有减弱对异化进行道德批判的力度，只不过马克思后来逐渐放弃了"布尔乔亚式"的道德批判，而是把道德评价置于历史评价的基础之上，为无产阶级的利益做辩护。

之所以如此，正如伊斯坎达尔·阿萨杜拉耶夫在《马克思的道德贡

① 〔日〕望月清司：《马克思历史理论的研究》，韩立新译，北京师范大学出版社 2009 年版，第 221 页。

② 〔日〕望月清司：《马克思历史理论的研究》，韩立新译，北京师范大学出版社 2009 年版，第 17 页。

③ 〔英〕史蒂文·卢克斯：《马克思主义与道德》，袁聚录译，高等教育出版社 2009 年版，第 12 页。

献》一文中分析的那样，"源于马克思的马克思主义，首先是一个无法容忍其周遭生活中所有丑陋现象的人的最高道德"①，马克思认为普遍异化虽然带来了"个人关系和个人能力的普遍性和全面性"②，但毕竟这时"人本身的活动对人来说就成为一种异己的、同他对立的力量，这种力量压迫着人，而不是人驾驭着这种力量"③。在"物的世界的增值同人的世界的贬值成正比"④ 的共同体中，劳动者同自己的创造物之间形成了一种敌对的关系，"不是物质财富为工人的发展需要而存在，相反是工人为现有价值的增殖需要而存在"。⑤

2. 分裂状态的道德批判

在《1857—1858 年经济学手稿》《1861—1863 年经济学手稿》《剩余价值学说史》等著作中，马克思还猛烈抨击了"虚假的共同体"中人的特殊性生存和普遍性生存分裂的状态，即二重化状态："前一种是政治共同体中的生活，在这个共同体中，人把自己看做社会存在物；后一种是市民社会中的生活，在这个社会中，人作为私人进行活动，把他人看做工具，把自己也降为工具，并成为异己力量的玩物。"⑥ 马克思认为市民社会没能彻底消除人与人的对立对抗，反而激化了这种对立对抗，使之更加尖锐和严重。由于市民社会存在无政府性竞争和追逐私利体系，共同体成为与人的共同本质相分离的、利己的人的权利领域，共同体中的个体生活就是一场露骨的、追逐利益的普遍运动，市民社会中的个体是一个以满足自己的欲望为目的的自利主义者，"每个人都以自身为目的，其他一切在他看来都是虚无"⑦，同时每个人又把他人视为实现自身利益的手段。由于人与人之间的关系主要是契约、交换和工具，用滕尼斯的话来讲，"在社会里，尽管有种种的结合，仍然保持着分离"⑧，即

① 〔塔吉克斯坦〕伊斯坎达尔·阿萨杜拉耶夫：《马克思的道德贡献》，柳丰华摘译，《国外理论动态》2005 年第 6 期。
② 《马克思恩格斯文集》第 8 卷，人民出版社 2009 年版，第 56 页。
③ 《马克思恩格斯文集》第 1 卷，人民出版社 2009 年版，第 537 页。
④ 《马克思恩格斯文集》第 1 卷，人民出版社 2009 年版，第 156 页。
⑤ 《马克思恩格斯文集》第 5 卷，人民出版社 2009 年版，第 716～717 页。
⑥ 《马克思恩格斯文集》第 1 卷，人民出版社 2009 年版，第 30 页。
⑦ 〔德〕黑格尔：《法哲学原理》，范扬、张企泰译，商务印书馆 1961 年版，第 197 页。
⑧ 〔德〕滕尼斯：《共同体与社会：纯粹社会学的基本概念》，林荣远译，商务印书馆 1999 年版，第 95 页。

在市民社会中人与人看似实现了普遍性联系，但只是一种抽象的普遍性，即普遍联系仅仅具有工具的意义，不具有共同体的性质，对个人人格也缺乏构成性意义。因而，看似普遍性联系，实质却是市民社会内部的分化、分裂，出现两个内部各自趋向平等却彼此之间差距甚大的集团。对于市民社会中人的分裂状态，现代资产阶级国家并没有像黑格尔乐观地认为的那样，可以克服市民社会的欠缺，使个人获得自己的实体性自由，这是因为，在分裂状态下人们虽然需要政治国家作为自己的普遍意识，但货币才是比国家更为实际的共同体，政治国家作为脱离现实物质利益的存在，只是维护特殊的个人权利和个人的特殊权利的工具性实体，成为"资产者为了在国内外相互保障各自的财产和利益所必然要采取的一种组织形式"①，而不再像在传统共同体中那样承载着人类生存的伦理价值。也正是如此，马克思认为资产阶级国家是"虚假的共同体"，不可能克服市民社会中固有的阶级分裂，个体在其中也难以实现其类本质。

3. 奴役状态的道德批判

马克思认为，只有在真正的共同体中才能真正实现人的自由，"虚假的共同体"只是让个体从某种政治的束缚中解放出来，但这种解放仅是有限的抽象的局部的解放，并没有使人成为平等的、独立的和自由的成员。不仅如此，由于市民社会中的个体都是逐利的原子式个体，再加上资本逻辑的强大，共同体反而沦为少数资本家剥削和奴役大多数无产者的工具，特别是从市民社会这个"虚假的共同体"过渡到资产阶级社会"抽象的共同体"之后，由于社会关系获得了拜物教的形式，各阶级成员的生活都会受到物的奴役，不仅工人是异化而不自由的，资本家也是扭曲而不自由的，人们创造出来的"物"日益成为一种自主的、压迫性的力量与人对立，而不是促进人的发展的养料来源。王庆丰教授对此做出了精准概括："资本的唯一本性就是无限增殖自身，而资本为了增殖自身，就必须把一切都纳入到资本逻辑的强大的抽象同一性之网中。在资本主义社会里，这种'抽象的力量'是以资本增殖为核心的市场交换价值体系具体体现出来的。'交换价值'和'交换原则'成了压倒一切的主宰力量，在它的无坚不摧的强大同一性'暴政'下，人与物的一切关

———————
① 《马克思恩格斯文集》第 1 卷，人民出版社 2009 年版，第 584 页。

系都被颠倒了，不是人支配和使用物，而是物反过来控制和奴役人。"①在以物的依赖性为基础的人格的独立性共同体阶段，货币经济、货币交换逻辑无孔不入，物成为主体，人对物普遍依赖，物对人取得胜利。货币逻辑化约夷平了个体人格，人类安于物象化和拜物教式的奴役状态，这样，资本拜物教进一步将经济上、政治上对人的奴役拓展为心理上、精神上的操控和奴役，并通过资本主义生产方式的全球扩张把人的自我奴役、自我束缚状态推向全世界。

三 "真正的共同体"的道德关怀

马克思"真正的共同体"思想的形成不是一蹴而就的，在《共产党宣言》之前，马克思侧重于从哲学、经济学和政治学角度探讨共同体问题，《共产党宣言》全面呈现"真正的共同体"思想，在《1857—1858年经济学手稿》和《资本论》中深入政治经济学不断充实和发展"真正的共同体"思想。在《共产党宣言》中，马克思通过唯物史观的研究方法，描绘了未来社会的宏伟蓝图，即"自由人的联合体"，在马克思看来，这是"真正的共同体"。马克思之所以这样认为，在于"自由人的联合体"的出发点是从事实际活动的人，立足点是人类社会或社会化的人类，归宿点是一切人的自由发展。出发点、立足点、归宿点彰显了马克思关注人类命运的博大情怀以及"自由人的联合体"的价值取向，那就是实现人自身的解放和人的全面发展。

"自由人的联合体"是马克思基于对资本主义社会现实的批判性研究而得出的关于实现人的自由全面发展的共同体路径的科学理论构想。马克思、恩格斯在《共产党宣言》中明确指出"自由人的联合体"的价值目标是实现人的自由全面发展，实现无产阶级和人类的解放，人的自由解放是马克思全部学说的主题，"自由人的联合体"就是马克思寻求这一社会理想和价值关怀的集中体现。早在《莱茵报》时期，马克思就使用"自由人的联合体"这一术语来论述自己的国家观，借以批判封建制度及其宗教基础，后来在《黑格尔法哲学批判》《论犹太人问题》《〈黑格尔法哲学批判〉导言》《1844年经济学哲学手稿》等著作中不断

① 王庆丰：《〈资本论〉的再现》，中央编译出版社2016年版，第212～213页。

深化对"自由人的联合体"的认识，尽管这时通过"自由人的联合体"对人类所展现的道德关怀还是以抽象的人的本质为基础的。从《神圣家族》以后，马克思已经抛弃纯粹的价值论范畴思考人的自由和全面发展问题，也不单纯停留于道德学上的义愤发泄和震撼世界的词句，而是奠基于经济领域，扎根于客观现实，对人的自由全面发展从历史的、暂时的社会经济内容所规定的具体历史范畴出发加以考察。可以说，"事实—价值"辩证法是马克思分析"自由人的联合体"和人的自由全面发展等问题所秉持的重要思维方法，"自由人的联合体"是历史向度和价值向度相统一的概念。

　　一方面，马克思并没有单纯站在应然的角度，而是从社会利益的基础上分析"自由人的联合体"，认为它源自物质生活关系，无法超出社会经济结构的制约，或者脱离社会历史条件去阐释和理解它们，也正是如此，马克思提出"人的本质不是单个人所固有的抽象物，在其现实性上，它是一切社会关系的总和"[①] 这一关于人的社会学意义上的实然性定义。马克思认为正是在与共同体关系的相互映照下，才能更好地认识个体的自由、自我实现和需求等问题，也才能更好地理解为什么推动社会制度的革命，所以共同体不能被理解为已逝的、梦想中的人类家园和对抗现代社会的乡愁情结，而是个体获取自由全面发展进程中的实践形式。由此，马克思的"自由人的联合体"与共同体主义的立场具有基本的分野，马克思立足于政治经济学，从历史唯物主义视角寻找实现人的自由全面发展的共同体路径，无意重构亚里士多德式的道德共同体，所以，共同体主义想借助马克思共同体思想实现自我复兴，完全是对马克思的误解。

　　另一方面，马克思并不否认共同体中伦理生活和道德观念的存在，在马克思看来，"自由人的联合体"肯定是一个公正的、良善的社会，在其中，个人追求自由和自我发展等真正的人类需要得到了满足，所有人都拥有使用社会资源的平等权利，这也正是马克思所讲的自由自觉的实践者状态，这一状态是马克思对人应该是什么的哲学定义，鲜明地反映了其价值取向和道德关怀。更为关键的是，在"自由人的联合体"

---

① 《马克思恩格斯文集》第 1 卷，人民出版社 2009 年版，第 501 页。

中，个体可以实现各种能力，并且可以全面地参与到人类的活动中去，展现人类所有的潜能。换言之，在"自由人的联合体"中，任何人都没有特定的活动范围，每个人都可以在多个空间和领域发展，而不像在"虚假的共同体"中，每个人都局限于一定的、特殊的、别人强加于他的活动范围。在"自由人的联合体"中，通过联合劳动，人们能够相互合作，从而达到彼此能力的全面实现，并共同分享这些能力的实现。

实现人的自由全面发展贯穿于"自由人的联合体"设想之中，实际上，如果脱离人的解放和发展，马克思的共同体理论就失去了价值和意义。对此，马克思在《共产党宣言》中给出了精练和简明的表态，即"代替那存在着阶级和阶级对立的资产阶级旧社会的，将是这样一个联合体，在那里，每个人的自由发展是一切人的自由发展的条件"。① 只不过马克思通过"自由人的联合体"思想对人的自由全面发展所给予的道德关怀没有停留在人的本质的抽象和普遍的特征层面，而是对人在社会生活中的存在状态给予真实关怀，对人的生存利益和生存价值给予关注、反思和追问。所以，马克思通过"自由人的联合体"所表达的道德关怀并不是虚幻的，而是基于资本主义不可解决的内在矛盾来展开对未来共同体的论证的，并以此为基础，构想了"自由人的联合体"实现的力量、手段、途径、任务、策略和措施等，道德关怀就是通过这些举措而显现出来的。同时，"自由人的联合体"中人的自由自觉的状态也不是个体固有、既成和静止的，而是作为人的潜在发展倾向在历史过程中的展开。可以说，"自由人的联合体"的道德关怀绝不是仅仅停留在对未来社会发展前景的理想描绘上，而是在不断地思考现实社会中出现的各种状况的基础上逐渐构建起来的，具有现实性。

第一，对人的自由发展的道德关怀。"自由人的联合体"首先是自由的联合体，因为"没有共同体的自由意味着疯狂，没有自由的共同体意味着奴役"。② 马克思认为，虽然较之于传统社会，资本主义社会赋予了个体更多的独立自由，使其逐渐从人身依附和宗教独断中摆脱出来，个体自由作为抽象权利获得了法律保护，但由于资本主义的社会分化和

---

① 《马克思恩格斯文集》第2卷，人民出版社2009年版，第53页。
② 〔英〕鲍曼：《生活在碎片之中——论后现代道德》，郁建兴译，学林出版社2002年版，第142页。

拜物教把多数人的自由权利难以落实为自由行动和自由实践，所以个体的自我实践和自我发展并没有真正实现，也没有真正过上富有意义和价值的生活，成为一个完整的自我。马克思认为在"自由人的联合体"之中，人从资本的盲目控制下获得解放，推翻了使人被侮辱和被奴役的一切社会关系，自由个性取代人对物的依赖性，人将重获主体地位，世界也重回人类世界①，个体才能真正拥有实质的、积极的自由，这既是一种科学的事实推理，也体现了马克思对人类解放的道德关怀和价值期许。马克思希望在"自由人的联合体"中，人类意识到自己的不幸，取得对物的胜利，摆脱物象化和拜物教。马克思打破了近代以来自由和共同体不可兼得、彼此对立的思想传统，共同体中依然保留着道德的空间。

　　第二，对人的全面发展的道德关怀。马克思认为，"自由人的联合体"在社会实践领域消灭了旧式分工、消除了脑力劳动和体力劳动的对立，并随着生产力的高度发达，积累了大量的财富，这时劳动成为生活的首要需求，人们不再通过报酬激励去从事工作，劳动成为富有意义的工作，而不是由生存和世俗的考虑所决定。随着科学技术的发展，人力从直接的物质生产过程中完全解放出来，人们拥有了充裕的自由时间，由于"把社会必要劳动缩减到最低限度……给所有的人腾出了时间和创造了手段，个人会在艺术、科学等等方面得到发展"。② 这样，资本主义条件下的出卖劳动力的自由人变成真正的自由而全面发展的劳动者，所有人都拥有与其他人一起参与到制订经济计划的公开而民主的决策中去的平等权利③，他们自觉地把个人的劳动力联合起来当成社会劳动力来使用，对于那些无法被机器代替的艰辛工作，合理地制订计划，并公平地分配给人们，同时平等地分担那些任何人都不想去承担的必要的工作，像马克思所描述的那种"别人的感觉和精神也为我自己所占有"④，呈现"任何人都没有特殊的活动范围，而是都可以在任何部门内发展，社会调

---

①　韩立新：《"物"的胜利——以〈政治经济学批判大纲〉的〈货币章〉为中心》，《哲学研究》2017 年第 12 期。

②　《马克思恩格斯文集》第 8 卷，人民出版社 2009 年版，第 197 页。

③　〔美〕罗尔斯：《政治哲学史讲义》，杨通进、李丽丽、林航译，中国社会科学出版社 2011 年版，第 384 页。

④　《马克思恩格斯文集》第 1 卷，人民出版社 2009 年版，第 190 页。

节着整个生产，因而使我有可能随自己的兴趣今天干这事，明天干那事"① 的全面发展境界，"人以一种全面的方式，就是说，作为一个完整的人，占有自己的全面的本质"②。

总之，"自由人的联合体"思想对人的道德关怀是站立在社会化人类立意之上的，以历史主义的方法，超越市民社会这一政治联合体，追求人的完善和"对绝对自由的渴望"（泰勒语），是个体寻找共同体根本认同依据的尝试。

四 人类命运共同体的道义基础

面对世界局势的不确定性，人们提出了"世界怎么了，我们怎么办"这一"世界之问"。针对这个问题，习近平通过提倡构建人类命运共同体给出了中国方案，也展示了中国智慧。近些年习近平在国际国内多个场合从多个维度阐释人类命运共同体的构想，提出："人类命运共同体，顾名思义，就是每个民族、每个国家的前途命运都紧紧联系在一起，应该风雨同舟，荣辱与共，努力把我们生于斯、长于斯的这个星球建成一个和睦的大家庭，把世界各国人民对美好生活的向往变成现实。"③ 从现实指向来看，人类命运共同体是克服资本逻辑支配下的世界市场体系危机，变革、完善世界市场体系与全球治理体系，实现共建共享共赢的全球治理机制；从社会理想的视角来看，人类命运共同体是以提升人类利益的共同性水平，实现人类解放或"真正的共同体"，建构更符合人类社会发展的新世界图景为价值诉求的。

如同"自由人的联合体"一样，人类命运共同体并不是单纯的认知性、描述性和实证性的命题，包含着应然的理想诉求，关涉一定的规范性问题。由此可以讲，人类命运共同体与马克思所提出的"自由人的联合体"都深切关怀人类解放和人类命运，二者在社会共同体的价值诉求上具有一致性，只不过"自由人的联合体"是人类社会发展的高远目标，而人类命运共同体是"自由人的联合体"的当代性和实现路径。人

---

① 《马克思恩格斯文集》第 1 卷，人民出版社 2009 年版，第 537 页。
② 《马克思恩格斯文集》第 1 卷，人民出版社 2009 年版，第 189 页。
③ 习近平：《携手建设更加美好的世界——在中国共产党与世界政党高层对话会上的主旨讲话》，《人民日报》2017 年 12 月 2 日。

类命运共同体意味着人类社会具有共同追求的道德理想，这是建构人类命运共同体的前提。人类命运共同体是具有共同道德基础的生活，是道德共同体再建构的积极尝试。在全球化时代，世界范围内的各种冲突与较量、人类所面临的诸多生存危机，固然源于利益，但也与更为合理的全球价值理念和道义观念的缺失有关，因而，迫切需要在提升人类利益共同性水平的基础上重建全球性的价值理念和道义基础。虽然人类命运共同体由两翼构成，即人类利益共同体和人类道德共同体，但习近平在阐释人类命运共同体时多次强调"相互尊重、平等相处、和平发展、共同繁荣，才是人间正道"①，"和平、发展、公平、正义、民主、自由，是全人类的共同价值"②，就是为了更好地在道德哲学的向度内深入阐释人类命运共同体，解释建构人类命运共同体的道义基础。

第一，人类命运共同体包含着道德共同体的意蕴，通过道德与价值的属性彰显共生、共赢和共发展的价值诉求和道德精神。毫无疑问，人类命运共同体作为价值理念诉说着国与国、人与人之间生死相关、患难与共的关系，建构着共享发展的价值意义，如果缺少了这一精神品质，就无法彰显人类命运共同体对一般共同体的超越性，无法凸显既是利益共同体又超越利益共同体的本质属性。所以，当我们谈起人类命运共同体时，必须强调其道德共同体、精神共同体的特质，也应该看到人类命运共同体内蕴着共生主义的基本命题和交互主体性（人类命运共同体不能仅被想象为孤立主体的组合）的基本态度，责任共担、发展共赢和成果共享是人类命运共同体的伦理精义，同担风险、同享成果和协力而行是人类命运共同体的道德要义。

第二，人类必须直面一系列全球性问题，在息息相关、唇齿相依的经济全球化大潮中，警惕公共价值日益衰落的危险，防范单边国家主义去价值和去伦理的制度合理化教唆。近年来，美国特朗普政府逆全球化的潮流而动，挥舞贸易保护主义的大棒，用美国利益优先取代维护全人类共同利益就是典型。在这个意义上，人类命运共同体必须涉及全球道德责任的可能性问题，倡导每个人都对遥远地区的他者负有责任，以解

① 《习近平谈治国理政》第 2 卷，外文出版社 2017 年版，第 446 页。
② 《习近平谈治国理政》第 2 卷，外文出版社 2017 年版，第 522 页。

决超越民族国家界限的道德冲突。当然，在自由与多元的世界中寻求统一性是件困难的事情，容易形成一定程度的文化中心主义，甚至造成意识形态霸权。其实，每一个具有共同体观念的理论家都会面临这样的难题，当年马克思用社会性原则去克服唯我独尊的个体性原则时，同样如此。只不过马克思通过革命的和批判的语境建立制度伦理，有效地解决了这一难题。人类命运共同体也应如此，不应因面临责难而放弃全球道德责任的主张，而应积极建构全球道德责任的正当合理性和普遍有效性，尊重多元主体间的交互对话和道德共识，把人类命运共同体的建构转换为一个制度批判和革命实践的问题，通过对单边主义和霸权主义的双重批判和制度建构支撑其核心价值。

第三，人类命运共同体应建立在可通约的道义观念的基础之上，为资本主义的全球扩张、霸权思想以及强权逻辑提供一种规训，为人类现在和未来架起一个超越性的坐标，奠定人类安身立命的支撑点。其核心的道义观念应该是有助于调节私人利益和公共利益之间的分裂，使个别的利益符合全人类的利益。正如马克思、恩格斯在《共产党宣言》中所指出的那样，"共产主义并不剥夺任何人占有社会产品的权力，它只剥夺利用这种占有去奴役他人劳动的权力"①，人类命运共同体并不是消解单一国家和民族的利益，而是反对国家之间的霸权和扩张。从这一点出发，这种道义性观念应秉承出入相友、守望相助的伦理准则，充分彰显义利双行的道义精神，实现世界各国共同发展，国家利益不是基于竞争而是在互惠与团结中、在共同活动及追求共同目标的相互认同中获得，在"各美其美"的基础上实现"美人之美，美美与共"的命运共同体的道德价值目标。

习近平认为，和平、发展、文明是各国人民的期待，人类命运共同体就是反对冷战思维和零和博弈，倡导人类的和平相处和人类的共同进步。"中国坚持国家不分大小、强弱、贫富一律平等，尊重各国人民自主选择发展道路的权利，维护国际公平正义，反对把自己的意志强加于人，反对干涉别国内政，反对以强凌弱"②，具有鲜明的道德共同体意识。实

①　《马克思恩格斯文集》第 2 卷，人民出版社 2009 年版，第 47 页。
②　《习近平谈治国理政》第 2 卷，外文出版社 2017 年版，第 42 页。

际上，人类命运共同体也应包含温馨的道德情感、和睦的道德关系和具有熟人特质的道德秉性，这样才能保证它是现代人热切希望生活于其中的世界。正如前文所提，马克思的共同体思想包含着自由平等的价值诉求、人性解放的人道主义精神和自由全面发展的终极理想，人类命运共同体也是如此，包含着共同发展、互惠共赢、公平正义的价值追求。

为了彰显人类命运共同体中道德共同体的意蕴，必然要求世界各国在保持自身道德文化的同时，建构一套超越单一地区或国家视角的道德价值体系，形成一种世界性、结构性和法理性的道德文化。著名历史学家汤因比提出，人类社会要过渡到一个世界国家，希望在中国，人类的出路在于中国文明，中国人在漫长的历史中远离狭隘的民族主义，一直保持着天下主义的精神。而西方国家则长期遵循西方中心论，宣扬"中国威胁论"，信奉"丛林法则"，迷恋军事武力。在这种情况下，习近平新时代中国特色社会主义思想提出构建人类命运共同体，向世界介绍多元共存、和平发展和天下为公的道德共同体的主张，展示了中华文明的自信和道德智慧，表达了中国人民对建设美好世界的崇高理想和不懈追求。

习近平新时代中国特色社会主义思想不仅提出了人类命运共同体的伟大构想，占据了实现人类美好理想、促进人类社会进步的道义制高点，得到国际社会的认可，同时也以把握当代、关怀人类、面向未来为原则积极推进道德共同体的建设。习近平新时代中国特色社会主义思想秉承历史唯物主义的基本观点，把互利共赢、包容互惠作为道德共同体建构的基础，在坚持不结盟原则的前提下广交朋友，通过广泛开展经贸技术互利合作，形成深度交融的互利合作网络和全球的伙伴关系网络，夯实道德共同体的基石；把正确义利观作为建构道德共同体的核心，打造义利兼顾、讲信义、重情义、扬正义、树道义的命运共同体；以文明交流作为建构道德共同体的主要途径，通过文明交流打破不同文明之间的隔阂，通过文明之间的互相借鉴解决不同文明之间的冲突，通过文明之间的共存共荣超越错误的文明优越观，推动人类文明实现创造性发展和各国之间的相互理解、相互尊重、相互信任，进而形成道德共同体；以构筑绿色发展的生态体系为建构道德共同体的重要内容，把生态文明作为人类共同的道德诉求，彰显国际社会面向未来、追求可持续发展的共同责任。

中国作为建构人类命运共同体的主要倡导者，秉承马克思共同体思想，从历史的视域考察国家之间政治哲学的基本价值，建立起了基于人类社会的具有历史大跨度的思维方式，为当前国际交往实践建构了文明交融论和天下一家观等价值理论。当然中国不仅是价值理论的建构者，也是价值理论的行动者，以实际行动做世界和平的倡议者、全球发展的贡献者、国际秩序的维护者和道德共同体的建设者。

第二节 "美好生活"的历史唯物主义基础与正义价值期许

党的十八大以后习近平总书记讲述"中国梦"时多次提出"美好生活向往"，党的十九大报告又在论述当前社会主要矛盾时提出"美好生活需要"。放眼人类历史，从柏拉图的理想国到莫尔的乌托邦再到康帕内拉（Tommas Campanella）的太阳城等，自古以来人类社会就不停追求"存在普遍真理、正义、善、繁荣与美好的社会"。① 为了防止"美好生活"沦落为一种观念性的设想，我们必须从马克思道德理论中获得借鉴，遵循历史唯物主义和"事实—价值"辩证法理解"美好生活"。如同马克思对道德的理解一样，"美好生活"一方面是在受历史条件制约的生产方式上所提出的要求，随着社会的变化而变化；另一方面"美好生活"也是人的有意识的生活选择，是人自由选择下的主体性现实活动，因此必然包含着价值和道德之维。总体而言，历史唯物主义和"事实—价值"辩证法应是我们认识、理解和阐释"美好生活"的基本原则。

一 以历史唯物主义理解"美好生活"

不少人要么把"美好生活"理解为一种文学的、伦理学的小众感受和体验，要么带有神秘和思辨的色彩将其理解为一种理念或概念。实际上，作为普遍意义上的人民需要的"美好生活"，既不是个体的情绪体

---

① 〔美〕怀特、亚当斯：《公共行政研究：对理论与实践的反思》，刘亚平、高洁译，清华大学出版社 2005 年版，第 1 页。

验，也不是纯粹的抽象表达，虽然"美好生活"受到自我意识的影响，但根本上还是社会生产力的发展和资源的合理配置问题。"美好生活"实际上是由生产性活动导致的，是一个关系利益调节的实践问题，根源于社会物质生产，包含着社会力量、社会支配权力和社会关系的动态生产过程，具有明显的实践性与历史性，我们需要在历史唯物主义的基础上理解"美好生活"。

（一）以唯物主义的视角审视"美好生活"

第一，"美好生活"是物质富足的生活。人类生产能力的发展是"美好生活"实现的根本路径，这是马克思主义历史理论的起点，是其唯物主义的基础。在马克思看来，所有人类，无论他多么特殊，都必须从事满足他们物质需求的某种活动，必定要融入社会生产关系之中。因而，"美好生活"必须建立在生产力发达的基础之上，物质生活的富足作为一种普遍需要，是尊重、审美、精神文化等需要产生的前提和实现的基础，如果没有充分的物质财富，根本谈不上"美好生活"。也正是如此，习近平总书记强调，中国人民要过上美好生活，还要继续付出艰苦努力。发展依然是当代中国的第一要务，党和国家的首要使命依然是集中力量提高人民的生活水平，逐步实现共同富裕。换言之，在追求"美好生活"的新时代，我们还必须坚持"发展是第一要务"的理念，以经济建设为中心，保持经济健康持续增长。如果没有经济建设和生产力水平的提升，最终所达到的只能是阿Q式的美好生活。

第二，"美好生活"是现实性生活。如上所述，人类社会并不缺乏美好生活的蓝图，但以往的"美好生活"大都是理念性的，是通过理念建构的。习近平提出以人民为中心的发展理念不是一个抽象的、玄奥的概念，不能只停留在口头上、止步于思想环节，而要体现在经济社会发展各个环节，这样的理念同样适用于对"美好生活"的理解。实际上，"美好生活"是一种现实生活，依赖于时间、空间和人类的历史发展，是现实的人自己的劳动成果，具有不同层次、不同内容、不同状态的具体内涵。从这个意义上讲，"美好生活"是充分就业、收入增长的生活；是能够充分享有和谐、稳定社会环境的生活；是享有安全食品和良好生态环境的生活；是享有自由和尊严，精神文化充实的生活。我们只有从社会现实出发探寻"美好生活需要"的满足，寻找民众需要的发展规律，从生产活动和资源分配出发认识美好生活的未完成性，才能真实把握和理解"美好生活"。

第三，"美好生活"是社会性指向的生活。作为社会主要矛盾表述中的重要概念，"美好生活"不应被单纯理解为个体性概念，强调作为社会成员的自我奋斗目标，而应更多强调其集体性和社会性，定位为一种国家和社会层面的设想，及对大多数人的生活状态的描述。如果把"美好生活"理解为个体性的，应该说很多人已经过上了"美好生活"。在此之所以强调"美好生活"的社会性内涵，是想突出"美好生活"的实现在当前时期应重点依赖社会资源的再分配，通过社会对财富的协调分配使美好生活成为一种普遍需要，尤其要解决马克思当年所提出的不同的人在天赋和需求方面都有所不同所造成的贫富差距问题，贫富差距不解决，根本谈不上美好生活。因而美好生活的实现在当前主要依赖于国家的税收，依赖于国家以制度的方式实行利益的再分配，依赖于调整收入分配格局，完善以税收、社会保障、转移支付等为主要手段的再分配调节机制，维护社会公平正义，解决好收入差距问题，使发展成果更多更公平地惠及全体人民。所以，习近平总书记强调，我们要顺应人民群众对美好生活的向往，坚持以人民为中心的发展思想，以保障和改善民生为重点，发展各项社会事业，加大收入分配调节力度，打赢脱贫攻坚战，保证人民平等参与、平等发展权利，朝着实现全体人民共同富裕的目标稳步迈进。这就决定了"美好生活"是一种社会性概念，而非个体化概念。

（二）以历史的视角观察"美好生活"——以改革开放40年为例

改革推动了生活观的变革，开放催生了生活观的解放。改革开放40多年里，中国人民经历了从基本消除贫困到解决温饱到实现总体小康的历史进程，现在正在向全面建成小康社会目标迈进。在这一历史进程中人们的生活观念不断变革，生活需求不断提升，人们对"美好生活"的理解和认识也呈现出递进的特点。可以说，一部改革开放史就是一部中国人民对美好生活的追求史，一部为满足美好生活需要而奋斗的历史。同时，中国人民"美好生活"观念演进的过程，又准确而深刻地反映了改革开放40多年中国在社会、经济、政治和文化等方面的重大变革与全面进步。

"美好生活"虽然是个广泛的概念，具有无限的扩张性，但人的需要是历史的，因而不同时期人民的"美好生活"观念受到历史条件的制约，具有客观性、人民性和普遍性三大特点，这为我们梳理改革开放 40 多年"美好生活"观念的演进提供了可能。受恩格斯将人的需要分为生存层面、享受层面和发展层面的启发，本书将改革开放 40 多年三个不同阶段"美好生活"观念的主要内涵总结为富裕生活（生存层面）、高质量生活（享受层面）和人的全面发展（发展层面）三个方面。

1. 富裕生活：全面改革开放阶段人们对"美好生活"的期盼

第一，改革开放初期人们对美好生活的期盼非常朴素，具有物质性、单一性和自然性的特点。富裕并不是一种追求剩余、炫耀和过度消费的富裕，而是一种基本物质生活的富裕，是对基本生活用品和劳动产品富足的渴求。形象地讲，就是渴望有一定的存款，有彩电、冰箱、洗衣机、收录机等耐用消费品。这时人们对物质富裕的诉求主要聚焦于实物的数量，对实物质量的诉求局限于其使用价值和实际功用，实物的档次、品牌还未成为多数人的关注点。

第二，富裕是共同的富裕，是共富。邓小平提出，"社会主义的特点不是穷，而是富，但这种富是人民共同富裕"[1]，"社会主义财富属于人民，社会主义的致富是全民共同致富"[2]。在此时期，人们共同富裕的信念是非常坚定的，认为只有始终坚持共同富裕的目标才能真正达到美好生活的实现。为此，就要大力发展社会生产力，消灭贫困，提高生活水平，这是实现共同富裕的根本手段。当然，共同富裕是由低层次富裕向高层次富裕逐步实现的过程，实质是无数的具体的经济主体的普遍化富裕，要完成这一过程，需要合理、合法的利益差别，适当地拉开收入差距，优化资源配置，形成经济整体发展和社会进步的驱动力。所以共同富裕不是同等同步的富裕，也不是贫富两极分化，而是通过先富带动后富，进而共享社会发展成果。

第三，勤劳是达至富裕生活的手段。全面改革开放时期推行的农村家庭联产承包责任制和城市扩大企业生产经营自主权，革除了平均主义

---

① 《邓小平文选》第 3 卷，人民出版社 1993 年版，第 265 页。

② 《邓小平文选》第 3 卷，人民出版社 1993 年版，第 172 页。

的分配观念，实行按劳分配为主的分配方式，有效地激发了人民的劳动热情。在此背景下，"勤劳致富"成为人们的主要生活观念，认为达至富裕生活主要依赖勤劳，通过勤劳致富改善生活，只有勤劳才能创造美好生活。所以此阶段人们创造财富的活动中很少有"等靠要"的依赖思想，多数人更相信依靠辛勤劳动、自强不息、苦干实干才能走向富裕。应该说，全面改革开放时期创造的"中国奇迹"离不开改革开放的好政策，更离不开亿万群众的辛勤劳动，亿万群众是创造美好生活的主体。当然，此时人们对于勤劳的认识与传统社会有所不同，学习新知识、掌握新技能、利用新工具、把握新机会成为人们勤劳的主要表现，创造和获取财富的才能与时俱进，与时代的发展保持同步，成为人们的新追求。

第四，富裕生活作为一种发展愿景和美好生活诉求，既强调物质生活水平的重要性，又蕴含着超越物质财富的意蕴。追求富裕生活是中国人民的生活观从理想主义转向现实主义的标志，表明人们开始转向生活理想的务实层面。改革开放以前的一段时期，人们脱离现实的生活基础盲目追求不切实际的东西，并用之代替现实生活。改革开放以后，人们对美好生活的畅想不再好高骛远，而是着眼当前，从实际出发，脚踏实地，一步一个脚印去追逐富强文明的理想社会。另外，富裕的诉求也反映了人民主体性的彰显。在当时的社会背景下，倡导追求物质富裕本身就是对人的自主、自立、自尊、自强的肯定，也是对人的竞争精神、工作热情和创造性的认可，更反映了当时中国人民不畏艰险、顽强奋斗和永不满足的进取精神。

安居乐业、衣食无忧是美好生活的前提，物质富裕是美好生活的基础性、关键性和决定性因素，只有在充足的物质保障基础上，人们才能真正拥有美好生活。在全面改革开放时期，国家政策及时调整，着力提升人们的生活水平，肯定人们对物质财富的追求，真实回应当时人民群众的现实需求，具有历史的合理性。

2. 高质量生活：深化改革开放阶段人们对"美好生活"的诉求

第一，更加富裕的生活。社会主义市场经济体制使得人的物质利益与人的需要的正当性与合法性获得进一步的社会确认，物质富裕仍然是人们看待"美好生活"的关键因素，物质富裕与美好生活在社会实践和人们的思想观念中形成了同构、互动与共生的关系。但人们对物质富裕的理解开始从生存的逻辑过渡为享受的逻辑，从对物质财富实物数量增长的诉求中脱离出来，从追求基本物质消费向满足吃、穿、住、用、行全面物质需求等更高质量的享受型消费转变，在基本解决数量需求的同时更重视需求质量的提升，追求生活品质的享受。人们逐渐认为"美好生活"中的物质财富应该更有质量和效益，物质财富的获取方式应该是公平的。部分群体已经认识到"美好生活"不只是物质财富总值的增长，更为重要的是物质财富的增长应合乎人性，服务于美好生活，真正能够带来民众幸福、事业发展和全面进步。可见，这时人们开始反思市场经济中财富的"来路"与"去路"、"取之何道"与"用之何途"等问题，折射出人们一方面渴求物质财富的创造，另一方面希望社会财富不再是作为纯粹目的而存在，而是服从于、服务于增进人民福祉的目的。

第二，全面有质量的生活。在全面改革开放阶段，经济增长直接影响人的幸福感，也直接影响了人们对"美好生活"的物质富裕设想，但随着社会主义市场经济体制的深度改革，社会生活的快速变迁，人们逐渐认识到，社会福利并没有随着经济增长同步提高，而且在新的时期，住房、教育、就业、医疗、养老、社会安全等收入以外的因素显著影响幸福感。在这种情况下，人们对"美好生活"的理解也日益全面化，越来越多的人认识到"美好生活"是物质因素、文化因素、社会因素、生态因素等凝结在一起的全方位的生活。人们开始改变美好生活就是物质富裕的相对单一性的设想，对生活质量的诉求范围扩展到经济、政治、文化、教育、环境、医疗等多个层面，对医疗卫生、教育机构、基础设施等公共服务的要求明显提高。这也反映出随着物质生活水平日益提高，人民群众对政治参与、精神文化、社会保障和生态环境等方面的需求日益增长。在此阶段，社会发展与经济发展同步的观念渐入人心，人们盼望社会能够实现居民收入增长和经济发展同步、劳动报酬增长和劳动生产率提高同步、效率和公平兼顾。可以说，全面、持续、协调、以人为本的社会发展理念逐渐进入人们对"美好生活"的理解之中。

第三，和谐的生活。在深化改革开放阶段，一方面，经济快速稳定发展，人们的物质文化生活得到了极大丰富，多元化的需求日益得到满足；另一方面，经济增长的成果未能充分惠及全体人民，人均居民收入增长慢于经济增长的速度，区域差距、城乡差距、收入差距呈现拉大趋势，社会结构急剧分化，社会规范出现断裂，特别是人们在医疗、教育、住房等基本消费品领域的购买能力方面分化得十分严重。在这种情况下，人际冲突、群体性事件和生态危机等影响到了人们对共享经济社会发展的成果和更高质量生活需要的满足，也容易产生焦虑、紧张等不良感受，这些都引发了公众的情感共振，激发了人们对"美好生活"的新诉求。其实，人类设想的理想世界蓝图中一直包含着对和谐的追求，盼望生活呈现协调性、有序性、平衡性、完整性，渴望创造人与人、人与社会、人与自然之间协调统一的生活模式，拥有积极、健康、科学、和谐的生活品质。和谐生活的诉求就是希望未来的生活环境是生态优美的、生活状态是积极向上的、生活氛围是公平公正的、生活文化是和睦友爱的，核心是共享改革成果，在更大程度上公平地享受基本公共服务和社会保障，期盼社会发展更加关注人的价值、权益和自由。

"高质量生活"的诉求既延续了"富裕生活"的内涵，又把生活的内涵扩展到多个层面，更强调不同群体之间生活的和谐和个体生活在各个层面的和谐。"高质量生活"既是深化改革开放阶段社会发展在生活层面的反映，也是对深化改革开放阶段社会发展的反思。这时，注重提高人民生活质量，契合社会转型期中国社会的实际情况，具有整合社会、稳定秩序的作用，为社会健康、平稳发展提供了有力支撑，为和谐社会建构夯实了基础。

3. "人的全面发展"：全面深化改革开放时期对"美好生活"的期待

第一，作为"完整人"存在的完整生活。基于对人的发展的失衡、单向状态的反思，人们越来越倾向于从保证人完整存在的方面，从人的全面发展的视角建构"美好生活"。越来越多的人认识到了美好生活既应满足和提升人自身的欲望和需要等这些人的感性存在方面，同时也能够满足、创造、追寻人的精神、道德和意义等理性存在方面，以此实现人的完整存在，呈现完整生活。尤其是人们精神文化的需求日趋旺盛，更加重视未来有条件从事精神文化活动，体验更多无功利的愉悦感。另外，随着社会的发展，人们的思想文化活动越发具有独立性、选择性、差异性。具体来讲，"完整人"所需要的完整生活是物质生活与精神生活、感性生活与理性生活、现实生活与可能生活、个体生活与群体生活、私人生活与公共生活等多个维度、多种形态的统一体。① 这样，人们对"美好生活"的理解从物质方面延伸到了经济、政治、文化、社会、生态等领域。

第二，自我实现的生活。"美好生活"越来越多地被理解为一种自我实现的状态。诸如憧憬每个人都能越来越自由自主地决定自己的发展目标、发展规划和发展方式，能够实现自己的理想、抱负，最大限度地发挥自己的能力；渴望自己的能力和成就得到社会的承认，受到别人的尊重、信赖和高度评价；在公共事务和公共生活中能够充分表达自己的见解，拥有尽可能多的个人权利；在创造价值和自我发展、自我成就中感受美好生活；等等。在这里，自我实现不单指获得充足的物质资源，更强调人能自由选择、自主决定生活选项，能够获得丰富的社会性本质，自由地、全面地培养自己的属人机能，尤其是审美、哲学沉思的机能。对"美好生活"的此类诉求，实质是人们开始在发展的角度审视生活，反思劳动异化，渴求能够超越分工限制而发挥最大潜能。

另外，随着改革开放的深入推进，"美好生活"也越来越多地指向了人的全面发展与社会全面进步的高度统一，更加注重每个人的人生出彩机会与个体尊严，更加注重强调人民整体利益的一致性与兼顾各方利益的有机统一。在这种情况下，人们渴望社会给予个体更多人文关怀，能够更大力度支持和肯定人的尊严，过上符合人性的生活，以实现对人的解放与自由的追求。可以说，人们对于全面发展的渴望，反映了人民需要层次的提升和人类自觉意识的提高，是社会文明进步的体现。

第三，公平正义的生活。正如习近平同志指出的那样，"我国经济发展的'蛋糕'不断做大，但分配不公问题比较突出，收入差距、城乡区域公共服务水平差距较大"。② 在这种背景下，进入全面深化改革开放的新阶段，"美好生活"不仅包含物质丰裕、生态环境优良、文化繁荣、教育发达、生活自由等，还包含着对相对公正合理的社会文化环境的诉求，人民越发希望通过制度的革故鼎新，推进社会公平、机会均等、法

---

① 郑航：《和谐社会的"好生活"与道德理性的生长》，《华南师范大学学报》2006 年第 2 期。

② 《习近平谈治国理政》第 2 卷，外文出版社 2017 年版，第 200 页。

律公正。从这个意义上讲，公平正义是"美好生活"的时代意蕴，蕴含公平正义的"美好生活"是民众新的价值期待。

改革开放 40 多年，人们越发渴望在公正合理的社会文化环境中获得更高层次的尊重和满足感。从这个意义上讲，"美好生活"一定包含着权利公平、机会公平、规则公平这些要素条件。"美好生活"作为一种社会憧憬，公平正义是其中的一道"主菜"，尊严、权利、当家做主等是当前人们理解"美好生活"的新指向。对于这点，党的十九大报告指出，"人民美好生活需要日益广泛，不仅对物质文化生活提出了更高要求，而且在民主、法治、公平、正义、安全、环境等方面的要求日益增长"。①

此时，"美好生活"与公平的生产所得相关联，民众的幸福感和愉悦感，越来越受到公正对待、平等享有发展红利的影响。实际上，唯有蕴含公平正义，"美好生活"才更有内涵、更有境界。所以，这时强调"每个人获得发展自我和奉献社会的机会，共同享有人生出彩的机会，共同享有梦想成真的机会，保证人民平等参与、平等发展权利，维护社会公平正义，使发展成果更多更公平惠及全体人民，朝着共同富裕方向稳步前进"②，正当其时，非常必要。为了满足人民对公平正义的需要，十八大以来，党中央遵循"民心是最大的政治，正义是最强的力量"③，调整社会利益结构，在社会政策的层面保证公共资源的分配正义，实现公正的利益分配，以公平正义为中心重构改革话语，在国家和社会层面有效防止有财富而不富足的状况，通过实现财富的共享带来个体生活的改善，成为深化改革的关键节点，以此促进社会公正秩序的建立，满足人们的"美好生活需要"。

在全面深化改革开放的新时期把"美好生活"的核心内涵定位于人的全面发展，既符合当前中国经济社会发展的实际，又为中国经济社会发展提出了方向性要求，同时也能为全面深化改革开放提供新的动力。

---

① 《决胜全面建成小康社会　夺取新时代中国特色社会主义伟大胜利——在中国共产党第十九次全国代表大会上的报告》，人民出版社 2017 年版，第 11 页。
② 习近平：《出席第三届核安全峰会并访问欧洲四国和联合国教科文组织总部、欧盟总部时的演讲》，人民出版社 2014 年版，第 25～26 页。
③ 《习近平谈治国理政》第 2 卷，外文出版社 2017 年版，第 332 页。

二　"美好生活"的价值意蕴

公平、正义①是人民美好生活需要的时代意蕴，分配正义在我国社会主要矛盾已经转化为人民日益增长的美好生活需要和不平衡不充分的发展之间的矛盾的新时代越来越显示其重要性，应当成为现代社会制度安排的基本价值理念，改革发展应当"以促进社会公平正义、增进人民福祉为出发点和落脚点"。②而"以资源再分配为手段，兼有多重目标，旨在为社会成员提供福利"的社会政策，对于满足人民的美好生活需要起着重要的作用。③可见，不仅公平正义是人民美好生活需要的应有之义，而且"美好生活需要"的满足还依赖于资源的分配正义。因此，有必要考察美好生活与分配正义之间的理论逻辑与实践逻辑，这对于化解新时代的社会矛盾具有重要的理论意义和现实价值。

党的十九大报告是在"我国稳定解决了十几亿人的温饱问题，总体上实现小康，不久将全面建成小康社会，人民美好生活需要日益广泛，不仅对物质文化生活提出了更高要求，而且在民主、法治、公平、正义、安全、环境等方面的要求日益增长"的背景下提出"美好生活需要"这一概念的，这足以表明美好生活需要在此不是一种自然的、本能的基本需要，而是人的中高级需要，是在基本生存需要实现之后的一种更高要求。从这个意义上，对如何才是一种更高要求的"美好生活"的解读，可以从很多方面展开，诸如物质丰裕、生态环境优良、文化繁荣、教育发达、生活自由等，但立足当代中国社会的具体情境，我们必须回答这样一个问题：为什么只有将分配正义的实践问题结合起来谈论美好生活才是有意义的。改革开放40多年，实际上是将总体上的小康社会承诺从"天上"拉回到现实的40年，以此为基础，民众的社会需要逐渐从总体小康生活发展到在相对公正合理的社会文化环境中，获得更高层次的尊

---

① 公平与正义的含义是不同的，公平的英文为"fairness"，正义的英文为"justice"。二者的差别在于：公平强调衡量标准的"同一尺度"，反对双重标准；正义强调的是在"应然"和"纯粹"的最高价值观层面上的分配理念。（参见吴忠民《社会公正论》上卷，山东人民出版社2012年版，第113~118页）本书侧重考察正义与"美好生活"的理论逻辑与实践逻辑。

② 习近平：《切实把思想统一到党的十八届三中全会精神上来》，《求是》2014年第1期。

③ 〔英〕蒂特马斯：《社会政策十讲》，江绍康译，吉林出版集团2015年版，第13页。

重和满足感。这时，就需要加紧建设对保障社会公平正义具有重大作用的制度，通过制度的革故鼎新，推进社会公平、机会均等、法律公正。从这个意义上讲，社会正义是美好生活的时代意蕴，蕴含正义的美好生活才是民众的真实价值期待。对此，我们可以从理论与实际两个方面理解。

第一，从价值理念上讲，包含着正义的美好生活应成为社会发展的价值意志、理论意图和实践方向，成为社会经济建设的内容和文明形态。首先要强调的是，真正意义上的美好生活，绝不是偶然、短暂的情绪体验的显示或证明，而是关涉一种高层次的精神生活吁求，是一种生存境界，一种高质量、高品质和高品位的生活的体现。① 若是如此，美好生活的基本前提就自然与公平、正义、平等、权利等内容关联在一起了。当一个社会还没有发育成公平正义的现代社会时，当社会成员还没有享受权利公平、机会公平、规则公平时，美好生活要么是一种幻影，要么只是一种给予甚或施舍，不可能是真实的美好生活。

尽管不同的人对美好生活的理解不同，但从理论上讲，美好生活一定包含着"物质丰裕，财富和资源的分配合乎正义法则，人的尊严得到国家权力和法律制度的尊重与保护"这些要素条件。没有公平公正的感觉，对于个体而言，是很难感受到生活的美好的。换言之，美好生活之所以成为一种需要，在于美好生活作为一种社会憧憬，必定充满公平正义的目标理想。美好生活从一定意义上讲，是"每个人获得发展自我和奉献社会的机会，共同享有人生出彩的机会，共同享有梦想成真的机会，保证人民平等参与、平等发展权利，维护社会公平正义，使发展成果更多更公平惠及全体人民，朝着共同富裕方向稳步前进"。② 不仅如此，正义还是判断美好生活的价值标准。习近平总书记提出"要把促进社会公平正义、增进人民福祉作为一面镜子，审视我们各方面体制机制和政策规定"，其实，社会正义也应是检验和审视美好生活的镜子，用之去对照社会问题，"哪里有不符合促进社会公平正义的问题，哪里就需要改革；

---

① 袁祖社、董辉：《"权利公平"的实践逻辑与公民幸福的价值期待——"美好生活"时代之共同体的伦理文化吁求》，《西北大学学报》2013 年第 3 期。

② 习近平：《在中法建交五十周年纪念大会上的讲话》，《人民日报》2014 年 3 月 29 日。

哪个领域哪个环节问题突出，哪个领域哪个环节就是改革的重点"。①

　　由此，我们不应该把"美好生活"理解为一个伦理学话题，而是应该当作一个政治哲学的话题，思考社会基本制度对人的生活质量（美好生活）的影响尤其是对社会资源的分配的重要影响，以政治哲学的思维方式求解美好生活需要的实现，最起码也要作为以改善民众生存状态为现实目标的政治伦理。这种范式和主题的转换是要表明，美好生活的实质与真谛一定是包含着"权利公平、机会公平、规则公平为主要内容的社会公平保障体系"，一定要建立在"公平的社会环境，保证人民平等参与、平等发展权利"②的基础之上。甚至可以说，正义就是美好生活需要的保证与实现，是美好生活的代名词，是高位阶的需要之根本所在。换言之，我们对美好生活需要的思考，必须跳出这个概念本身，淡化其文学性的表述方式，强化其政治哲学的意蕴，从而丰富其内涵。这样做的目的是强调美好生活需要是实在的、确切的，既关乎个体的主观感受，更关乎正当性、正义性的制度安排。

　　第二，从社会实际上看，美好生活的实践对立面是不平衡不充分的发展，而不平衡从本质上是资源配置的不平衡，说明资源分配还存在不正义③的问题，美好生活的实现也依赖于正义的实现。中国改革开放40多年中，经济取得了极大发展，生活水平迅速提高，但同时也产生了发展的不平衡问题。不平衡的发展有很多指向，既有发展要素的不平衡，也有发展主体的不平衡，还有发展空间的不平衡，但不平衡发展的突出指向还是贫富差距问题④。中国的贫富差距虽然不是"剥削"造成的，但"一部分人收入过高，还有相当的人生活在贫困线下"的现象不可否认是一种"社会收入分配不公"，尤其是在"一个社会有能力使所有人

---

①　《十八大以来重要文献选编》（上），中央文献出版社 2014 年版，第 553 页。

②　《十八大以来重要文献选编》（上），中央文献出版社 2014 年版，第 11～12 页。

③　中国人民大学段忠桥教授认为，在马克思有关按劳分配的论述中隐含着一种不同于"剥削是不正义"的正义观念，即马克思认为由非选择的偶然因素所导致的人们实际所得的不平等也是不正义的。本书赞同这一观点，从而提出资源配置不平衡的非正义性观点。参见段忠桥《当前中国的贫富差距为什么是不正义的？——基于马克思〈哥达纲领批判〉的相关论述》，《中国人民大学学报》2013 年第 1 期。

④　国家统计局的资料显示，2016 年中国的基尼系数是 0.465，超过国际公认的警戒线0.4。

都过上体面的生活，而相当一部分人却没有过上体面的生活，那么这些处境困难的人们就受到了伤害"① 的情况下上述情况更是如此。正如习近平总书记指出的那样，"在我国现有发展水平上，社会上还存在大量有违公平正义的现象"②，需要推进社会正义。从某种意义上讲，社会正义实现的关键点就是社会通过正义的制度和政策来分配收入、机会和各种资源，以帮助那些迫切需要社会正义来帮助的人，这是一种利益的再分配。另外，在中国社会发展取得历史性成就的新时代，一些社会群体和社会成员没能享受到应有的改革发展成果，是诱发当前社会矛盾和冲突的重要因素，对社会的健康发展带来了阻滞，而"这个问题不抓紧解决，不仅会影响人民群众对改革开放的信心，而且会影响社会和谐稳定"。③这也是中央提出要实现和满足人民美好生活需要的重要背景之一。换言之，我国在经济上进入了丰裕时代，但贫富差距带来的系列问题使得我们必须寻求既保持适度的公正又保持经济的高效增长这一事关长治久安的重要决策。

在新时代，民众希望自己的物质生活能够得到不断改善，同时也希望得到平等的对待。人是平等的，每个人都应该得到平等的对待，并在财富、机会和资源的分配中得到大体上平等的份额的观念逐渐成为中国民众对生活的基本期盼。为了解决贫富差距问题，有必要把改善刚性的基础民生问题放到优先位置，调整与分配正义相关的税收制度、社会保障制度、住房保障制度、教育制度、医疗卫生制度、城乡建设制度、环境保护制度等，形成"全覆盖""平等"（无身份差别）的初中级民生保障体系；同时，以合理的速度不断抬高绝大多数社会成员的基本生存底线，保持基本收入适度、持续的增长态势。④

三 "美好生活"中正义价值期许的实现

上文主要分析了以平等对待为主要内涵的正义规约下的美好生活，但实际上，美好生活是一种相对单一性物质需求而言的多样化需求，是

---

① 姚大志：《分配正义：从弱势群体的观点看》，《哲学研究》2011 年第 3 期。
② 习近平：《切实把思想统一到党的十八届三中全会精神上来》，《求是》2014 年第 1 期。
③ 习近平：《切实把思想统一到党的十八届三中全会精神上来》，《求是》2014 年第 1 期。
④ 吴忠民：《普惠性公正与差异性公正的平衡发展逻辑》，《中国社会科学》2017 年第 9 期。

在物质基础得到一定程度满足后提出的差异化的生存和发展样式，是逐渐向马克思所设想的"自由人的联合体"靠近的生活状态，即"每个人的自由发展是一切人的自由发展的条件"。① 所以美好生活还内含着自由发展的意蕴。而自由发展在现实层面必然要求社会流动渠道的畅通和按劳（贡献）分配。所以说，美好生活不仅包括平等对待的问题，还包括差异对待的问题。这样，美好生活的内部就存在一种张力。从正义的视角来看，平等对待和差异对待是分配正义的一体两面，强调平等对待的正义是一种普惠性正义，强调差异对待的正义是一种差异性正义②，两种正义形态共同构成了正义的基本内容，是正义的有机组成，二者相辅相成、缺一不可。在当前时期，社会的制度创新和政策制定必须兼顾平衡二者之间的关系，这是推进美好生活向纵深拓展的必然要求。

普惠性正义强调基本资源分配应当平等，社会成员能够持续获得由社会发展所带来的益处，共享经济社会发展的成果。从普惠性正义的角度理解，美好生活是指能够保证社会成员拥有平等性基本权利，诸如生存权、财产权、发展权等，并以此为基础和前提，享受国家通过再分配实现的较高水准的教育、住房、就业、公共卫生等社会福利。从一定意义上讲，普惠性正义接近于罗尔斯的正义观念："所有的社会基本善——自由和机会、收入和财富及自尊的基础——都应被平等的分配，除非对一些或所有社会基本善的一种不平等分配有利于不利者。"③ 应该讲，普惠性正义对美好生活的作用是基础性、前提性的。在当前时期，要实现美好生活，必须下力气改善贫富分化中影响最为恶劣的两种现象：一是一部分人的利益增进，必然带来一部分人的利益受损的现象；二是富者恒富、穷者恒穷的现象。"问题不抓紧解决，不仅会影响人民群众对改革开放的信心，而且会影响社会和谐稳定。"④ 而这两个问题的解决，必须依赖于普惠性正义的建立，尤其是基础层面的普惠性正义，通过精准有

---

① 《马克思恩格斯文集》第 2 卷，人民出版社 2009 年版，第 53 页。
② 对于普惠性正义与差异性正义两个概念，学界也有其他类似表述，但对这两个概念做出系统研究的还是吴忠民教授，故本书参考吴忠民教授"普惠性公正"和"差异性公正"的表述，提出"普惠性正义"和"差异性正义"两个表述。参见吴忠民《普惠性公正与差异性公正的平衡发展逻辑》，《中国社会科学》2017 年第 9 期。
③ 〔美〕罗尔斯：《正义论》，何怀宏等译，中国社会科学出版社 1998 年版，第 292 页。
④ 习近平：《切实把思想统一到党的十八届三中全会精神上来》，《求是》2014 年第 1 期。

效的改革，使没有从社会发展中享受应有的发展成果的民众也能享受基本的保障，获得基本生存的条件。具体内容应包括：在发展中补齐民生短板，把更多的税收用于解决低收入或无收入者阶层的生存和社会保障问题，形成"全覆盖"的中级保障体系，使全体社会成员都能"幼有所育、学有所教、劳有所得、病有所医、老有所养、住有所居、弱有所扶"，在共建共享发展中有更多获得感，并在此基础上，随着社会财富总量的不断增加，民众的基本需要满足程度得到不断提高，不断接近美好生活的基本状态。当然，除了收入和财富之外，更应当强调人格、人权、尊严等人之为人的基本权利和义务的普惠性正义，为基本的人权平等、人格平等设置根本性的制度保障，让社会成员拥有权利和机会，逐步建立以权利公平、机会公平、规则公平为主要内容的社会公平保障体系，保证人民平等参与、平等发展的权利。

需要强调的是，普惠性正义的水平应与国家的经济实力和生产力水平相适应，不能盲目提升，以防止社会惰性的形成。虽然我国当前社会的主要矛盾是人民日益增长的美好生活需要和不平衡不充分的发展之间的矛盾，并由此要求坚持以人民为中心的发展思想，不断促进人的全面发展、全体人民共同富裕，但我国仍处于并将长期处于社会主义初级阶段的基本国情没有变，我国是世界最大发展中国家的国际地位没有变，在这样的情况下，盲目追求普惠性正义，选择可能会引发政府公共支出的高负债率和民众就业欲望下降的高失业率的"福利国家"模式，并不理性。实际上，马克思正义理论早就强调"权利决不能超出社会的经济结构以及由经济结构制约的社会的文化发展"①，恩格斯也认为"'正义'、'人道'、'自由'等等可以一千次地提出这种或那种要求，但是，如果某种事情无法实现，那它实际上就不会发生，因此无论如何它只能是一种'虚无飘渺的幻想'"②。因此，为了防止追求结果平均主义的所谓美好生活，继续保持社会发展活力和创造力，美好生活除了要求普惠性正义，还需要适度追求基础层面的差异性正义，在基本生存和尊严获得保障的情况下，把社会成员的所得与自身的努力和贡献联系在一起。

---

① 《马克思恩格斯文集》第 3 卷，人民出版社 2009 年版，第 435 页。
② 《马克思恩格斯全集》第 6 卷，人民出版社 1961 年版，第 325 页。

差异性正义是差异的正义和正义的差异的辩证统一。差异的正义强调差异并不是目的，而是底线，正义才是目的，所以差异的正义是一种正义追求，而不是非正义追求。而正义的差异是基于社会正义的复杂性、社会发展水平、中国社会正义的特殊性、经济社会发展效率等综合因素的考虑，强调比例公平，尊重劳动者的个体能力和贡献大小的差异，在一定基础上遵循多劳多得原则。具体来讲，美好生活指向的差异性正义的实现应遵循以下实践逻辑。

一是市场在资源配置中起决定性作用。习近平总书记多次强调，"理论和实践都证明，市场配置资源是最有效率的形式"。[①] 之所以强调市场的决定性作用，根本在于市场主导的背后是经济自由、自主产权和生产要素的充分流动，这是对市场主体平等使用生产要素、公平参与市场竞争有着重要影响的三项要素，能够有效消除束缚主体积极性的障碍，从而为市场主体提供公平竞争的环境和条件。

二是充分保护个人所有权。个人所有权是差异性正义实现的基石，与基本政治权利分配所强调的普惠性不同，个人所有权强调机会的公正平等而不是个人收入、财富、机会、职位等分配结果均等，这样，保护个人所有权就能有效避免以正义的名义剥夺私人财富的问题。用弗雷曼（Samuel Freeman）的话讲，正义的差异性就是强调"公平地向个体提供他们必需的资源，从而使他们自由而公平地追求他们发现值得去过的生活方式"。[②]

三是畅通的社会流动渠道。社会流动渠道实质是调控个人和群体在地位市场中升降的制度系统。改革开放以来，民众虽然实现了地理空间上的横向流动，但受户籍制度的束缚，大规模的纵向流动难以实现，并由此导致社会结构板结和阶层固化，这样"人往高处走"的美好生活需要难以实现。唐世平教授的研究表明，社会流动渠道控制着地位市场中的激励结构，影响个人追求更高的社会地位。而在现代社会中，知识和财富的积累是向上流动的主要渠道，如果畅通，能够产生一个没有增长

---

① 习近平：《关于〈中共中央关于全面深化改革若干重大问题的决定〉的说明》，《人民日报》2013 年 11 月 16 日，第 1 版。

② 〔美〕弗雷曼：《罗尔斯》，张国清译，华夏出版社 2013 年版，第 66 页。

限度的良性循环，社会也就成为"永续发展的社会"。①

　　最后，借用哈佛大学教授罗尔斯的表述再次强调，当前中国社会发展的实践逻辑告诉我们，必须在创造财富、分配财富的过程中彰显公平与正义。随财富增加而来的民众生活水平的不断提高，并非美好生活的全部内容，唯有蕴含社会正义，美好生活才更有内涵、更有境界。因此，解决新时代的社会主要矛盾必须重视共同体的政治哲学诉求，着力实现权利公平、机会公平、规则公平。

第三节　马克思道德理论与中国道德文化自信

　　随着中国的日益强盛，在 21 世纪初以民族复兴为指向的"文化自信"开始成为理论研究的关注点。在文化自信的系统结构和动力功能中，道德文化自信既是基础性的自信，也是动力性的自信，对文化的产生、创造和维护扮演着极为重要的角色。中国道德文化绵延数千年，形成了自身独特的文化传统和价值体系，潜移默化地影响着中国人的价值观念和行为方式。近代以来中国道德文化发展的历史表明，虽然中国道德文化历经冲击，但没有被摧毁，也没有被西方文化和价值观所同化，反而在经济全球化时代愈加展示出自身的特色和魅力，呈现出旺盛的生命力，中国道德文化传统叙写了一部中华民族绵延不绝的文化生活史。中国道德文化传统之所以具有适应时代的生命力，能够为中国道路、制度和理论提供道德精神支撑，关键在于中国道德文化具有实践性、创造性和主体性，与马克思道德理论的特性具有契合性。因而，马克思道德理论可以为当代中国道德文化自信提供理论和精神支撑。

一　从实践性出发建构中国道德文化自信

　　中国文化发展之路，包括中国道德文化发展之路一直都面临着一个关键性问题：走自己的路还是走别人的路。中国道德文化的发展主要受到两种文化立场的影响：一类是中华文化自信的文化立场，这是一种强调实践观念，立足中国国情，从中国实际出发认识中国道德文化的立场；

---

　　①　唐世平：《社会流动、地位市场和经济增长》，《中国社会科学》2006 年第 3 期。

另一类是西方中心主义的文化立场，这是一种基于西方道德理论甚至是意识形态"观照"中国道德文化的立场。文化立场，关乎中国道德文化发展的选择。依据中华文化自信的文化立场选择中国道德文化发展道路，带来的是作为"小我"的中国道德文化变成一种更丰富、更强大的"大我"的道德文化；依据西方中心主义的文化立场选择中国道德文化发展道路，只能导致中国道德文化在变化之中成为"非我"、成为"他者"。

在这一点上，马克思道德理论对颠覆西方中心主义文化立场可以提供许多启示。我们知道，马克思多次从物质实践对观念的决定性作用出发来批判西方传统道德理论的理念性和形而上学特性，马克思非常反感用概念、逻辑、范畴等形而上学概念解释道德，主张从人的生存实践出发理解道德观念，这是马克思道德理论的核心与根基。马克思非常重视实践中的个人和个人的实践性活动，认为后者才应是道德文化发展道路选择的依据，马克思强调："它不是在每个时代中寻找某种范畴，而是始终站在现实历史的基础上，不是从观念出发来解释实践，而是从物质实践出发来解释各种观念形态。"① 马克思认为实践而非理念才是道德文化发展道路选择的基础，坚持从人的物质生产实践出发来寻找道德文化道路，这彻底颠覆了西方中心主义的形而上学基础。另外，马克思特别强调从人与社会之间动态性的内在矛盾张力出发解释与理解道德，反对西方传统道德理论理念性特性所蕴含的静态性缺陷。道德文化从根本上来说是为解决人的生存矛盾（一切人类面临的前提性问题）而存在的。生存不是静态理念，而是一种动态实践，由于"人们的存在就是他们的现实生活过程"，"全部社会生活在本质上是实践的"②，因而人类是在生产活动中解决生存问题的，是在现实而不是理论中实现人的解放的，是以人的充满矛盾的"问题"为起点，解决一个又一个人与自然、人与社会、物质与精神等矛盾的。正是在此意义上，马克思提出："'解放'是一种历史活动，不是思想活动，'解放'是由历史的关系，是由工业状况、商业状况、农业状况、交往状况促成的。"③ 正是如此，卢克斯把马

---

① 《马克思恩格斯文集》第 1 卷，人民出版社 2009 年版，第 544 页。
② 《马克思恩格斯文集》第 1 卷，人民出版社 2009 年版，第 525、501 页。
③ 《马克思恩格斯文集》第 1 卷，人民出版社 2009 年版，第 527 页。

克思的道德观称为"解放的道德"。所以，不论是什么时期，道德文化发展都必须依赖实践规约道路、确立方向、选择路径。

自殷周易代以后，中华文化就对"无人身理性"的宗教、鬼神、上帝等观念采取了淡化和敬而远之的态度，开始塑造一种肯定人的主体价值的道德文化，以着眼于对现实世界的关怀，充满着实践性的品性。春秋战国时期的诸子基于社会现实，思想聚焦于国家治理和人格修养，为社会立秩序，为生民立准则，从源头上塑造了道德文化的实践性品格。同时我们知道，实践性是马克思道德理论的突出特性，是它区别于以往道德理论的鲜明特色。马克思提出要终结任何意义的形而上学，因为理论问题最终都必然是实践问题。在马克思那里，道德文化的发展道路选择不是依据抽象原则或神圣文本，更不能依据纯粹的理论抽象和逻辑演绎，只能根植于现实大地的丰富多彩的生活实践。这也正是中国道德文化发展要以马克思道德理论的基本精神为指导思想的重要原因。可以说，中国道德文化与马克思道德理论有着内在的契合，二者都以实践性为基本品性。

相反，西方传统道德理论喜欢用理念编织理论体系，构造理论体系的确定性和真理性，同时把来自西方世界的道德理念提升为真理存在的基地、承载者和判定者。这种理念性特性偏爱"中心—边缘""榜样""复制""效仿"等思维方式，钟情于在范畴和概念的封闭体系中谈论道路与制度，而不涉及充满人间烟火的现实社会，习惯通过逻辑演算的方式，去情境化、去过程化地获取所谓的共性，根本不关心实践维度的指向以及生成性和境域性特性的逻辑论证，容易机械地、标签式地化约与框定研究对象，并僵化地评判对象。但我们知道，道德文化的发展本质上是一种社会实践，发展模式的选择与建构必须依赖于对"嵌入"的社会文化的融合，不同的社会发展实践会塑造不同的道德文化。西方中心主义的道德文化立场则不考虑这些，也不懂得"橘生淮北则为枳"的道理，只会抛出从西方历史和道德文化中衍生出的抽象原则。不知道德文化发展应以实践而不是抽象原则为根基，而且文化习俗、历史传统、经济社会条件会产生巨大的文化惯性，在生产端和产出端不断塑造道德文化的发展道路。

西方中心主义的文化立场强调西方道德文化是人类最优秀的文明，

决定着人类文明的发展方向。西方中心主义者最初宣扬只有西方道德文化才能孕育民主的政治制度和独立的法制体系。如马克斯·韦伯认为，诞生于新教伦理的勤奋敬业、讲求实效的理性精神是西方文明特有的道德文化，促进了西方资本主义的发展，而儒教、道教、佛教和伊斯兰教等宗教无法形成资本主义发展所需要的道德文化，因而非西方国家只能在专制制度的压迫下停滞不前。当然，后来西方中心主义者修正了这一观点，认为西方道德文化是可以效仿的。如西方著名自由主义学者哈耶克（Friedrich August Von Hayek）断言，西方文明建立起来的以自由主义原则为基础的经济、政治、法律和社会制度，是非西方国家效法的榜样。美国社会学家帕森斯（Talcott Parsens）表达得更为直白，他宣扬"现代化＝西方化＝美国化"，鼓吹非西方国家要实现现代化就必须走西方化、美国化的道路。而当前西方中心主义的文化立场已经演变为鼓吹和宣扬"普世价值"，以达到对非西方世界进行西方资本主义价值观渗透的目的。在这个时候，我们越发需要学习和掌握马克思对道德普遍主义和"永恒正义"的批判，认识清楚西方中心主义对其道德文化鼓吹的真正动机。我们应该看到，中国道德文化发展必须摆脱西方的框架和节奏，依托中国实践，按照中国实际开辟自己的道路，建立道德文化自信。从马克思道德理论的实践品性出发，我们也有理由创造一条成功的中国道德文化发展道路。

其实，我们的反思可以在更宽阔的视野中展开。建立在经济、政治、军事的全球霸权基础之上的西方中心主义，同时也形成了文化的全球霸权，西方中心主义的文化立场在中国产生了巨大的吸引力，再加上近些年打着"普世价值"的旗号，更具有迷惑性。可以说，西方中心主义的文化立场通过对一部分国人的渗透和迷惑，一直干扰着中国发展道路的选择。在对早期的中国马克思主义者陈独秀、王明把中国的现代性发展道路简单套用和纳入异域文化框架所导致的失败进行反思之后，毛泽东在《新民主主义论》中转换了文化立场，用中国文化自信指明了一个不同于别国的中国新现代性，进行了具有中国特色的新民主主义革命和建设、社会主义革命和建设道路的探索。新中国成立初期，即便是在"一边倒"学习苏联模式时，毛泽东仍然告诫全党要独立自主地建设中国，要警惕"东教条"。改革开放以来，在借鉴西方市场经济经验之时，邓小平始终强调我们搞的是中国式现代化，绝不能搞"西教条"。[①] 根据中国实际，坚持实事求是，拒绝西方模板，开辟和形成了一条中国特色社会主义现代化建设道路，并为复杂现代性语境中的世界难题提供了中国选择和中国方案。但我们过去对中国道路的理解和阐释多是在器物和制度两个层面，忽略了在价值选择和文化自信等更深层面进行解释，以至于中国在经济建设等物质层面取得巨大成就的现实面前，中国道路应有的国际话语权仍然没有真正确立，仍然有不少人把中国的"硬成就"归因为纳入西方现代化体系的结果。之所以如此，是因为人们没有理解文化自信与中国特色社会主义道路的内在统一性。实际上，站在新型工业化、新型城镇化、新型市场化、新型民主政治、新的科学发展观等新的社会实践之上，我们才能建构和理解文化自信。

二 从创新性出发建构中国道德文化自信

中国道德文化发展除了受到西方中心主义文化立场的渗透和误导之外，同时还受到文化复古主义的影响，且情况更为复杂，因而我们既需要强调道德文化自信的实践性，还需要强调道德文化的创新性。选择创新，带来的是中国道德文化的生机和活力；选择文化复古主义，只能使中国道德文化走向封闭与落后，不可能真正建立起文化自信。

文化复古主义不同于文化保守主义。"对传统文化的维护和弘扬，这是中国近代文化保守主义者最基本的文化取向，也是他们之所以被称为文化保守主义者的根本原因。"[②] 但文化复古主义已经超越了一般意义上的文化保守主义，蜕变成具有鲜明、系统的政治制度设计和构想的思潮。蒋庆、康晓光、秋风等是文化复古主义的代表性人物，主要观点就是提倡以"儒家文化"取代"中国文化"。蒋庆提出用儒学重建中国政治秩序的合法性、建立具有中国文化特色的政治制度。康晓光和秋风则提出承续儒家道统，建立儒家宪政，把中国政府的正当性建立在对中华五千年道统的继承和对现代民主政治的吸纳之上。激进的文化复古主义不承认中国文化的当代发展，否定以马克思主义为指导的中国现当代文化是

---

① 任平：《全球文明秩序重建与中国文化自信的当代使命——兼论建构马克思主义中国化的文化形态》，《中共中央党校学报》2017 年第 1 期。

② 郑大华：《民国思想史论》，社会科学文献出版社 2006 年版，第 28 页。

中国文化最先进、最有生命力的部分。同时文化复古主义对社会主义法治、社会主义民主等社会制度方面的认识还停留在"德治"和"仁政"甚至"三纲五常"的层面。另外，文化复古主义与西方中心主义都持反马克思主义的基本立场，只不过文化复古主义的目标是"以儒代马"罢了。

文化复古主义在当代重显有多方面的原因，诸如中国国力的强大所引发的对传统文化的自信；当代社会在伦理道德领域的问题彰显引致的回归传统文化的心理；西方文化的挤压所导致的增强民族文化心态；等等。诸多因素的叠加，促使文化复古主义打着文化自信的旗号再次出山。文化复古主义与西方中心主义相比，人数少、力量小、影响力弱，并没有引起理论界太多的关注。但我们应该看到，由于文化复古主义是以反西方文化、复兴民族文化的姿态出现的，对于调动极端民族主义情绪的影响不容小觑。实质上讲，文化复古主义也是一种教条主义（简称"土教条"），即教条化地将儒家文化的圣人遗训作为现代社会制度建构的归依。文化复古主义之所以被称为一种教条，就是因为它与"东教条"和"西教条"一样，都脱离社会现实，无助于解决中国现实问题，更不能真正让中华文明自主发展。

面对西方中心主义的文化霸权和冲击，坚守道德文化自信并不意味着道德文化复古，这是因为一个民族的道德文化品质逐步形成并走向成熟，需要与"他者"的交流与撞击，并以健全开放的心态汲取外来道德文化精粹，尤其是在当代全球化的时代背景之中，在充满变革的时代潮流之下，故步自封、屏蔽"他者"文化，最终会沦落为"深居洞穴，尊崇雷电和野兽的小型的原始的群落"①，陷入西方中心主义的牢笼。因而，道德文化自信不能简单理解为在道德文化上遵从自给自足、封闭保守和中西殊绝的态度和立场。恰恰相反，道德文化自信既强调遵从实践和现实勾画自我，同时也强调创新创造，形成"大我"。

文化复古主义之所以需要警惕，根本原因在于其固有的守成性特性不利于催生道德文化创新。一个不可否认的事实是，道德文化复古主义

---

① 〔秘鲁〕略萨：《全球化、民族主义与文化认同》，于海青译，《当代世界与社会主义》2004年第4期。

遵循先例的惯性思维，表现出对旧有事物的依恋和对新生事物的抗拒。守旧和偏狭是其守成性特性的生动描绘。

所谓守旧在此是指看不到形势发展和历史变迁，一味在思想和价值观念上维持旧状态，要求客观世界符合主观愿望，而不求主观世界的改变。如文化复古主义强调"从中国历史的内在性和一贯性来理解和认识中国，积极探索中华民族自己的文化表达式"。① 乍听起来这句话没有什么问题，但其实质是要用中国几千年一以贯之的天道和常理去建构现代道德文化。马克思认为道德作为一种观念和理论根源于人的现实实践活动和社会的经济政治变迁，而不是人的精神和意识所产生的需求及其理念的自我逻辑演进，它本身也不可能独立地产生和演变。但是，文化复古主义却把道德文化提升到一个独立的、自我完整体系的高度，并将之从复杂的经济、政治体系关联中剥离出来，而且在这个过程中有意掩盖社会的复杂性，神化传统社会制度建设经验并对之做出刻板化归因。这看似是一种文化自信，实质是一种文化自卑。

所谓偏狭是指文化复古主义把中国道德文化仅仅定位于儒家道德文化而带有偏狭性。如同蒋庆所言："中国文化的代表则是继承王道文统的儒家文化，故中国的政治秩序依儒家文化统治为合法，不依儒家文化统治为不合法。"② 我们知道，中国传统文化内涵极其丰富，包含儒、墨、道、法等多种道德文化观念，中华道德文化的最大特点就是兼收并蓄、多元共生，正是这点造就了中华道德文化的源远流长和博大精深，这也是中华道德文化自信的重要基础。进入近代社会以来，中华道德文化又与西方道德文化，尤其是马克思道德理论在互动中融合，形成了新时代的道德文化。所以，固守儒家道德文化、不加分析的儒家道德文化优越论显然过于偏狭。

文化复古主义看似推崇中华传统道德文化，但实质却违背中国传统文化创新性品性。实际上，中华传统文化蕴含着"相反而相成"和"和而不同"两种独特的自我创新品性。"相反而相成"体现为春秋战国时期儒家、墨家、道家、法家、名家等诸子学相互争辩、相互借鉴，形成

---

① 马立诚：《交锋：当代中国的八种思潮》，《同舟共济》2010年第1期。
② 蒋庆：《政治儒学——当代儒学的转向、特质与发展》，福建教育出版社2014年版，第159页。

了百家争鸣的学术繁荣局面。例如，道家和儒家观点虽然相异，却各自从对方思想中汲取营养，儒家借鉴道家的天道观念而提出自己的天道依据；在战国中晚期，道家的后学也开始有意识地吸取儒家关于"人"的思想。道儒两家通过"相反而相成"的创新品格不断推动自身的发展。"和而不同"是儒家文化的核心理念之一，主张多元文化并存，反对文化一元独尊，倡导研究、改造、吸收外来文化，把吸收其他学派的理论观点作为创新充实儒学的路径。如孔子曾以谦和的态度"问礼"于老子，这是中华文化两千多年来创新不息的根本原因。

创新保证了道德文化自信是一种生动的、活泼的、主动的文化态度，避免其成为保守和封闭的象征。批判、宽容、平等、开放是道德文化自信的创新性品性的基本内涵。因而，道德文化自信的创新性并不是指向舍弃传统道德文化，而是在承继传统的基础上，勇于面对现实世界的挑战，保持自身的开放性，对其他民族的先进思想和先进道德文化展现接受的姿态，其目的是促进自身的发展与创造，保持适应时代的活力，更理性地处理好传统与现实的关系，创造推动社会进步的新道德文化。坚持传统道德文化的创新和新文化的创造，形成一种新的富有时代特征的新道德文化，是道德文化自信的应有之义。所以，道德文化自信不仅来自自身文化历史的辉煌，更来自道德文化自信所内含的创造性品性。

事实上，中国传统道德文化也存在许多弊端，需要创新，如实用理性的道德文化传统。李泽厚在《中国现代思想史论》中指出："所谓'实用理性'就是它关注于现实社会生活，不作纯粹抽象的思辨，也不让非理性的情欲横行，事事强调'实用'、'实际'和'实行'，满足于解决问题的经验论水平，主张以理节情的行为模式，对人生世事采取一种既乐观进取又清醒冷静的生活态度。"[①] 虽然中国传统道德文化具有不做纯粹抽象思辨的优点，但如果走向另外一个极端，也会给中国人的道德信仰和道德行为带来负面影响。如人的眼界容易束缚在对具体事物的机智选择上，生活关切的重点是人伦日用和蝇头小利，对那些看不见、摸不着而又更具根本性的问题不做抽象的形而上玄思，也不会重视通过理性思考确立细致的价值规范体系，以确保行为方式有法可依、有章可

①　李泽厚：《中国现代思想史论》，东方出版社 1987 年版，第 320 页。

循，更不会重视严密的制度来保障道德规范的落实。这样，个人很难确立对道德原则的真正敬畏和认同，更难以形成道德信仰，人的道德准则的外化行为只是偶然性、权宜性，难以形成基于道德良心的一贯性的固化行为。另外，由于实用理性的态度是功利性、工具性、多变性的，道德原则很难在现实生活中被置入重要位置，在特殊时期，德行节操反而容易成为无足轻重的东西。很容易在实践中以成败论英雄、以利弊得失论好坏，走到最后必然是"但论功利，不论气节，但论才能，不论人品"①，用现在的话讲就是有能力、脑子活、讲义气占主导地位，气节和人品则退居其次。甚至遵守道德准则的老实人可能会被视为无能，一味地恪守原则、信守承诺可能会被视为愚蠢和迂腐。

因而，只有创新道德文化才能真正形成文化自信。正如习近平总书记强调的那样："我们说坚定制度自信，不是要固步自封，而是要不断革除体制机制弊端，让我们的制度成熟而持久。"② 中国在推进文化自信的过程中，应大胆吸收和借鉴人类文明成果，积极吸取西方文化中包含科学精神、理性传统、追求民主、法治社会的积极因子，借鉴西方文明在步入现代化过程中形成的历史经验，"走自己的路""走中国特色自主创新道路"，以此推进道德文化创新，奠定道德文化的现实合法性，在同其他道德文化的竞争中显示出优势和活力。在走向全球化的进程中，我们既传承传统道德文化资源，又要培育时代道德精神，以时代性的视角认识、观察世界与当代中国。一是借助传统道德文化，在新的时代实践中对传统道德文化加以创造性转化，创造文化资源与时代精神的融合，为社会发展和时代变迁注入创新精神。二是在保持原有道德文化核心要素的前提下，吸收和融合新的观念、价值、规范和符号，通过保持对道德文化新元素和新形式的张力实现包容性的文化创新。

三　从主体性出发建构中国道德文化自信

理论不仅仅是学术行为，同时也是一种思想观念。现代西方社会一直试图把"主义"还原为"理论"，转化为学术范式和学术研究路径，

---

① 辜鸿铭：《张文襄幕府纪闻》，载《民国笔记小说大观》第 1 辑，山西古籍出版社 1995 年版，第 17 页。

② 《习近平谈治国理政》，外文出版社 2014 年版，第 106 页。

用"理论"诉说"主义",并以"理论"作为"主义"的合法性依据。在这样的背景下,我们应该看到理论是巩固意识形态安全、对抗西方社会文化侵略的重要阵地。中国理论对于指导社会主义建设,获得国际社会的理解和认同,乃至提升国际话语权都具有至关重要的意义。而当代中国道德理论的建构,一直受到两种文化态度的影响。一种是文化自信的态度,提倡中国道德理论应围绕中国社会实践的主题,从中国道德理论特质的逻辑起点出发,经过一系列符合中国实际和文化传统的包括概念、范畴、思想、观点、论断等在内的逻辑中介,形成若干具有中国特色的道德理论成果;另一种是理论虚无主义的态度,认为中国应加入世界主流与国际接轨,依靠西方道德理论的旨趣、观念、标准和方法指导、阐释中国道德文化发展。文化观念,关乎中国道德理论的建构。选择文化自信的文化观念,有利于在总体上建立一套既具有中国立场,又胸怀全球的中国道德理论,以阐明、指导当代中国社会主流道德观念的规律、原则、策略和态势。选择理论虚无主义的文化态度,其结果只能是淡出自己的文化身份和声音,巩固西方的道德理论话语霸权,从而沦为洋思想、洋理论的"跑马场"。

当前中国还在一定程度上存在理论虚无主义的现象,具体到道德理论领域,表现为颠覆中国文化和道德理论传统、舍弃中国文化和道德理论个性、放弃中国文化和道德理论的主体性,用西方道德理论逻辑解释中国的道德文化。极端的理论虚无主义甚至诋毁中国道德文化的价值,消解主流道德形态和观念。理论虚无主义认为中国道德理论缺乏真理性和科学性,因而需要将西方道德理论的一般原则运用到中国道德理论的解释、指导之中,并作为解决中国道德问题的先验标准。理论虚无主义实质是对中国道德文化和理论的不自信,对西方道德理论的盲从。理论虚无主义的形成与近代中国引进西学、摒弃中学,以西学割裂中学,导致中学沦落为西学的奴婢的背景有关。概括地说,理论虚无主义在道德理论领域主要有两种表现。

其一,把西方道德理论作为至高无上的真理。不少理论工作者把西方的道德理论预设当作真理,却对中国道德经验的抽象化和理论化没有兴趣。诸如中国大学的伦理学、政治哲学几乎全盘和西方接轨,背后的预设都是自由主义和西方价值。建立在对西方道德理论的推崇之上,国内有些学者认为亚里士多德、康德才是道德理论的真正创造者，应当确立西方伦理学绝对的合法性，同时把中国道德发展的成就归为西方道德理论指导和西方道德文明扩散的结果。

其二，把西方道德理论当作解决中国道德问题的方案。其中自由主义道德理论对中国理论界影响较为深远，不少学者将之当作终极法典和中国道德治理的宝典，认为中国应该通过实施政治民主化、经济私有化、治理社会化等所谓的"三化运动"，实行竞争性选举、财产私有化和去国家化改革来完成道德治理。受新自由主义道德理论的影响，各种民主道德理论、制度伦理学成为理论研究中的显学。

理论虚无主义以所谓中立的视角、"普世"的概念和客观的描述的形象存在，虽然产生了大量的理论成果，但一直沉溺于对西方道德理论的迷恋中，借助于西方道德理论巩固自己的正当性，以一种外部的观察视角，来提供理解中国道德现代化的参考构架，缺乏把中国特色的道德文化还原为普遍性理论的理论自觉，所以无力解决当前中国的问题。理论虚无主义实质上是抽象的外部反思和无思想状态，如果我们自己对中国的道德现实没有相应的概念、理论、观念去解释，尤其没有相应的道德哲学层面的认识论和方法论的建构，那么就会依然用异域的道德理论甚至是意识形态来"观照"中国的道德问题，其结果必然是南辕北辙，进而会失去心理上的优势。

所以，在理论纷飞、观念混杂和思想彼此交锋的当代中国，我们需要以文化自信对抗理论虚无主义。其实，中国道德理论的话语表达相对于西方道德理论有着独特的优势和特点。其一，中国理论的道德话语表达方式非常注重读者的理解、体验和反应，也较为开放、变化与发展，这相对于西方道德理论的二元对立思维而言，可以展现更加宽阔的空间和丰富的理论内涵，也更契合现代社会的特性。其二，中国道德理论强调平衡性、和谐性，强调对他人和社会的关照，具有一定的道德性和社会性，超越了西方道德理论崇尚自我、凸显霸权、追求"普世"的理论特性。其三，中国道德理论强调整体、动态、辩证的思维方式，能够照顾到事物之间的复杂关系和动态变化趋势，超越了西方道德理论习惯于分割式、片块式理解对象的理论特性。基于中国道德理论的优势，更基于外来理论无法真正解决中国道德问题的现实，我们必须坚持道德文化自信，突出和强调道德理论的主体性品性。

理论虚无主义的最大特性就是外部性，即通过赋予西方道德理论普遍主义的优势地位，使西方道德理论具有世界意义，用之指导全世界包括中国社会在内的道德实践与发展。概括地讲，就是用西方道德理论来指导中国、认识中国、观照中国的道德问题，用西方话语讲中国故事。理论虚无主义采用这样一种逻辑和进路来形塑外部性的合理性与正当性：中国道德理论与西方道德理论之间的差异不是"各有体用"的差异，而是具有时间上的差异性，具有进化时序上的先后，中国道德理论代表传统，西方道德理论代表现代，传统意味着落后，现代意味着先进。因而，外部性具有了合理性。

外部性的最大问题不在于西方理论是先进的还是落后的，而在于它否定道德文化的多元性，把西方道德理论推崇为现代性话语的唯一代表，向中国道德文化的各个领域渗透，从西方道德理论出发研究中国、言说中国，甚至达到生搬硬套中国实际的地步，导致西方道德理论与中国道德现实生活需求之间一直存在张力。受理论虚无主义的影响，"一些研究越来越成为一种与中国社会生活不甚相干的智力游戏。尽管从知识积累的角度来看，这种游戏也是有意义的，甚至是知识进步的一个重要动力与机制，但过于热衷于脱离自己所在社会基本问题的智力游戏，总不能说是正常的"。[1] 外部性的弊端是显而易见的，危害也非常大，我们必须凸显道德文化自信的主体性品性，处理好理论创造的本土化与国际化的关系，使中国道德理论扎根于中国土壤、立足于中国现实、根据中国国情研究中国道德问题，形成中国特色的道德理论体系，并在此基础上创造出具有普遍意义的道德理论话语体系，以提升中国道德理论的国际话语权。从社会现实出发，从当前重大社会需要出发建构道德理论是马克思道德理论的鲜明特色，中国的道德理论创造也应从中华文化和中国当下重大需求出发，以此决定中国道德理论的内容和方向，利用中国的道德文化学术资源重构、创造、丰富当代中国的道德理论，掌握中国道德理论发展的自主权，构建全面、系统、透彻、明晰并对当代中国道德现实具有解释力与批判力的中国道德理论。在学习和借鉴西方道德理论时，

---

① 孙立平：《在学科共同体中寻求社会学的发展》，《中国社会科学》2000 年第 1 期。

不是被动接受、全盘引用，而是选择吸收、为我所用，凸显自主性、选择性和创造性。

建构道德理论的主体性才能保证中国道德文化的自主自信，即跳出西方道德理论的解释框架，立足于当代中国的社会实践阐释和解决中国问题。这就是毛泽东同志强调的观点："学习的时候用脑筋想一下，学那些和我国情况相适合的东西，即吸取对我们有益的经验，我们需要的是这样一种态度。"① 唯有如此，中国道德理论才能避免空疏散宕而彰显民族价值和时代价值。建构于文化自信的主体性品性土壤之上，才能保证中国道德理论的选择性。由于中国选择了一种不同于西方国家的发展模式，并且也逐渐形成了中国经验，所以中国道德理论必须选择植根于中国现代化建设的实践之中，植根于改革开放的历史进程之中，植根于中国梦的追寻之中。建构于文化自信的主体性品性土壤之上，才能保证中国道德理论的创造性。中国理论"不是单纯的容受性"②，必须有原创性，把中国的道德现实提升为道德理论，构建中国真正需要的理论关怀与重大主题，以回应与解决中国正在发生的重大道德课题，满足现代中国人的生活世界真实生存发展的需求，实现对现代中国人生存状态的真正理解和追问。

习近平总书记在庆祝中国共产党成立95周年大会上指出"文化自信，是更基础、更广泛、更深厚的自信"。③ 文化自信之所以更基础、更广泛、更深厚，根本原因在于中华文化自信具有实践性、创新性和主体性的品性。同样，我们也应该以马克思道德理论为指导，从马克思道德理论的基本特性中吸取营养，从实践性、创新性、理论的主体性三个方面建构中国道德文化自信，以道德文化自信推动中华民族复兴。

---

① 《毛泽东文集》第7卷，人民出版社1999年版，第242页。
② 〔德〕卡西尔：《人文科学的逻辑》，关子尹译，上海译文出版社2004年版，第177页。
③ 《习近平谈治国理政》第2卷，外文出版社2017年版，第36页。

第五章　马克思道德理论与现代道德教育

　　经过多年的实践探索，我国的道德教育在形式、理念、效果等方面较之前都有了长足的发展。但不可否认的是，在道德教育中仍然存在实体主义哲学传统、知识主义理念和概念思维方式，且扮演着德育学意识形态的角色。概念思维引领下的道德教育最常见的表现形式主要有：第一，在道德教育的理念方面，把"概念"视为真理，把传授一般的德育概念设定为教育的重要任务；第二，在道德教育实践方面，秉承客观主义的科学观和知识观，把科学标准当作衡量道德教育实践的唯一标准，以"逻辑的、科学的"方法来指导道德教育实践；第三，在道德教育研究中，主要功力用在对概念的研究上，概念论争成为学术争鸣的主要形式。

　　这样的道德教育必然会导致教育的存在形态与价值形态的分离，造成抽象性、隔离性、凝固性的缺陷，引发教育活力与育人魅力的萎缩。从深层次上看，概念思维引领下道德教育在目标上蕴含着价值一元论的思考框架、内容上蕴含着知识化的认识倾向、方法上蕴含着道德权威主义的色彩。虽然概念思维在逻辑思维活动中也并非全无意义，但道德教育面对的是生命，应立于现实生活之中，有"脉搏"和"温度"，体现出对人鲜活的生命活动的终极关怀。概念思维引领的道德教育，只是"自在的"知性教育，而不是自觉、自为的教育。这样的缺陷决定了它难以使道德教育解放、引领与提升人的德性，使人彰显其道德活力，相反它只能束缚、限制，甚至压抑人的德性生成。道德教育要展现出育人气象就必须探索新思维方式，以跳出概念思维的窠臼，不能让之成为缄默的知识观和认识论信条。本书认为，由于道德教育在本质上是实践性的，是人以全部信念、情感、认识、智慧和力量投入的具有丰富创造性的行动，应以实践思维来超越概念思维。

　　在马克思道德理论中，马克思经常性地对传统道德理论的抽象性、理念性、永恒性进行批判，留下了许多宝贵的理论资源，对于批判现代道德教育中的概念思维方式和建构实践思维方式有着重要启示。

第一节　现代道德教育中的概念思维方式批判

一　概念思维的历史生成

概念思维肇始于柏拉图开创的哲学辩证法，这种辩证法是通过将现象归结为概念或者概念之间的演绎、归纳、推理来把握现象或理解事物的，概念则被视为对事物的一般性本质特征的把握，是从感性事物的共同特点中抽象、概括出来的。[①] 柏拉图的"理念世界"、亚里士多德的"沉思生活"、基督教的"上帝之城"，均是这种思维方式的体现。

柏拉图等西方学者之所以重视概念思维，源于西方对于理性思维的痴迷。理性思维长久以来都被西方学者视为真理存在的基地、承载者和判定者、确定世界的把握者。而理性是不能通过人的直观和感性获得的，只能依赖于概念，在概念与概念的关系中才能获得确定性和真理性。所以，概念就构成了理性思维的主要形式。也正是基于此，概念在西方学术研究中具有神圣的地位，是本质或本体的代名词，代表着抽象普遍性及对于感性事物的超越。在感性事物之外，还存在一个不同的永恒世界，这个世界是由概念构成的。这两个世界的地位是固定的、不可移易的，"是一种'排他性的二分法'"[②]。

后来，黑格尔把概念思维推向了巅峰。在黑格尔那里，概念犹如一个理性化的上帝，君临世界之上，人的认识和一切活动都由这种本体所生，最终也要回归到概念本身。如果说之前概念只是人用来认识和确认世界的本体，这时概念已经成为绝对理念，作为一切存在的共同本质和根据的某种无限的、客观的、无人身的思想、理性或精神，它自身会生成、运动、变化和发展。

因而，在这种背景下形成的概念思维必然具有这样的特点。

第一，对象化的特点。概念思维会把对象（包括人）看成现成的东

---

① 中国社会科学院语言研究所词典编辑室编《现代汉语词典》（第5版），商务印书馆2005年版，第240页。

② 陈家琪：《反驳张祥龙》，《浙江学刊》2003年第4期。

西，它与概念互为现成的对象，二元对立，互相分离。既然是二元对立的，那么任何事物都可以作为摆在眼前的对象加以认识和研究，而且事物是静态的，是没有境域性的，并不是当场构成着的。

第二，抽象化的特点。就是习惯于在认识活动中运用判断、推理等形式，对客观现实进行间接的、概括的反映，习惯于抛开偶然的、具体的、繁杂的、零散的事物的表象，或人们感觉到或想象到的事物，在感觉所不及的地方去抽取事物的本质和共性。虽然没有抽象思维就没有科学理论和科学研究，然而抽象思维不能走向极端，否则就容易变成形式化的东西，表现为定义、判断、推理、分析、综合以及逻辑演算与整合成公理系统等。

第三，静态化的特点。即从静止的状态来考察分析客观事物，或者说它强调突出相对静止的一面来研究现实对象，这在实际工作和科学研究中具有一定的积极意义。但静态性思维容易形成把对象机械、简单地化约与框定为独立自存、单一、静态、封闭的实体，将本来运动变化着的客体对象静止化，将丰富多彩的对象客体简单化的倾向。

公允地讲，概念思维是人类重要的思维方式，是人类思维发展的必由之路，当初的存在也有其必要性和合理性。例如它在促进工具理性的发展，建构系统化知识体系，重构思想理论系统，创造现代文明方面曾产生了重要的推动作用。所以概念思维一直到 19 世纪中叶都还是西方大多数思想家引以为豪的思维方式。然而，概念思维本身所具有的对象化、抽象化、静态化的特点，造成了其有难以克服的思维缺陷。从 19 世纪后半叶的叔本华、尼采开始，这种思维方式开始受到批判，并且一直延续下来，克尔凯郭尔（Soren Aabye Kierkegaard）、柏格森（Henri Bergson）、胡塞尔、海德格尔、萨特（Jean-Paul Sartre）、福科（Michel Foucault）、德里达（Jacques Derrida）等从不同角度进行了批判，至今也未停止。

二　概念思维对现代道德教育的表层影响

概念思维对现代道德教育的表层影响主要有以下几方面。

第一，在道德教育的理念方面，把概念视为真理，把传授一般的德育概念设定为教育的重要任务。因而应用各种各样的方法，简化复杂的德育现象为概念，并要求受教育者记住定义概念的文字，认为这样就掌握了真理和道理，认为在考试和评估中，运用规范化、标准化、数字化、卷面化的概念进行考察是最公正合理的方式。

第二，在道德教育实践方面，秉承客观主义的科学观和知识观，把科学标准当作衡量道德教育实践的唯一标准，以逻辑的、科学的方法来指导道德教育实践。具体做法就是把生活世界中丰富的道德教育案例利用各种理论和各种途径归结为某一概念，所有含糊的、感性直观的道德教育实践都进行科学化的重新审视、评估、诠释和改造，任何不合乎这条概念化标准者，都被当作无价值的东西抛到思想视野之外。

第三，在道德教育研究中，主要功力用在对概念的研究上，概念论争成为学术争鸣的主要形式。相当多的道德教育研究者远离道德生活的实际，不顾道德教育的现实性、复杂性、多样性等特征，采用思辨的研究方法，从抽象原则出发，以逻辑推演方式寻找道德教育的终极性本源和真理性等宏大主题，用概念拼接建构道德教育的本质和规律，以说教的语气普适性解读一切道德教育现象。

一般来讲，当代道德教育中的概念思维存在三个主要缺陷：抽象性、隔离性、凝固性。

第一，抽象性。实际上，"从生动的直观到抽象的思维，并从抽象的思维到实践，这就是认识真理、认识客观实在的辩证途径"。[①] 对人这一复杂的存在进行必要的和适度的抽象是我们能够认知复杂人类的共性要素的重要方法。但当代道德教育中受概念思维的影响存在对人过度抽象化的现象，即把人抽象为理念人、知识人，人先是被抽象为一种知识，然后找出人性的几大要素，并将其视为永恒不变的内容，然后上升为世界观和本体论，从而实现了对人的永恒把握。经过抽象化的人，是僵死、封闭、单一的，是符号和代码，而不是一个个生动活泼的有血有肉的面孔。而实际上，正如怀特海（Alfred North Whitehead）认为的那样，只有人的直接知觉才能感知事件对象，抽象性存在虽然具有合理性，但抽象性所把握到的只是普遍抽象的概念而不是具体真实的自然，所以道德教育中抽象化的结果，只能是人的虚化。这也正是许多学者批判的道德教

---

① 《列宁专题文集·论辩证唯物主义和历史唯物主义》，人民出版社 2009 年版，第 135 页。

育中"无人"现象产生的原因之一。

第二，隔离性。从抽象的概念、逻辑的推演中获得关于道德教育的真理性的认识，必然会在实践中隔离那些现实的、具体的、偶然的事件和现象，远离道德存在的现实性、复杂性、多样性，背离道德发生的生活逻辑和自然逻辑。而在道德教育中把概念系统与生活隔离开来，道德规范与生活背景无法形成视界交融，受教育者每天处在生活世界中，却在教育者的支配下去记诵既定的道德规范条文，遗忘了对生活的生动体验，必然会让人感觉道德教育就是书本知识的灌输、符号的认知、抽象经验的介绍。虽然道德经过历史沉淀、凝聚后，往往表现在语言符号和人的行为之中，而产生这一道德的生活背景却容易隐藏起来，不易被人觉察。但实际上，道德教育作为一种人类活动，应具有生活世界的一般特性，呈现出实践性、具体体验性、多元丰富性、鲜活性。因为它源于生活，当然也不能完全脱离生活，它应是生活世界的一部分，是一种特殊的生活世界。所以，道德教育者必须具有从道德符合和道德条文中还原出鲜活生活背景的能力和观念。

第三，凝固性。由于抽象与隔离，有一些概念就要凝固，概念要界定清楚，内涵就要稳定。概念思维方式所具有的凝固性弊端，最为突出的表现是其视受教育者为一种本质既定的独立的普遍的抽象存在，是一成不变的人，无视或否定学生在自身人性发展中的自主选择性、能动性和创造性，这样就难以观照现实中受教育者丰富多彩的人性及其变化。当代道德教育习惯于从"是什么"角度进行教育，这种教育方式虽能给人一些有用的知识，而对于以价值教育为主的道德教育来讲则难以开启人的人生智慧，让人动情动心、有澄明之感。

当然，道德作为一种伴随人类发展的社会现象，必然存在一些确定性的因素。因而在教育活动中，常常用概念思维讲述道德的本质与规律，从某种意义上说这是必要的。但是，如果因为对这些所谓"永恒的""普适的"概念的执着而放弃对道德实践中那些鲜活的、具体的、偶然的事件的关注的话，就有顾此失彼之嫌。而且这种思维所得到的关于道德教育的认识，也只不过是逻辑的教育而非现实的教育。

三　概念思维对现代道德教育的深层影响

欧阳教先生在其《德育原理》一书中指出，道德教育中的反道德现象有三个基本特征：目标上不合价值性，内容上不合认知性，方法上不合自愿性。[①] 如果进一步思考道德教育中的概念思维，就会发现其背后也含着这样三种意蕴：目标上蕴含着价值一元论的思考框架、内容上蕴含着知识化的认识倾向、方法上蕴含着道德权威主义的色彩。这其实就是概念思维对现代道德教育的深层影响。

其一，价值一元论的思考框架。由于概念思维是把本体论、认识论和价值论的终极性探求和论证展开为概念自身的发展，即从主观到客体再到理念的逻辑推演过程，其必然会把本体论、认识论的解释引导到价值论的追求上，确立某种观念作为客观世界的终极目的和理性所追求的终极价值。

因此，概念思维必然隐含着价值一元论的痴迷，坚信三个预设的存在：第一，在多元价值观念中必然有且仅有一个至高无上正确的主导价值观，所有其他价值观都必然在其主导下存在；第二，人们能够找到对一切价值问题解决的方法和途径；第三，人们所追求的一切积极价值，最终都会相互包容、相互支撑，并统一于更高的一元价值。

正是这样的坚信，一些持概念思维的德育活动总是力图从千差万别的事物中找到统一性的基础，即所谓的"始基"、最后根据或共同基石。坚信在某个地方一定能找到某个最终的、唯一的最高价值理想，而且这个价值理想可以使人们的矛盾、冲突一劳永逸地化解，可以把诸如幸福、自由、平等、正义等人类的价值追求毫无遗漏地予以实现，可以在人世间营造一个美好的乌托邦。当然也有一些持概念思维的道德教育工作者不得不面对近代"神圣秩序"崩溃的现实，不得不承认价值世界多元分化的存在，但还会坚信一种终极性的内在价值，用它可以统摄那些工具性价值或从属性价值。只是对终极性的内在价值的设定不同而已，有人设定为快乐，有人设定为正义，有人设定为幸福。

价值一元论的思考框架，背后隐含着一些道德教育者的不切实际的想法，即企图运用价值一元论提供一劳永逸的解决方案，以解决所有道德困境和回答人生意义的追问。其实，道德教育要有限度性的思维，在限度内提供自己的解决方案。

其二，知识化的认识倾向。概念思维作为理性主义的思维方式和科

---

① 欧阳教：《德育原理》，文景出版社1985年版，第29～30页。

学主义的表现形式，必然会导向知识化的认识倾向，从而认为：第一，道德教育的主要内容在于道德认知，逻辑推演与论证是道德教育的重点；第二，道德教育应重视对道德知识的解读，要善于把道德场景以理论的形式再现，要具有把知识点从道德场域抽离的能力；第三，受教育者是什么都能容纳的"美德袋"，道德教育的实施所依靠的是道德自身的力量。

　　这样的认识倾向会把道德教育导向一门知识，认为掌握了这种知识就会形成美德。尤其是容易把活生生的教育对象——人——转变成关于人的知识，从而把人视为现成的、超验性的、实体性的存在，是一种摆在眼前的，可以用理性的、概念的方式予以静观的对象。用海德格尔的话讲，就是把人当成"现成存在和摆在那里这种意义上加以领会"[①]。而认识人，最重大的使命就是抛开种种关于人的现象，找到人之为人的最终的知识，只要透过现象，用理性的方式找到人的知识，就实现了对人的永远把握。这是一种对物的理解方式，是人的贬值和人的价值的颠覆。这种知识论倾向同时是一种宿命论的德育观，"强调了人的生命的被决定的一面，确定性的一面，忽视了人自觉、能动的一面，忽视了'人生旅途'中或然性的存在"。[②]

　　道德教育知识化的认识倾向容易带来道德教育的知识与践行、认知与情感、内容与形式的分离，容易割裂道德教育与人的道德行为的融合性，割断道德教育与其生长根基的骨肉联系，割开生活与教育的一体性，最终使道德教育走向抽象化与虚假化，无法引起受教育者的兴趣，甚至会让其产生反感。

　　其三，道德权威主义的色彩。美国学者阿普尔（Michael Apple）曾这样追问教育所传递的知识："它是谁的知识？谁来选择它？"[③] 我们也有理由对道德教育所传递的价值观进行同样的追问：它是谁的价值？谁来选择它？受价值一元论框架和知识认识倾向的影响，概念思维主导下

---

① 〔德〕海德格尔：《存在与时间》，陈嘉映、王庆节译，生活·读书·新知三联书店 1987 年版，第 60 页。

② 叶澜：《新编教育学教程》，华东师范大学出版社 1991 年版，第 101 页。

③ 〔美〕阿普尔：《意识形态与课程》，黄忠敬译，华东师范大学出版社 2001 年版，第 6 页。

的道德教育必然缺失这样的追问。因为它认为每个社会都有一套经过合理化的价值系统，而这套系统不需要反思，只需要教育者涂上道德权威主义的色彩，扮演道德权威的形象，明确哪些价值是合理、合法的就行了。这样就可以给自己的价值强制性教育确立合法性。

道德权威主义会渲染两种观点。第一，取消个人价值选择的权利。例如，道德权威主义认为，在如何做人方面，人只有一种活法和一种生活方式是最正确的，除此之外都是卑贱和低下的，应予以取缔。第二，价值的不可批判性。道德权威主义认为，经过系统化的价值体系是权威的、合法的，不需要加以批判了，只要接受就可以了。

但问题是，由于人的生活的丰富性、多样性，人的价值选择越来越呈现个性化、多样化的特点。每个人的价值需求是不一样的，如果取消个人价值选择的权利，不可能达到价值统一的结果，甚至会出现强烈的主导价值反叛现象，道德教育很可能成为否定自身的异己力量。另外，价值的不可批判性等于取消了多元价值选择的可能，导致一些价值观永远占据着本源的、中心的位置，而另外一些价值观永远处在次要的、边缘的、衍生的位置，这样经过道德权威选择的价值观念必然会僵化，难以更新和发展。因此，前者制约后者顺理成章。

概念思维的缺陷决定了它难以使道德教育解放、引领与提升人的德性，使人彰显道德活力，相反它只能束缚、限制，甚至压抑人德性的生成。因而在道德教育中必须批判概念思维，不能让之成为缄默的知识观和认识论信条。当然，批判完成后，需要发展新的思维方式，以此来认识、理解道德教育，使其展现育人魅力。

第二节　现代道德教育实践思维方式的养成

一　实践思维对概念思维的超越

人类思维目前已经历过两次大的变革，第一次是从远古时代的形象思维走向现代的概念思维，第二次则是从概念思维走向实践思维。[①]从

①　李德顺：《人类面临思维变革》，《江苏大学学报》2003 年第 1 期。

19 世纪末到 20 世纪初，人类社会的思维方式经历了从本体论向实践论的转向，开始将实践观作为建构哲学体系的起点、基础和指导性原则。实践思维实质上是实践观点的自我运作而生成的思维方式方法，所以它是建立在实践观基础之上的思维方式，体现的是人类实践活动精神的本质。① 胡塞尔的现象学提出"回到事情本身"和"生活世界"，其中所蕴含的"前概念的"理念开启了超越概念、走向实践的路向；海德格尔用"to be"替代"being"，用"敞开一个总是在发生着的过程"替代"压瘪了的存在"，把"存体"与"存态"结合起来，用"存态"去解释"存体"，展开一个使意义得到发现、创造和实现的实践过程；伽达默尔（Hans-Georg Gadamer）创立了解释学，并提出"解释学是哲学，而且是实践哲学"②，指出世界的存在意义正是通过理解的实践得以展现的。

　　但实践思维的真正确立则是马克思哲学产生之后，即基于解释世界的思维路径与回到实践的改变世界思维路径的统一。马克思在《关于费尔巴哈的提纲》第一条中就指出了以往思维方式的缺陷："从前的一切唯物主义（包括费尔巴哈的唯物主义）的主要缺点是：对对象、现实、感性，只是从客体的或者直观的形式去理解，而不是把它们当做感性的人的活动，当做实践去理解，不是从主体方面去理解。"③ 然后在第八条中鲜明地提出了自己的实践观——"全部社会生活在本质上是实践的"④，在第十一条中提出了这种实践观及其实践思维的要义——"哲学家们只是用不同的方式解释世界，问题在于改变世界"。⑤

　　对于马克思的实践观及实践思维，学界有不同角度和层面的解读。倪志安⑥提出活动本性论，认为从人的活动本性理解人的存在性，人的活动本质上是实践的，理解人的存在本性的思维方式就是实践思维方式。高清海⑦提出整体关联论，认为实践思维就是不再去追求唯一的绝对本

---

① 郭飞君：《实践思维及其视野中的科学教育》，《中国大学教育》2012 年第 6 期。

② 〔德〕伽达默尔：《科学时代的理性》，薛华译，国际文化出版公司 1988 年版，第 98 页。

③ 《马克思恩格斯文集》第 1 卷，人民出版社 2009 年版，第 499 页。

④ 《马克思恩格斯文集》第 1 卷，人民出版社 2009 年版，第 501 页。

⑤ 《马克思恩格斯文集》第 1 卷，人民出版社 2009 年版，第 502 页。

⑥ 倪志安：《实践思维方式与马克思人的本质理论——关于人学的总体性方法论思考》，《西南师范大学学报》2004 年第 1 期。

⑦ 高清海：《马克思对"本体思维方式"的历史性变革》，《现代哲学》2002 年第 2 期。

体，而是从人与物、理性与物质在以人为主导的内在统一和相互作用关系中去看待一切事物和一切问题。李文阁①提出生成思维论，认为实践思维是生成性思维，即一种看重思维主体、过程、关系、功能、活动、个性和具体的现代思维方式。

首先，与概念思维是一种形而上学对象性思维不同，实践思维是感性活动的、交互主体性对象性思维。实践思维并不反对对象性，但实践思维遵循的对象性是感性活动的、作为交互主体性的对象性。由于实践思维遵循的是"一切将成"的生活世界观②，所以其基本主张就是突破主、客体二元对立。马克思认为，"事物、现实、感性"即对象，是人和对象活动在一定的境遇中生成的，具有能动性，事物、现实和感性不应是单纯静观认识的、被表象的、受动的、形式的客体存在，而是人和对象共同参与地存在着。在共同参与之中，人与对象在本质力量上相互设定、相互创造。而"它所以创造或设定对象，只是因为它是被对象设定的"。③ 所以，它是一种交互主体性的对象性，不同于将感性对象作为客体的或抽象主体式的、被表象的形而上学式的对象性。

其次，与概念思维是一种抽象化思维不同，实践思维是现象化思维。实践思维认为社会生活是历史具体的，理应追求现实实践的个别具体性，将社会生活的当下空间状态如实显现。即强调"使象显现"。但这种显现既反对过分编码，反对未充分还原和具体描述之前急于诉诸评价，按照海德格尔的说法，"就其自身显示自身"④、存在的澄明、被遮蔽状态的敞开，又反对"抽干"，而认为显现是综合性、丰富性的，包括显现之动力与过程和样子与结果。马克思主义哲学特别强调思想、观念应回到现实的人和现实世界的真实生成之中，回到实践本身，认为思想、观念应"从现实的前提出发，它一刻也不离开这种前提"。⑤

最后，与概念思维是一种静态化思维不同，实践思维是生成性思维。正如杜威所言："实践活动有一个内在而不能排除的显著特征，那就是与

① 李文阁：《马克思的思维方式》，《教学与研究》2002 年第 8 期。
② 李文阁：《生成性思维：现代哲学的思维方式》，《中国社会科学》2000 年第 6 期。
③ 《马克思恩格斯文集》第 1 卷，人民出版社 2009 年版，第 209 页。
④ Martin Heidegger, *Being and Time* (Basil Blackwell, 1962), p. 5.
⑤ 《马克思恩格斯文集》第 1 卷，人民出版社 2009 年版，第 525 页。

它俱在的不确定性。"① 与概念思维不同，实践思维认为"存在者的本质规定不能靠列举关乎实事的'是什么'来进行"②，而应把人之为人放于历史性的生成过程之中去理解。人独特的实践性生存方式决定了人必然处于未竟状态，人本身始终处于不断生成的未完成状态，正是这种未完成性蕴示着人生存的执着、超越与丰富性。也就是说，生存是一种可能性的筹划，是向未来的展开，它的本质总是体现为动态性质的"有待去是"，而不是现成的存在者。生存的本质规定说明了人不可能是完成了的存在，人之生存展现为一个动态的完成过程。

从与概念思维的比较中可以看出实践思维从感性和现实出发，把对象与思考者融于一体，已经跳出形而上学主客二元对立的思维框架。它反对过于抽象化的认识方式，立足于对具体实践的认识，从个别走向一般；它反对把事物或人看成静态的对象，而是以生成的眼光审视其过程性、动态性。

二　道德教育中实践思维的养成

针对道德教育中存在的从概念或范畴入手，从概念到概念、从范畴到范畴进行逻辑推演的概念思维，学界已经有了不少反思，如班华主编的《现代德育论》、鲁洁主编的《德育社会学》等著作，对道德教育的实践性特征做了研究和概括，并提出了以实践思维引领的道德教育的新范式。如生活化道德教育、对话式道德教育、叙事性道德教育、生命道德教育、主体式道德教育、生态道德教育等。本书认为，不论构建什么样的道德教育模式，实践思维引领下的道德教育都应确立对人、对人与道德的关系、对教育等三个层面的实践性理解。

首先，以实践思维理解人的"生存实践性"特性。虽然概念思维引领下的道德教育也声称以育人为目的，但由于其对人的基本理解方式是抽象化的，常常导致道德教育中呈现"人学空场"。实践思维引领道德教育，关键在于真正实现以实践思维的方式来理解人，切实领会马克思

---

① 〔美〕杜威：《确定性的寻求：关于知行关系的研究》，傅统先译，上海人民出版社2004年版，第40页。
② 〔德〕海德格尔：《存在与时间》，陈嘉映、王庆节译，生活·读书·新知三联书店1987年版，第15页。

所确立的对人的理解原则和方法，建构对人的"生存实践性"理解。正如马克思所言："个人怎样表现自己的生命，他们自己就是怎样。因此，他们是什么样的，这同他们的生产是一致的——既和他们生产什么一致，又和他们怎样生产一致。"① 这表明，在马克思看来，人区别于其他存在者之处在于人具有自我超越意识，能够不断生成新的自我，是具有"生存"本性的特殊存在者。因而对人的理解，就不能仅在于寻找一种现成的"本质性"的知识，而在于领会人所具有的"生存"本性。

第一，人是一种通过实践活动不断为自身而存在的存在物。马克思提出："人不是同自己的生产条件发生关系，而是人双重地存在着：从主体上说作为他自身而存在着，从客体上说又存在于自己生存的这些自然无机条件之中。"② 这就是说，人是"是其所是"与"不是其所是"的统一体。对于"是其所是"，可以通过对象性、实体性思维来获得某种描述性的定论。但是对于人"不是其所是"这种价值性存在，道德教育就应该动态地、生成性地理解教育对象，避免单纯借助于外在于人、凌驾于人的抽象存在来规定人的生存过程。

第二，人的"生成性"体现在人通过实践及社会化活动显现和展示自身。从这个视域理解人，显然道德教育不是把人当成知识性的对象，不是用知性逻辑和对象化的知识论态度来教育人，而是把人当成一种自我表现和自我生成的过程。因而道德教育必须从灌输的教育方式中，从抽象的概念解释中，从与生活脱节的逻辑游戏中摆脱出来，走进充满丰富情感和价值内涵的道德生活世界。

第三，人最重要的实践活动是生产活动。生产活动是人存在于外部世界的行动，人主要是在生产活动所构成的日常世界这一终极实在中生活。正如赵汀阳教授所言："人始终在行动中，行动构成了人的全部存在，任何一种方式的'去看'都只不过是一种思想性的行动。"③ 生产活动是经过设计、完全清醒状态下的活动，是主体的自主选择，主体必须为自己的这种自主活动负责。从这个意义上讲，生产活动是道德发生的基础。因而道德教育不能从抽象的精神世界出发，应立足于实践尤其是

---

① 《马克思恩格斯文集》第 1 卷，人民出版社 2009 年版，第 520 页。
② 《马克思恩格斯文集》第 8 卷，人民出版社 2009 年版，第 142 页。
③ 赵汀阳：《论可能生活》，生活·读书·新知三联书店 1994 年版，第 58 页。

生产实践。

其次，以实践思维引领对人与道德关系的"实践性理解"。仅仅建立起对人的"生存实践性"理解还不够，因为在道德教育史中，长期存在对人与道德关系的误解，诸如把道德理解为约束人的力量、在人之外的知识、机械性的规则。自然而然，道德在一些教育活动中，要么被抬高成为神圣高远、远离生活的完美境界，要么被降低成为经济、政治的工具。其实，人类在长期的实践中，建构起了一系列的道德观念和规范，然后根据实践生活不断赋予它新的理解、内涵与意义。可见，人具有"生存实践性"，道德也具有实践性，人与道德一直处于实践性互动之中。人与道德关系的实践性理解表现在三个方面：道德是人为的、道德是为人的、道德是以人性为基础的。

第一，道德是人为的。马克思主义在对德国哲学的批判中提出："道德、宗教、形而上学和其他意识形态，以及与它们相适应的意识形式便不再保留独立性的外观了……不是意识决定生活，而是生活决定意识。"① 道德作为一种特殊的社会意识，它产生和存在于生活之中，并随着生活实践而发生改变。正如李文阁教授认为的那样："只有人才有生活，人也只表现为生活，离开了生活便没有人，离开人也无所谓生活，生活即人的现实或现实的人。"② 而这意味着道德是人在实践中主动地选择和创造的产物，人对道德具有主体能动作用，人随着社会实践对道德扬弃和创新。

第二，道德是为人的。由于道德能给人提供精神和意义上的满足，丰富和完善人性，使人的生活更加美好，因此人们需要道德。道德也理应为人带来这样的享受。也就是说，人应是道德的享用者和价值体现者。但如果把道德单纯理解为观念性的知识，抽干为抽象的概念、空洞的道理、冰冷的道德理性和失去人性的规训，人们就不愿享用道德了，甚至会反感远离它。概念思维把道德理解为一种知识，取消了道德产生的生活基础，消解了道德的实践性，把道德定位于狭隘的规范。正如有学者所批判的，离开人类道德生活的内在目的意义和品格基础，使伦理学成

① 《马克思恩格斯文集》第 1 卷，人民出版社 2009 年版，第 525 页。
② 李文阁：《回归现实生活世界》，中国社会科学出版社 2002 年版，第 232 页。

为纯粹外在的规范约束，这种类似于法律规则的体系使道德规范失去了应有的作用和意义。①

第三，道德是以人性为基础的。道德与人性的关系，实质是道德与人的欲望的关系。为此，在道德教育中必须确定的理念是，道德的存在并不是要消除人们的正常欲求，恰恰相反，它的存在是为了畅通欲望。所谓畅通欲望是指以正当合理的满足方式实现正当欲望的满足。这是道德存在的人性基础。尽管在现实生活中有人会产生"以德抑欲"的感受，但这种抑制是对人性之中的动物性的适当克制，通过减少动物性来提升人性，并不是对人的所有欲望的全面否定。概念思维由于抽象性和隔离性，常出现道德与人性对立的刻板印象。其实，人性是道德生成的根基，基于人性的道德会让人产生精神的愉悦和价值的满足。

最后，以实践思维引领对教育实践性的理解。道德教育作为一种教育活动，其本身就具有实践性。教育的实践性体现为它是"一个即时体验的、先于反思的世界，而不是概念化、分类化，或者对其进行了反思的世界"②，它是人的生命实践活动，教育活动需要与人的生活紧密关联。如一个同学今天没有参加集体活动，我们的教育应仅仅告诉他"集体主义观念"或"一个人应参加集体活动"这么简单吗？教育现象学从不认为这是一个如此简单的问题，还应知道这个同学为什么不参加集体活动，他的内心体验是什么，他有没有不参加集体活动的历史。这才是有血有肉的、真正的教育实践，才能显现出教育实践本身的丰富性，才能真正地而不是抽象地面对人的现实生命本身。教育的实践性体现在三个方面。

第一，教育的情境性。教育的情境性是教育实践性的重要体现。工业时代的教育不太重视教育的情境性，而是追逐教育的封闭性、控制性与机械性，通过建构"学校工场"而生产"标准零件"，这样个体的独特性和创造性目标就难以实现。实际上，所有教育活动都具有情境性，且不可重复。教育情境是教师活动与实践的场所，它是特定时空条件下

---

① 文小勇：《全球性道德危机与道德重建——麦金泰尔道德哲学意蕴》，《伦理学研究》2006年第3期。

② Van Manen Max, *Researching Lived Experience*：*Human Science for an Action Sensitive Pedagogy*（London，Ontario：The Althouse Press，1997），p. 9.

所呈现出来的一种教育关系状态，它是使教师和学生之间的教育体验成为可能的环境与条件。① 教育的本意，讲求对人的灵魂的提升，对人生境界的指引。情境有助于激发学生的自我意识，在交流中唤醒自我，并主动思考人生，从而知道怎样去选择和追求自己想要的生活。

第二，教育的体验性。体验性是教育实践性的基础。教育是包含体验的过程，可以说"教育即生活"或"生活即教育"②，"在做中学"是教育的基本路径。道德教育更涉及体验，必须内含着体验活动才能构成完整的教育过程。没有体验，道德教育就没有效果。教育的体验性不仅是学生的活动，还包括教师的再体验，即教师在自己的心灵中设身处地地去"重构"学生之体验，从自我的生命体验出发，去重新发现学生曾经历的生命体验。

第三，教育的互动建构性。互动建构性是教育实践的发展方向。教育不是纯粹理性的事业，应以人的成长为旨趣。教育是由"我们"共同构成、主体间共享、不依赖于独立的主体而存在的共同建构的世界。③ 这就是教育的互动建构性，它包含三个层面的互动。一是人与教育的互动，教育生成着人，人把握和改变着教育。二是教育者与受教育者之间的互动，教育者与受教育者之间通过"对话"和"理解"，实现受教育者自我批判意识的唤醒，完成人的生成的目标。受教育者利用唤醒了的批判意识作用于教育者，使教育者进一步完善对现实教育的批判。三是受教育者之间的互动，不同受教育者通过交往、对话、商谈，学会合作与协调，养成互利发展的心理趋向、认知架构与行动取向。

三　道德教育中实践思维的两种养成方式

实践思维的形成不是一蹴而就的，它需要借助一些方式逐步推进，个体道德叙事、"对话"是两种有效的实现方式。

第一，个体道德叙事的运用。作为对道德教育中经常出现的抽象性、

---

① 邬志辉：《论教育实践的品性》，《高等教育研究》2007年第6期。
② 尹艳秋：《"生活世界"与教育的取向——兼论"教育即生活"与"生活即教育"》，《现代大学教育》2004年第5期。
③ 刘旭东、马丽：《提升边界的渗透度：教育的实践性诉求》，《教育研究》2012年第6期。

宏大叙事的说教与灌输的反叛，个体道德叙事开始在道德教育中运用。与过去常用已经把鲜活的生命抽瘪，沦为独白式的知识教育的"英雄故事"不同，个体道德叙事是尽可能回到事实本身，凸显故事的细节，以细节彰显深度，并通过对故事的讨论力求对故事进行多样化解读。个体道德叙事最重要的不是道德故事本身，而是重视道德故事背后的丰富性、多元性、复杂性的生命体验，以及这种生命体验的建构与生成。这样，个体道德叙事就可以避免概念思维中的简单、机械、实体的弊端，从而形成有机性、关系性、生成性的道德教育。

个体道德叙事作为一种道德教育方法，之所以能够产生解构概念式教育的价值，原因有三个。一是它具有语言政治学的意味，教育者通过自我建构讲述故事，或是说自己的道德故事，或是讲述自己理解和赋予意义的道德事件，都是对既定的概念堆积的教材语言的一种丰富、消解和解放，也改变了教育者总是需要概念替自己说话的失语状况。二是道德叙事作为一种个体经验叙述，它不是先入为主地用演绎的概念框架去提取或套故事，而是回到教育现场，重构了鲜活的场景，显现道德世界的复杂性、丰富性与多样性，从而体现了教育的实践性质。三是个体道德叙事具有描述的生动性、故事形象的丰满性、感受的细腻性、表达的轻松性等特征，容易激起受教育者进入体验、表达、理解的教育进程之中，从而达到移情、参与的教育效果。总之，个体道德叙事对意义、互动关系和情境的关注，内在地契合了教育的实践性质。

个体道德叙事对"叙事"和"故事"都有要求。在"叙事"方面，不能只是把"故事"按照时间、空间描述出来，简单地"讲自己的故事"，而是创造性地打破原有的时空进行重构，目的就是使叙述更好地显现故事的意义。另外，"叙事"需要生动而又有自我体验。生动是指叙事要避免标准化、脸谱化的表达，要丰富、细致地讲故事，以使受教育者理解。"叙事"中之所以要求包含自我体验，就是力求避免对所谓个案进行抽象的分析，从而呈现感性具体的体验。因而"叙事"中应包含解释、自我反思和批评分析等方式，帮助受教育者达到对具体情境意义的理解。在"故事"方面，最重要的是故事应能触动心灵。而要达到这一点，教育者应该首先被"故事"打动，这是"故事"选择的前提和基础。其次，"故事"必须为问题服务，"故事"中应包含问题解决的过程、讲述者当时的心路历程、问题解决的策略或方法、解决问题的原则等。①

第二，"对话"的运用。道德教育中的"对话"是道德教育实践性的基本体现，是破除概念思维的重要方式。"对话"所呈现的不是师生之间知识和信息的单向传递，而是平等地共同对世界进行探索与实践②，是教育者与受教育者相互的表达与倾听，带有明显的交互性、动态性和实践性。"独白"可以用抽象性的概念来表达，但"对话"作为一种交流活动，必须借用丰富的包含感情和思想的日常性语言，否则难以沟通。"独白"可能只是产生概念的灌输，但"对话"会产生思想的交流。正如雅斯贝尔斯（Karl Theodor Jaspers）所言，"对话"是一个"真理的敞亮和思想本身的实现……在对话中，可以发现所思之物的逻辑及存在的意义"。③

不论是孔子还是苏格拉底，都是"对话"教育运用的样板。两人的教育活动都包含大量道德教育，却并没有让人感觉到空洞而敬而远之。原因就是通过"对话"，他们揭示了真理，使真理显现出来，让受教育者在"对话"的参与中获得了教育。哈佛大学政治哲学教授迈克尔·桑德尔（Michael J. Sandel）正是运用"对话"的方式让他的课堂在哈佛大学深受欢迎。桑德尔教授从不预设"真理"和抛出所谓标准答案式的结论，而是选择彼此陈述和倾听。

"对话"的形成需要这样几个方面的建构。一是建构对话空间。对话空间是指各种声音相互表达、倾听、交流的场域。对话空间必须是自由表达的空间，让教育者和受教育者能够自由自主地展现真实观点，表达真实心声。形成这样的自由空间最重要的是排除强制性的价值预设，去创设多元的目标和多样的选择性。二是对话环境的创设。受教育者只有在心理安全和心理自由的情况下才能够最大限度地表达观点，激发思考，彰显个性。因而对话环境必须是民主、宽松、轻松、和谐的。不是所有的道德教育都是在严肃紧张的氛围中才能进行，轻松的环境、幽默

---

① 蔡春：《"叙述""故事"何以称得上"研"——论教育叙事研究的基本理论问题》，《首都师范大学学报》2008 年第 4 期。

② 吴芳、宫宝芝：《对话式教育理论与实践——从弗莱雷到桑德尔》，《现代大学教育》2013 年第 10 期。

③ 〔日〕佐藤学：《学习的快乐——走向对话》，钟启译，教育科学出版社 2004 年版，第 77 页。

的话语反而会更有效果。三是培养对话品质。"对话"不是目的，也不是所有的"对话"都能产生有益的效果，因而还需要培养对话品质。对话品质建立在对话能力的基础之上，教育者和受教育者都需要具有准确清晰的语言表达能力、对对话内容的判断和理解能力、对对话过程的调控能力、批判分析能力等。另外，对话的形式应灵活多样，包括师问生答式、生问师答式、多向易境式（对同一个问题不断变换场景问答）、多人会谈式、师问师答式、生问生答式等。

以实践思维引领道德教育契合道德教育活动的属性，符合时代特点。道德教育工作者、研究者都需要摒弃概念思维，养成实践思维，用实践思维方式确立教育观念、甄别教育内容、挑选教育方法，最后建构实践道德教育模式。

第三节 以实践思维应对道德虚无主义

道德虚无主义是伦理学和道德教育领域近几年关注的理论热点之一。道德实践"已经蜕变为一种将道德原则和良心抛到一边的虚无主义和无为主义。这也是它成为当今社会文化痼疾的根本原因"。① 道德教育的最高诉求是通过外在手段，使人摆脱主观利己的纠缠，使灵魂的善得到升华。然而，道德虚无主义的极致利己的特性废黜了道德教育的理想品质，决定了它是现代道德教育面临的主要困境。当道德教育遭遇虚无主义，如何用马克思的实践道德理论，并以实践思维方式实现超越，应引起道德教育领域学者的关注与思考。

一 道德虚无主义的主张与表现

概括地说，道德虚无主义较多见于社会深刻变革时期，是个体要求极致利己的一种道德抉择，并持存对人性善念的质疑与敌意，是缺失所有人类抱负与向往的社会现象。道德虚无主义者蔑视现代道德准则，往往只是单纯依据自身利益行动，并喜欢对他人及社会冷嘲热讽。由此可见，道德虚无主义已经不是单纯的愤世嫉俗者，而是彻底沦落为个人利

---

① 徐贲：《颓废与沉默：透视犬儒文化》，东方出版社2015年版，第39页。

益的崇拜者，私利当前，道德规范形同虚设。对此，齐泽克（Slavoj Zizek）有个精准的概括："人们以一种使人解除警戒心的坦白'承认一切'，对我们权力利益的这种全面的认可不以任何方式阻止我们追求这些利益。"[①] 在中国社会 40 多年深刻变革的进程中，道德虚无主义已经成为现代社会不少人的行动依据。具体而言，道德虚无主义外显为以下主张。

1. 消解幸福追求

道德虚无主义的追随者在遭遇现代生活的强大压力的同时，又缺乏抵抗生活压力的意义支撑和精神支持，陷入了精神与物质的双重困境。在焦虑、失落和绝望之中，一些人自感被边缘化，形成"多我一个不多，少我一个不少"的社会零余感、孤独感与失落感，于是开始奉行一种得过且过、随遇而安、无目的无追求的生活态度，并游离社会、疏远社会，消解幸福追求，以绝望感替换幸福感。这种幸福追求的消解主要体现在三个方面。

第一，对"诗意生活"哀伤绝望，自愿选择世俗与平庸的生活，在顺从和服从困境中放弃对"诗与远方"的向往，丧失对高雅、精致和丰裕生活的追求。在放弃了追求幸福生活的希望之后，被动地听从命运的安排。

第二，以消解幸福追求来寻找自我安慰，认为不抱希望就能规避失望，也就可以避免追求幸福可能带来的苦痛与挣扎。因而，道德虚无主义也就成了悲观厌世者或失败者采取的现代社会生存策略。

第三，抛弃精神生活的追求，把幸福生活理解为财富与物欲的堆聚物和利益的角逐场，把金钱与权力作为衡量幸福的唯一标准，因而在对金钱和权力的追求中遮蔽和扭曲了对幸福生活的理解。

2. 秉承道德虚无

道德虚无主义认为人的一切善行和利他行为背后其实都是利己的动机，人都是贪婪、残忍和伪善的，只受金钱与权力的支配，所谓的爱、同情与良心只不过是空洞的说辞和人类的虚妄而已。

---

① 〔斯洛文尼亚〕斯拉沃热·齐泽克等：《图绘意识形态》，方杰译，南京大学出版社 2002 年版，第 11 页。

第一，对道德、信仰与精神等非物质化事物持不信任态度，用功利主义观念理解一切，快乐、享乐、有用性成为评判标准和处世原则，从来不对美好、高尚与丑陋、卑下进行区分，处处用工具理性替代价值理性，就像罗素（Bertrand Arthur William Russell）指出的那样，"只要一个人、一件事情能够成功，那么不管是好是坏、是对是错，就应该去赞扬、去迎合、去参与"①，呈现为终极价值的贬损与价值信念的坍塌，以至于只知有物质的"我"，不知有精神的"我"。

第二，秉持道德虚无并不意味着他们是为所欲为的乌合之众，相反，他们常常表现出良好的道德素质与个人修养，甚至有时会通过愤世嫉俗或对社会丑恶的冷嘲热讽呈现出公正追求者的形象。然而，一旦到了获取私利的最佳时机，道德虚无主义者便会审时度势，在分析利弊后，轻松抛弃道德原则以追求自身利益最大化。道德虚无主义并没有追求公正、道义和德性的打算，良好的个人修养只不过是一种道德伪装，以此来换取更大利益而已。

3. 坚守抽离立场

抽离立场是道德虚无主义者对待人与自身、人与人、人与社会关系的独特思考方式。抽离立场"并非直接不道德的立场，它更像是为不道德服务的道德"，"其智慧的模型是，把正直、诚实视为最高形式的欺诈，把品行端正视为最高形式的放荡不羁，把真理视为最有效的谎言形式"。② 具体表现为两个方面。

第一，对他人采取置身事外、冷眼旁观的行为模式，表面呈现为冷静内敛略带忧郁的气质。虽然能够确切感知他者在现实社会中所受的悲痛苦难，但由于这些均与自身利益无关，仍然会选择沉默、回避和无动于衷。即使盛怒状态下的道德虚无主义者，其所采用的话语形式仍带有距离感，只为宣泄情绪，不针对自身与他者的冲突，竭力维护自身的利益与形象。

第二，喜欢抢占道德制高点，并对他人进行道德评价。道德虚无主义者选择在确保自身利益不受损害、一切麻烦与己无关的前提下，抢占

---

① 操奇：《启蒙的天敌：犬儒理性论略》，《哲学研究》2015年第6期。
② 〔斯洛文尼亚〕斯拉沃热·齐泽克：《意识形态的崇高客体》，季广茂译，中央编译出版社2014年版，第26页。

道德制高点去批评他者的道德缺陷，以此来掩饰自己的道德冷漠。总之，道德虚无主义是个体在面临道德难题时，力求自保、自私自利又必须强装慈悲的无奈的道德抉择。

二　道德虚无主义对道德价值的负面消解

从以上的分析中可见，道德虚无主义不加分辨地怀疑和否定所有善意、善行和善良价值的可能，他们只相信人类的行为受自私动机驱使，因此总是朝败坏、邪恶、阴谋诡计的方向去猜度和确定他所看到的事物。① 这样的价值特性必然会对现代社会的主流道德观念和价值理念产生负面影响，而且由于道德虚无主义的伪装性，其对主流道德观念的腐蚀性影响较为隐蔽，不易觉察。因而有必要深度揭示道德虚无主义在道德领域的破坏性和腐蚀性。

1. 泯灭向善之心

老子倡导"上善若水"，认为"水善利万物而不争，处众人之所恶，故几于道。居善地，心善渊，与善仁，言善信，正善治，事善能，动善时。夫唯不争，故无尤"。② 道德教育的要义是唤醒与维持个体的如水一般能净化杂念、滋养万物的向善之心。然而，道德虚无主义擅长夸大现实社会的不足之处，使人遇善而不知其善，遇恶而不知其恶，进而消解个体生活的积极性和对诗意生活的追求，最终抑制其向善之心的培养与锻造。

第一，道德虚无主义独特的思维方式，使个体"处善而不善"。道德虚无主义拒绝用自私自利以外的任何形式解释人与现实及其关系，擅长对社会中存在的善者与善行表达其轻蔑、怀疑与绝望。道德虚无主义的口头禅是"什么都是假的，只有钱是真的""真理值多少钱""自由能当饭吃吗"等。可以说，道德虚无主义者根本上是活在自我建构的意识世界之中，久而久之，变得顽固偏执、铁石心肠，难以被善者与善行感化，遇善而不知其善。这种道德虚无主义特有的思维方式，对人性善念诸如仁爱、宽容、诚信的解构，是不言而喻的。由于遵循这种思维方式，

---

① 徐贲：《颓废与沉默：透视犬儒文化》，东方出版社 2015 年版，第 8 页。

② 《道德经》。

一些人在权力、金钱的引诱面前不堪一击，不愿、不想与真理对话、与精神对话、与灵魂对话。正如罗素所言："许多聪明的心灵被磨钝了锋芒，他们敏捷的思维遭到了毁坏。"[①]

第二，道德虚无主义降低个体道德底线，使其"处恶而益恶"。个体活跃于一定的社会环境中，其内心必然存有符合当前环境的既定的道德底线，即衡量个体自身与他者道德的最低标准。道德的进步依赖于个体期许并确信自身与他者的行为高于其道德底线。然而，道德虚无主义者夸大社会的缺点与不足，对善的感知能力弱化，难以准确界定善恶，导致其对现实中的恶者与恶行盲目宽容，缺乏应有的羞耻与失望，于是个体的道德底线逐渐降低，遇恶而不知其恶，行恶而愈加坦然。如此一来，个体难以辨别是非，摒除杂念，择善而从，其向善之心必将被现代犬儒主义所吞噬。

2. 践行道德伪善

我们都知道，现代社会越复杂，越需要个人具有较高的合作性和道德性，如果个体行为缺乏道德性，会受到舆论谴责和群体排斥。而道德虚无主义本身是拒绝道德的，但又担心直接拒绝道德会遭受来自外界的谴责，于是就奉行机会主义的适应策略，采取隐藏自己的真实动机的方式来为自己获利，这就是道德伪善。这样既可以保持良好的道德形象，使行为外表具有道德特征，又会占有较多的资源。可以说，道德虚无主义者基于极致利己的出发点与行动准则，极力伪装成品行崇高之人，不仅自欺，而且欺人。

第一，道德虚无主义的道德伪善的最大危害在于它摧毁了人们对于真诚生活态度和本真生存状态的信念，丧失了真诚生活的道德信心和勇气。在此，道德行为成为纯粹的掩饰活动，道德世界也就不再是属于人的世界，而是利益追逐的遮羞布。如果整个社会被伪善所充斥，到处是"言如蜜糖，心似毒蝎"之人，人与人之间的信仰机制也会被破坏，重新回到霍布斯笔下的"自然状态"。

第二，道德虚无主义的道德伪善容易形成道德教育领域的伪善教育，即选择性地告诉学生所谓美好的事物，甚至故意夸大美化某些人物，给

---

① 〔英〕罗素：《罗素自选文集》，戴玉庆译，商务印书馆2006年版，第99页。

未成年人营造虚幻空间。著名学者熊丙奇就一针见血地指出："性侵案在校园接连发生，反映了一个共同的问题，即我们通常给学生'伪善'教育。"① 伪善教育说到底是一种虚假性教育和欺骗性教育，这种虚假性反而遮蔽了对学生真实性的权利保护教育、独立人格教育。

3. 拒绝成人之善

道德是习得性的，日常人际交往是个体道德品质养成的一个重要实践。道德虚无主义者坚守抽离的思维模式，严重缺乏利他精神，不利于和谐人际关系的建构，更无益于个体道德品格的形成。道德虚无主义者强调个人而非集体，主张独善其身，主观上将自身排除在一切人际交往之外，不太认同经营良好人际关系所需的诸如诚恳、谦虚、热情等美德的重要性。"虽然我们也许希望，我们因拥有德性，不仅可以达到卓越的水准和获得某种实践的内在利益，而成为富有的，有声望的和有权势的人，可德性总是实现这种周全抱负的潜在绊脚石。"② 可以预料，在实际生活中，如果个体对财富、声望、权力等外在利益的追求变得压倒一切，只在双方拥有共同利益的前提下与他者合作共事，那么要求他成人之善将是天方夜谭。

另外，现代社会的道德冷漠问题，亦与道德虚无主义的抽离心态直接相关。由于私人利益欲望的不断膨胀，人际交往方式渐趋功利化，人际关系的持久性与稳定性下降，个体之间的情感交流明显减弱，彼此产生防备之心，人与人之间信任危机严重。如此一来，道德虚无主义者出于极致利己的要求，难以推己及人，拒绝成人之善，自我道德革新中断，其道德本性亦有所变化。

三 以实践思维应对道德虚无主义

道德教育应勇于以实践思维面对道德虚无主义的挑战，以建构精神支点，重构追求幸福生活的信心，以独立人格与批判精神的培养弱化其道德伪善倾向，以道德信仰的滋养与提升改变其抽离的思考立场。

---

① 熊丙奇：《校园性侵案与"伪善"教育》，《妇女研究论丛》2013 年第 7 期。
② 〔美〕麦金太尔：《德性之后》，龚群、戴扬毅等译，中国社会科学出版社 1995 年版，第 248 页。

1. 建构精神支点，排解生存焦虑，以重构追求幸福生活的信心

道德虚无主义者大多生活在现实生活与理想生活的夹缝之中，个体的生存焦虑和生存绝望越突出，则道德虚无主义倾向越强烈。他们在社会实际交往中，囿于生存与生活的双重压力，难以感知作为社会成员应有的价值与尊严。于是，为了宣泄愤懑、逃离焦虑或寻求慰藉，自我放逐于道德虚无主义的遵从。因而，排解现代人的生存焦虑，关怀弱势群体，以重构现代人追求幸福生活的信心是道德教育应对道德虚无主义挑战的基本策略。

当然，道德教育不可能通过增加个体的物质财富来解决现代人的生存焦虑，但道德教育可以通过帮助现代人建构精神支点来排解生存焦虑。实际上，现代社会中的多数人不论是日常生存还是职业生存，都会面临诸多压力、挑战和困难。面对挑战和困难，每个人都需要确证自我、支撑自我、美化自我。现代人的生存焦虑产生的部分原因是放大了对生活的物质属性的体认。其实，人的生存除了需要物质支点外，还需要精神支点。实际上，精神支点恰恰是一个人赖以实现生活理想、产生情感愉悦、取得心灵自由、收获幸福生活的依靠点、支撑点和平衡点，是生命充盈、意义充实、超越现实的重要依赖，是存在境域的扩展点、职业发展的动力点和意义世界的起点。

依据实践思维的基本原则，道德教育对人精神支点的建构可以通过以下三个方面实现。

第一，连通现实与理想，建构全面、客观认识社会的精神支点。现代人思维活跃敏锐，善于思考，但也比较脆弱，容易在困境、失败和打击中形成对未来、现实的极端式片面理解，夸大社会黑暗的一面，夸大生活困境中绝望的一面。根本原因在于只是遵循现实主义的原则，未能在内心深处建构起对"明天"的信念，从而缺乏应对当下困境的支撑点。因而，道德教育可以通过理想信念尤其是道德理想的重构，为人生奋斗提供强大的精神动力，使现代人重拾创造生活的信心。

第二，连通物质与精神，建构摆脱现代性困境的精神支点。道德教育可以通过引导个体进行精神修养和心理结构的自我调整、自我塑造，通过"反求诸己""反身而诚"保持精神超越以驾驭外物，从而实现超越世俗的精神境界，做到不为媚俗折腰、不向物欲低头，对神圣拥有形

而上之感，对生命抱有崇拜之意。在物欲化、粗俗化的时代，每个人都要有乌托邦式彰显崇高的旨趣，道德乌托邦精神是自我拯救的根本出路。

第三，连通世俗与审美，重建生活激情的精神支点。人的生活既有世俗的一面，也有审美的一面，如果生活中世俗完全战胜了审美，必然会引发精神世界干瘪和生命意义黯淡，从而走向道德虚无主义。道德教育可以培养人的道德美学品位和道德美学境界，保有对道德美的敬畏，调动人的情感、想象、意念、愿望、期待等各种心理因素共同参与对美的领会、理解和判断，将人性之美融入生活与职业之中，赋予灵魂以诗意，从自我本性出发，展现喜怒哀乐，宣泄真实情感，即使在压抑的现实中，也能暂时畅想自由，追求真善美，憧憬美好生活。

2. 培养独立人格和批判精神，增强道德勇气，弱化道德虚无倾向

中国社会正处于深刻变革的时期，经济体制、社会结构、利益格局大幅调整，价值观念多元、多样、多变，对个体自主思考与明辨是非的能力带来更高要求。培养个体的独立人格与批判精神，能有效弱化其道德虚无倾向，抑制道德虚无主义的滋生与蔓延。

第一，现代道德教育要培养受教育者的独立人格。独立人格包括自我认识、自我控制、自我主张三部分。首先，个体需要对自己的身心状况、思维模式、行为动机有清楚的认识及正确的评价，如此才能明确分辨自我与他者、主观与客观、想象与现实，进而根据自身的目的及需要调动自我行为。其次，人是社会化的人，不可能脱离社会而单独存在。社会生活具有一定的趋同性与迷惑性，这对个体的独立思维及判断能力而言是一项挑战。自我控制要求个体在自我认识的前提下，在社会交往中克服从众心理，控制自身的情绪与行为。最后，自我主张要求个体在面对外界的各种影响、意见、压力与诱惑时，能够避免干扰，质疑权威，坚持主见，维护独立意志，拥护自身行为。现代道德教育要反思"整齐划一"的教育模式，营造适合培养受教育者独立自主能力的氛围，给予其个性自由发展的空间，鼓励其充分表达与表现自我。

第二，道德教育要滋养受教育者的批判精神。法兰克福学派创始人霍克海默（M. Max Horkheimer）认为："就批判而言，我们指的是一种理智的、最终注重实效的努力，即不满足于接受流行的观点、行为，不满足于不假思索地、只凭习惯而接受社会状况的那种努力；批判指的是那

种目的在于协调社会生活中个体间的关系，协调它们与普遍的观念和时代的目的之间的关系的那种努力，指的是在上述东西的发展中去追根溯源的努力，是区分现象和本质的努力，是考察事物的基础的努力，简言之，是真正认识上述各种事物的努力。"① 然而，出于现实人际交往需要，社会往往限制个体的言语方式与内容，并要求其按照社会约定俗成的沟通模式进行人际交流，假若个体违反既定的人际交往原则，其自身的名声或利益将会受到不同程度的损害。比如，社会提倡个体迎合大众意见，不太主张特立独行，如此一来，这种中国特有的人情世故将使个体满足于接受流行观点，凡事不假思索，最后导致个体缺乏批判精神。据此，道德教育需要深入分析现代社会人际交往模式的利弊，有所针对，着重培养个体的批判思维以及敢于批判的精神气质。

3. 重构道德信仰，重建道德热情，强化公民道德建设

道德信仰就是灵魂的善，是个体德性的源头活水，具有利他的本质，能明显改变道德虚无主义者抽离的思考立场，亦是拯救道德虚无主义者的关键所在。道德信仰，是个体具备道德信念，遵从社会道德要求，进而产生对优秀传统美德、社会道德标准及行为规范的信赖、遵从及敬畏的稳定的内心感受。弘扬中华优秀传统道德观念、营造扬善抑恶的社会舆论氛围、培养社会公德等是有效提升个体道德敬畏感的手段，是应对道德虚无主义病症的良方。

第一，弘扬中华优秀传统道德观念。中华优秀传统文化所承载的道德观念经过五千年的漫长积淀，构成了中国人赖以生存与发展的精神支柱，深刻影响当代人的思想与行为。然而，在道德虚无主义滋生蔓延的今天，中华传统道德强调的"仁者人也"的道德自觉、"仁者爱人"的利他意识、"杀身成仁"的奉献精神受到了物欲倾向、利己意识、自私态度的挑战，个体以不信任的眼光对待既定的社会道德标准，对道德的认同感与敬畏感有所下降。"在当前的时代背景和我国经济社会发展的大形势之下，我们应该深入挖掘和阐发中华传统文化讲仁爱、重民本、守诚信、崇正义、尚和合、求大同的时代价值"②，应大力弘扬中华优秀传

---

① 〔德〕霍克海默：《批判理论》，李小兵译，重庆出版社1989年版，第255~256页。
② 王易、黄刚：《探求中华传统美德的创造性转化》，《思想理论教育导刊》2015年第5期。

统文化，合理利用优秀道德资源，引导个体树立正确的道德观念，培养并提升其道德信仰。

第二，营造扬善抑恶的社会舆论氛围。"积极的、成熟的舆论能够引导人们积极向上，促进整个社会的发展；落后的、反动的舆论则会扰乱人心，破坏社会秩序，使社会处于混乱无序状态。"① 道德教育必须借助博客、微博、微信等现代社交媒体创造正面话题、制造积极主张，大力宣传主流道德观念，整合形成强大的社会舆论，尽力营造扬善抑恶的文化氛围。挤掉鼓吹利己、享乐、拜金、奢靡的犬儒式社会舆论空间。

第三，建构公民的道德化和道德的公民化。今日中国，虽然人们的自我意识逐渐增强，但公共意识淡薄、公正心缺失和公德心不足依然是不争的事实。为什么在一个道德传统悠久、道德资源丰富的国度，还呈现这样的状况？其中一个重要原因就在于，虽然中国社会自古以来并不缺乏"公"的观念和"道"的规范，可是在体现"差序格局"的现实生活中，这种"公"的观念却始终是一种基于私人关系的圈层意识②，无法超越成为社会公德。一些人在高度重视慈孝友悌等家庭私德的同时，在实践中又往往轻视诚实守信、公正守法、遵守公共秩序、讲究公共卫生、爱护公共财物等社会公德。

在中国思想史上，梁启超有感于中国几千年来只强调"束身寡过主义"的德育，导致道德"日缩日小"而局促于个人"独善其身"的流弊，第一次明确把道德区分为"公德"与"私德"，指出中国传统道德"私德居十之九，而公德不及其一焉"，由此"而国民益不复知公德为何物"，因而也就不知"益群""利群""视国事如己事"。③ 梁任公提倡公德教育40余年后，梁漱溟先生在1949年的《中国文化要义》中指出，"公德就是人类为团体生活所必需的那些品德。这恰为中国人所缺乏"。④尽管有学者对此判断有异议，认为真正的公德必须以私德为精神基础，公民的社会地位是建设公德的真正基础，现代人公德缺失的责任不能推

---

① 程世寿：《公共舆论学》，华中科技大学出版社2003年版，第311页。

② 费孝通：《乡土中国》，北京大学出版社1998年版，第26页。

③ 梁启超：《论公德》，载《饮冰室合集》第4卷，中华书局1989年版，第12页。

④ 梁漱溟：《中国文化要义》，载《梁漱溟全集》第3卷，山东人民出版社2005年版，第67页。

到传统道德"重私抑公"的身上①，但私德与公德在道德关系范围、思维特征、处置原则和发生基础等方面都存在明显的差别，再加上公民对公德的需求特别迫切，归根到底是由于公共生活领域的扩大，是公共利益发展的反映，我们不能指望通过加强私德修养推出公德。

所以中国的公民道德建设在解决公民的道德化问题，以提升公民的公共参与的同时，还需要解决道德的公民化问题。正如前面提出的那样，将公民理念植入道德的内在诉求，以公民的存在为载体，去抑制传统道德的私人性，避免道德囿于"一己之私"的范畴之中。也就是说，道德的公民化主要是解决由道德的私人化转向公共化，由人伦之理转向公共伦理的问题，构建公共道德规范。如果缺乏对公民道德包含的道德的公民化这层含义的理解，公民道德一词极易被理解为公民私人道德，从而使这个概念无法获得明确意义并进行合理分析。

问题是今天我们如何构建道德的公民化？无非就是在麦金泰尔（Alasdair Chalmers MacIntyre）总结的社会鼎革之际，在新旧道德转换的三种基本途径之中选择。首先，提供一个与旧社会的"德目表"大相径庭的新"德目表"。其次，改变各"德性"的相对比重和等级秩序。最后，改变某些传统"德性"的意涵。②结合18世纪苏格兰启蒙运动在推进道德的民主化进程中的经验和日本在现代化进程中社会公德建设的经验，道德的公民化和构建现代公共道德规范应当选择第二种路径。

自文艺复兴以降，随着新航路的开辟和商业革命的展开，得风气之先的苏格兰面临向商业社会转型的"千年未有之变局"。当时苏格兰的思想家也面临解决传统的道德原则与新生的社会现实之间的不适应的问题，需要在解构传统道德原则的基础上实现新道德的奠基。在这个过程中，启蒙学者们深刻意识到，市民社会是陌生人社会，慷慨、仁慈等私人性道德规范，应让位于公共道德规范。因为前者着眼于单个行为，后者着眼于社会整体，"由前者所得来的福利，是由每一单独的行为发生的，并且是某种自然情感的对象；至于单独一个的正义行为，如果就其本身来考虑，则往往可以是违反公益的；只有人们在一个总的行为体系

---

① 丁为祥：《20世纪公德问题探讨中的几个误区》，《河北学刊》2008年第2期。

② 〔美〕麦金泰尔：《追寻美德》，宋继杰译，译林出版社2003年版，第229~230页。

或制度中的协作才是有利的"。① 而在日本建设社会公德的过程中，学者西村茂树把公德分为消极公德与积极公德两种，所谓消极的公德就是指不伤害他人和公众的道德，而积极公德则是主动有利于他人和社会的道德，浮田民和能势荣进一步指出，"义"相当于消极性公德，实质是尊重他人权利和尊严的理性意识，"仁"相当于积极性公德，实质是仁者爱人的积极性情感。而"仁""义"两者在行为上具有高度分离性，一位担任义工、捐款给慈善机构的公民并不必然具有遵守社会秩序、爱护公共财物等公德。因此，日本在公德建设中更重视消极性公德建设的优先性。

　　道德虚无主义的形成具有总体性的背景，仅通过实践思维方式的道德教育难以实现对道德虚无主义的超越，但实践思维方式的道德教育对道德虚无主义的批判与应对，又是道德教育面临的时代课题，需要认真对待。总之，人之灵魂，向善而生，不忘初心，方得始终。

---

① 〔英〕休谟：《人性论》（下），关文运译，商务印书馆 1980 年版，第 621 页。

参考文献

一　专著

《马克思恩格斯文集》第1～10卷，人民出版社2009年版。

《马克思恩格斯全集》第3卷，人民出版社1960年版。

《马克思恩格斯全集》第4卷，人民出版社1958年版。

《马克思恩格斯全集》第42卷，人民出版社1979年版。

《马克思恩格斯列宁经典著作选读》编写组编《马克思恩格斯列宁经典著作选读》，高等教育出版社2013年版。

〔德〕康德：《实践理性批判》，邓晓芒译，人民出版社2003年版。

〔德〕康德：《道德形而上学原理》，苗力田译，上海人民出版社2012年版。

〔德〕黑格尔：《法哲学原理》，范扬等译，商务印书馆1996年版。

〔英〕亚当·斯密：《道德情操论》，蒋自强等译，商务印书馆2010年版。

〔英〕杰里米·边沁：《道德与立法原理导论》，时殷弘译，商务印书馆2006年版。

〔英〕摩尔：《伦理学原理》，长河译，商务印书馆1983年版。

〔德〕叔本华：《伦理学的两个基本问题》，任立译，商务印书馆1996年版。

〔英〕柯林武德：《历史的观念》，何兆武等译，商务印书馆2003年版。

〔英〕卡尔·波普尔：《开放社会及其敌人》第2卷，郑一明等译，中国社会科学出版社1999年版。

〔英〕G. A. 科恩：《卡尔·马克思的历史理论：一种辩护》，段忠桥译，高等教育出版社2008年版。

〔英〕G. A. 科恩：《为什么不要社会主义》，段忠桥译，人民出版社2012年版。

〔英〕G. A. 柯亨：《如果你是平等主义者，为何如此富有?》，霍政欣译，北京大学出版社 2009 年版。

〔英〕G. A. 柯亨:《自我所有、自由和平等》,李朝晖译,东方出版社 2008 年版。

〔美〕乔恩·埃尔斯特:《理解马克思》,何怀远等译,中国人民大学出版社 2008 年版。

〔美〕约翰·罗默:《在自由中丧失:马克思主义经济哲学导论》,段忠桥等译,经济科学出版社 2003 年版。

〔英〕史蒂文·卢克斯:《马克思主义与道德》,袁聚录译,高等教育出版社 2009 年版。

〔美〕R. W. 米勒:《分析马克思道德、权力和历史》,张伟译,高等教育出版社 2009 年版。

〔美〕R. G. 佩弗:《马克思主义、道德与社会正义》,吕梁山等译,高等教育出版社 2010 年版。

〔英〕肖恩·塞耶斯:《马克思主义与人性》,冯颜利译,东方出版社 2008 年版。

〔英〕威廉姆·肖:《马克思的历史理论》,阮仁慧等译,重庆出版集团 2007 年版。

〔加拿大〕罗伯特·韦尔、凯·尼尔森主编《分析马克思主义新论》,鲁克检等译,中国人民大学出版社 2002 年版。

〔加拿大〕凯·尼尔森:《马克思主义与道德观念——道德、意识形态与历史唯物主义》,李义天译,人民出版社 2014 年版。

〔英〕蒂姆·莫尔根:《理解功利主义》,谭志福译,山东人民出版社 2012 年版。

〔美〕罗尔斯:《正义论》,何怀宏等译,中国社会科学出版社 1988 年版。

〔美〕罗尔斯:《政治哲学史讲义》,杨通进、李丽丽、林航译,中国社会科学出版社 2011 年版。

〔美〕罗尔斯:《道德哲学史讲义》,张国清译,上海三联书店 2003 年版。

〔德〕阿克塞尔·霍耐特:《为承认而斗争》,胡继华译,上海人民出版社 2005 年版。

〔加拿大〕威尔·金里卡:《当代政治哲学》,刘莘译,上海译文出版社
    2015 年版。

〔英〕约翰·穆勒:《功用主义》,唐钺译,商务印书馆 1957 年版。

商务印书馆编辑部编《人道主义、人性论研究资料》第 3 辑,丁象恭等
    译,商务印书馆 1963 年版。

〔英〕埃里克·霍布斯鲍姆:《史学家:历史神话的终结者》,马俊亚、
    郭英剑译,上海人民出版社 2003 年版。

〔英〕布莱恩·巴里:《正义诸理论》,孙晓春、曹海军译,吉林人民出
    版社 2004 年版。

〔英〕特里·伊格尔顿:《马克思为什么是对的》,李杨等译,新星出版
    社 2011 年版。

〔美〕伊安·夏皮罗:《政治的道德基础》,姚建华译,上海三联书店
    2006 年版。

〔英〕大卫·麦克里兰:《意识形态》,孔兆政、蒋龙翔译,吉林人民出
    版社 2005 年版。

〔德〕卡尔·曼海姆:《意识形态与乌托邦》,姚仁权译,中国社会科学
    出版社 2009 年版。

〔捷克斯洛伐克〕科西克:《具体的辩证法》,傅小平译,社会科学文献
    出版社 1989 年版。

〔英〕惠恩:《马克思〈资本论〉传》,陈越译,中央编译出版社 2009
    年版。

〔美〕特里·伊格尔顿:《历史中的政治、哲学、爱欲》,马海良译,中
    国社会科学出版社 1999 年版。

〔美〕施特劳斯:《自然权利与历史》,彭刚译,生活·读书·新知三联
    书店 2003 年版。

李泽厚:《批判哲学的批判:康德述评》修订第 6 版,生活·读书·新知
    三联书店 2007 年版。

张一兵、胡大平:《西方马克思主义哲学的历史逻辑》,南京大学出版社
    2003 年版。

李惠斌、李义天编《马克思与正义理论》,中国人民大学出版社 2010
    年版。

刘森林：《历史唯物主义：现代性的多层反思》，中山大学出版社 2016
　　年版。

刘敬东：《理性、自由与实践批判》，北京师范大学出版社 2015 年版。

聂锦芳：《批判与建构：〈德意志意识形态〉文本学研究》，人民出版社
　　2012 年版。

贺来：《有尊严的幸福生活何以可能》，中国社会科学出版社 2013 年版。

陈晏清等：《政治哲学的当代复兴》，中国社会科学出版社 2011 年版。

王晶选编《马克思恩格斯论道德》，人民出版社 2011 年版。

宋希仁：《马克思恩格斯道德哲学研究》，中国社会科学出版社 2012
　　年版。

余文烈：《分析学派的马克思主义》，重庆出版社 1996 年版。

徐崇温：《“西方马克思主义”论丛》，重庆出版社 1989 年版。

段忠桥：《理性的反思与正义的追求》，黑龙江大学出版社 2007 年版。

张盾、田冠浩：《黑格尔与马克思政治哲学六论》，学习出版社 2014
　　年版。

宋伟：《批判与解构：从马克思到后现代的思想谱系》，人民出版社 2014
　　年版。

韩立新：《〈巴黎手稿〉研究》，北京师范大学出版社 2014 年版。

张一兵：《当代国外马克思主义哲学思潮》，江苏人民出版社 2012 年版。

林进平：《马克思的“正义”解读》，社会科学文献出版社 2009 年版。

曹玉涛：《分析马克思主义的正义论研究》，人民出版社 2010 年版。

齐艳红：《分析马克思主义的方法论研究》，中国社会科学出版社 2012
　　年版。

二　期刊论文

张文喜：《马克思对“伦理的正义”概念的批判》，《中国社会科学》
　　2014 年第 3 期。

王新生：《马克思正义理论的四重辩护》，《中国社会科学》2014 年第
　　4 期。

段忠桥：《对“伍德命题”文本依据的辨析与回应》，《中国社会科学》
　　2017 年第 9 期。

段忠桥：《当前中国的贫富差距为什么是不正义的？——基于马克思〈哥达纲领批判〉的相关论述》，《中国人民大学学报》2013 年第 1 期。

冯颜利：《基于生产方式批判的马克思正义思想》，《中国社会科学》2017 年第 9 期。

吴忠民：《普惠性公正与差异性公正的平衡发展逻辑》，《中国社会科学》2017 年第 9 期。

姚大志：《分配正义：从弱势群体的观点看》，《哲学研究》2011 年第 3 期。

王晓升：《马克思是反（或非）道德主义者吗？》，《伦理学研究》2012 年第 1 期。

王晓升：《马克思有没有从道德上批判资本主义》，《武汉科技大学学报》2012 年第 3 期。

〔英〕戴维·麦克莱伦：《马克思意识形态理论的九大问题》，林进平译，《马克思主义与现实》2011 年第 6 期。

〔匈〕乔治·马尔库什：《马克思的意识形态概念》，孙建茵译，《马克思主义与现实》2012 年第 1 期。

张秀琴：《马克思与恩格斯意识形态观比较研究》，《马克思主义研究》2011 年第 2 期。

林育川：《正义的谱系——对分析马克思主义学派正义观的一种解读》，《哲学研究》2013 年第 1 期。

贺来：《历史唯物主义的辩证本性》，《中国社会科学》2012 年第 3 期。

李德顺：《当代价值研究的新进路》，《马克思主义与现实》2013 年第 3 期。

张盾：《"历史的终结"与历史唯物主义的命运》，《中国社会科学》2009 年第 1 期。

张盾：《"道德政治"谱系中的卢梭、康德、马克思》，《中国社会科学》2011 年第 3 期。

袁祖社、董辉：《"权利公平"的实践逻辑与公民幸福的价值期待——"美好生活"时代之共同体的伦理文化吁求》，《西北大学学报》2013 年第 3 期。

李义天：《道德之争与语境主义——马克思主义伦理学的初始问题与凯·尼尔森的回答》，《马克思主义与现实》2014 年第 2 期。

李义天：《从正义理论到道德理论——以〈马克思主义与道德观念〉为中心的解析》，《中国人民大学学报》2013 年第 9 期。

张曦：《马克思、意识形态与现代道德世界》，《马克思主义与现实》2015 年第 4 期。

袁久红、朱菊生：《论柯亨对社会主义价值规范的政治哲学辩护》，《南京大学学报》2010 年第 3 期。

王雨辰：《论柯亨对社会主义的平等主义的辩护》，《哲学研究》2012 年第 1 期。

马骁毅：《马克思与柯亨平等观的比较研究》，《西南大学学报》2012 年第 3 期。

卜绍斌：《G. A. 柯亨的平等主义诉求及其道德价值》，《马克思主义与现实》2012 年第 5 期。

王结发：《马克思理论与功利主义》，《道德与文明》2012 年第 4 期。

索　引

后　记

经过近三年的思考、写作、修订，拙作得以定稿并交付出版，算是给自己的学术生活增添了一个"逗号"。这是我研究转向后的第一部专著，对个人而言意义重大。四十有余，人到中年，学术研究遭遇瓶颈，对一个不甘心混生活的人来讲是非常痛苦的。是浅尝辄止，做点表面文章，还是沉下心去，做点苦差事？这是一道选择题。好在自己选择了后者，决定沉下心来读些书，研究些枯燥的问题，权当人生的修炼。

写作的过程比较沉闷、单调、枯燥，但一旦坚持下来，似乎就不愿放弃这种生活方式了。过程虽然痛苦，但感觉很充实。无愧于内心地讲，这两三年的时间里，除了教学、行政工作，业余时间几乎都用于写作了。在没有大块时间的情况下，我要求自己每天至少写上几百字，这几百字不一定精彩，但一定要坚持，以养成习惯。在与马克思对话、与圈内学者对话、与自己对话的过程中，我也重塑了自己的世界观、人生观和价值观，精神视域不断扩展，精神境界不断提升，工作和生活中的"琐事""烦心事"也似乎不像以前一样萦绕心间了，豁达心境可以说是学术研究带给我的另一个收获。

感谢全国哲学社会科学工作办公室给予立项，使拙作得以出版。感谢社会科学文献出版社编辑芮素平女士，从项目申报到书稿审核、出版，她一直帮助推进，付出了很多。感谢编辑刘翠女士，书稿经她编辑之后，精致了很多。还要感谢在书稿写作过程中给予鼓励和直接学术帮助的钟明华、张文喜、王广、包大为、林钊等老师，感谢经常借书给我的刘文艺、任彩红两位同事，感谢其他同事的直接或间接帮助。在研究过程中也有幸结识了清华大学李义天教授、吉林大学曲红梅教授、北京大学李旸老师等一批研究马克思主义伦理学的中青年学者。他们视野宽广，思考深入，扎根中国，深耕理论，对中国特色的哲学社会科学话语体系建设贡献很大。经常拜读他们的大作，受益匪浅，在此也一并感谢！

每当思路不畅的时候，我就整理完成的稿件向期刊投稿，所以这两年多，投稿、修改稿件成为书稿写作的调节器。幸运的是，书稿的一些章节被《马克思主义研究》《武汉大学学报》《道德与文明》《南京社会科学》《学术界》《云南社会科学》《上海交通大学学报》《湖南师范大学社会科学学报》《北京行政学院学报》《理论探索》《理论与评论》刊用，增强了我研究的信心，在此向以上刊物的编辑一并表达谢意。

有趣的是，十一岁的女儿经常是稿件的第一位读者，她煞有介事地对文章指指点点，给我带来了欢乐和动力。有篇论文最初叫《道德巴别塔批判》，这个题目印在了她的脑海里。她经常问我：文章发表了没有？书什么时候出版？能否在书的第一页写上"献给魏蔚然"？由于我全身心地投入本书的写作，孩子的教育主要由她的妈妈负责，在母女都充满焦虑的"小升初"这一年，我却没有参与太多，虽偷了闲，也是遗憾。借此一角，感谢聪明伶俐的女儿和勤快担当的爱人！

最后，希望勤奋研究的背影能给女儿些精神引领，我们一起把学习当作一生的乐趣，和书籍做朋友，做个眼明心亮的人。

2019 年 12 月 1 日于广州金兴花苑

图书在版编目（CIP）数据

马克思道德理论与现实 / 魏传光著. -- 北京：社
会科学文献出版社，2020.7
国家社科基金后期资助项目
ISBN 978 - 7 - 5201 - 6303 - 3

Ⅰ.①马… Ⅱ.①魏… Ⅲ.①马克思主义哲学－道德
观念－研究 Ⅳ.①A811.63

中国版本图书馆 CIP 数据核字（2020）第 028684 号

国家社科基金后期资助项目
马克思道德理论与现实

著　　者 / 魏传光

出　版　人 / 谢寿光
责任编辑 / 芮素平
文稿编辑 / 刘　翠

出　　　版 / 社会科学文献出版社·联合出版中心（010）59367281
　　　　　　地址：北京市北三环中路甲 29 号院华龙大厦　邮编：100029
　　　　　　网址：www.ssap.com.cn
发　　　行 / 市场营销中心（010）59367081　59367083
印　　　装 / 三河市龙林印务有限公司

规　　　格 / 开　本：787mm × 1092mm　1/16
　　　　　　印　张：17.5　字　数：275 千字
版　　　次 / 2020 年 7 月第 1 版　2020 年 7 月第 1 次印刷
书　　　号 / ISBN 978 - 7 - 5201 - 6303 - 3
定　　　价 / 108.00 元

本书如有印装质量问题，请与读者服务中心（010 - 59367028）联系